诗路遗珍

浙江诗路沿线文物资源调研报告

浙江省文物考古研究所 编

孟诚磊 主编

ZHEJIANG UNIVERSITY PRESS
浙江大学出版社

绍兴柯岩云骨

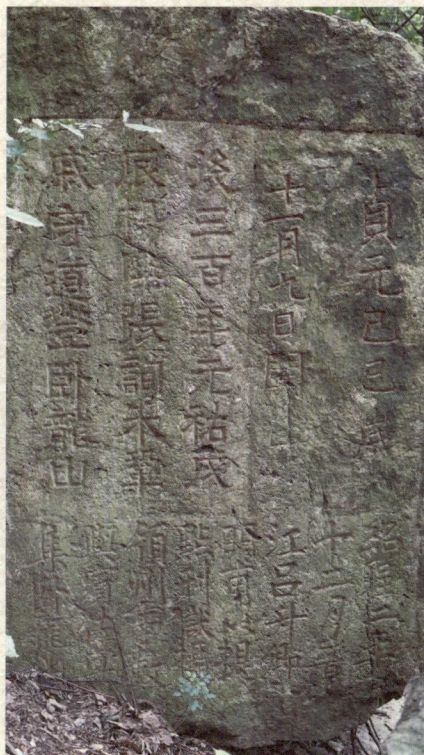

绍兴府山唐代摩崖

绍兴鉴湖马臻墓

上虞曹娥庙

上虞东山谢安墓

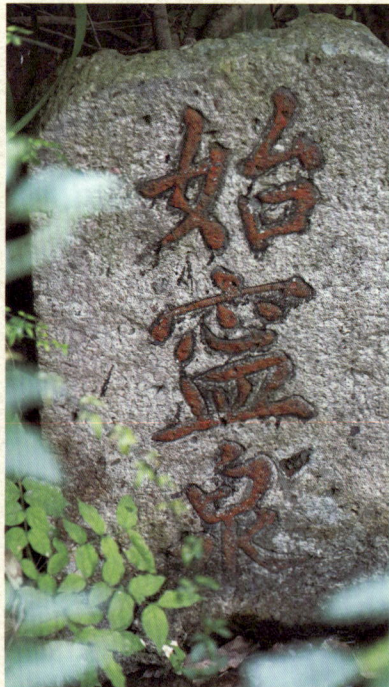

上虞始宁泉碑

嵊州敕书岭

嵊州嶀浦摩崖

云门寺

兰亭曲水流觞

嵊州华堂王氏宗祠

新昌大佛寺

嵊州金庭观

新昌沃洲山真君殿

新昌天姥古道黑风关段

新昌东岕山水帘庵遗址

天台万马渡

天台琼台唐代柳泌题记

天台国清寺

天台石梁飞瀑
天台赤城山

临海龙兴寺

天台寒岩

仙居苍岭古道

普陀山观音像

圣果寺遗址

碧沼寺遗址

桐庐桐君山

桐庐严陵远眺

梅城城墙

建德三江口

衢州仙岩洞

瀛山书院远眺

衢州烂柯山

盈川段衢江

江山廿八都古道

缙云仙都倪翁洞李阳冰题记

缙云好溪

永嘉大若岩

温州江心屿

前　言

　　诗，是我国古代文学中的重要的文体；而唐代，则是诗这一文体发展的至高峰。唐代海纳百川的包容度，可昂扬、可婉约的艺术巧思及其内心奋发的民族自豪感，与诗歌这一将强烈情感浓缩于节奏韵律的表达方式，相辅相成。而这些诗篇，也随着千百年来的广为流传，不断融入中华民族，甚至整个东亚的血脉之中，成为中国文化的重要组成部分。

　　回望历史可知，正是隋唐结束了中国长达三百多年的混战阶段，实现了大一统的局面，唐代诗人才因此得以将自己的脚步踏遍山河，留下诸多不朽诗篇。在幅员辽阔的中国大地上，有这么一片区域，成为诗人们向往的目的地。无论他们是迁客还是旅人，他们都将目光投射在现今浙江一带的土地上。于是，沿着这古代两浙的山水线路，诞生了密度极高的唐代诗篇。学者们便称为"唐诗之路"。如果以现在的角度来看，所谓的"唐诗之路"正是自发形成的"文化旅游路线"。

　　"唐诗之路"是一个浪漫的名字，但其背后远不止文学这么简单。诗人们如此汇聚在诗路之上，仅仅是现象；而现象背后的本质，则是人文社会以及自然环境之间多维度、多角度的相互关联。唐诗只是这些关联当中艺术价值最高、流传最为广泛的成果。此种关联在唐代达到了一个高峰；而在当代，是否也可以迸发出自身的价值呢？随着"浙东唐诗之路""钱塘江唐诗之路""瓯江山水诗之路"等学术概念的提出，这些古代的文化旅游路线也逐渐走近世人。本文的研究范围也在以唐代为主的前提下，有条件地扩展到了宋代及更晚的年代，因为唐诗和唐代诗人在浙江的文化影响力对后世来说依然存有不少实物证据。

大运河（浙江段）、浙东唐诗之路、钱塘江唐诗之路和瓯江山水诗之路四条文化带建设工程是浙江省委、省政府高举习近平新时代中国特色社会主义思想伟大旗帜，全面落实"两个高水平"建设的决策部署，是全省大花园建设行动十大标志性工程之一。以文化带建设推动沿线经济、政治、社会、文化、生态的全面发展，对浙江省深入践行"绿水青山就是金山银山"理念，全面推进"两个高水平"建设，加快建设文化浙江，打造现代版的"富春山居图"、打响"诗画浙江"金名片具有重要意义。

根据省委、省政府积极打造唐诗之路的建设目标，《浙江省大花园建设行动计划》明确的五大工程项目之"全局旅游推进工程"中的"打造唐诗之路黄金旅游带"的主要任务为：启动唐诗之路黄金旅游带规划编制，深入挖掘和还原以"萧山—柯桥—越城—上虞—嵊州—新昌—天台—仙居（临海）"为主体的浙东唐诗之路，以"富春江—新安江—兰江—婺江—衢江"为主线的钱塘江唐诗之路及以"丽水—温州"为主体的瓯江山水诗之路，加强历史遗存保护，系统梳理人文典故，融合秀美山水、隐士隐居、书法艺术、田园茶道等元素，谋划一批宗教、书院等晋唐风貌实物展现项目。

浙江省文物局于2018年4月开展了浙东唐诗之路沿线历史遗存调查，系统梳理反映唐诗的古代交通遗存、山水自然景观、古代儒家隐逸文化、浙东佛宗道源的遗迹和沿线其他文物古迹、历史文化村镇等历史文化遗产分布状况，科学评估浙东唐诗之路遗产保存的真实性、完整性和综合价值，完成了《"浙东唐诗之路"申报世界文化遗产调查评估报告》，对浙东唐诗之路申遗可行性提出初步意见。2018年8月至9月，浙江省发展改革委先后印发了《诗路文化带建设规划纲要编制工作方案》《关于诗路文化带建设规划纲要编制有关工作的通知》，明确落实浙江省文物局开展诗路沿线历史文化遗存专题研究的工作任务要求。通过多层次、全方位地深入调查，梳理唐诗之路沿线历史古迹遗存清单，充分挖掘亮点，分析沿线文物修复、保护举措及保护存在的问题。

随即，浙江省文物局委托浙江省文物考古研究所组织开展钱塘江唐诗之路、瓯江山水诗之路沿线历史遗存调查，并在《"浙东唐诗之路"申报世界文化遗产调查评估报告》和完成浙东唐诗之路、钱塘江唐诗之路和瓯江山水诗之路沿线的历史遗存三项专题调研报告的基础上，进一步深入调查浙东唐诗之路沿线的历史遗存，为唐诗之路黄金旅游带规划编制打下扎实基础。

随着学界对"唐诗之路"概念的不断认可，各机构组织对其研究工作的推进发展，以及政府对其经济、社会、文化和旅游价值的重视，随着诸多发展规划建议的提出，"唐诗之路"也具备了更多的机会，可以走出学术的概念，正式落实在文化遗产这一领域上，并为其进一步的研究保护，以及开发利用提供更加实际的工作，更将对"唐诗之路"申报世界遗产的可行性研究成为必然。

目　录

第一章

诗路沿线地区的历史与文化

第一节　诗路沿线地区的概念和历史

一、浙　东

浙东唐诗之路，"浙东"一词似乎就已经表明了这条诗路的方位和范围，但其实"浙东"的含义更加复杂。简单从字面上看，"浙东"是浙江东部的意思，但浙江却有两种含义：一是浙水（钱塘江）；二是浙江省。因此，"浙东"单从字面上就有两种理解：一是钱塘江以东地区，包括浙江省的宁波、绍兴、台州、金华等市；二是浙江省东部地区，一般指宁波、舟山两个市。两种意义所指代的地区和范围虽有部分重合，但却属于两个天差地别的概念。

从学术研究角度上看，浙东的含义就更加复杂。学者钱茂伟在其《浙东学术史话》中认为历史上的浙东，有"大浙东""中浙东""小浙东"之分。"大浙东"是指钱塘江以东地区，包括今天的宁、绍、舟、台、温、丽、金、衢等八个地区；"浙东"在明清时期主要是指"中浙东"，即宁绍地区；今人所用"浙东"，则已是"小浙东"，即宁波地区。

从历史地理而言，"浙东"一般是"浙江东道"或"两浙东路"的简称。在交通不发达的古代，大江大河成为行政区域间天然的分隔线。顾祖禹《读史方舆纪要》载："自东汉，以浙江之东皆为会稽，浙江之西皆为吴郡。两浙之名，实起于此。"唐乾元元年（758），分置浙江东道、浙江西道两地节度使。浙江东道领越、睦、衢、婺、台、明、处、温八州，治越州。"浙江东道"又简称"浙东道"，"浙东"作为行政区名称始于此。北宋置两浙道，后隶两浙路。南宋时，两浙路分两浙东路和两浙西路，即浙东路和浙西路。东路辖绍兴、庆元、瑞安三府，婺、台、衢、处四州。元代置江浙等处行中书省，又在其下分置浙东道宣慰使司，辖绍兴、庆元、台州、婺州、衢州、处州、温州七路。官方明确有"浙东"划清区域的是在清雍正《浙江通志》中的记载，"省会曰杭州，次嘉兴、次湖州，凡三府，在大江之右，是为浙西；次宁波、次绍兴、台州、金华、衢州、严州、温州、处州，凡八府，皆大江之左，是为浙东"。这与"大浙东"的范围基本吻合。

1991年5月，浙江新昌学者竺岳兵先生在首届中国唐宋诗词国际学术研讨会上发表了《剡溪——唐诗之路》一文，首次提出了"剡溪——唐诗之路"的概念，范围包括浙东运河西段、曹娥江、剡溪，总长约190千米。文中还指出唐诗中的浙东范围，是指浦阳江流域以东，括苍山脉以北至东海这一地区。"剡溪——唐诗之路"也就是"浙东唐诗之路"。

1993年8月，中国唐代文学学会正式发文批准"浙东唐诗之路"的专用名称。自此之后，在绍兴新昌召开了多次全国性和国际性的唐诗之路研讨会。

2008年10月，中国唐代文学学会会长傅璇琮、中国文物学会名誉会长罗哲文等几位专家，在浙东考察"唐诗之路"的精华地段——天姥山古驿道。

复杂多变的"浙东"概念，造成了目前对"浙东"相关研究区域的指代不明。2019年《浙江省人民政府关于印发浙江省诗路文化带发展规划的通知》，从政府层面权威认证了"浙东唐诗之路"所涉及的主要县（市、区）的名单。

　　杭州：萧山

　　绍兴：柯桥、越城、上虞、嵊州、新昌

　　台州：天台、仙居、临海

　　宁波：余姚、奉化

　　舟山：普陀、定海、岱山

　　"浙东唐诗之路"中的"浙东"又区别于以往的"浙东"概念，依据"唐诗之路"划定了全新"浙东"区域。

　　浙东唐诗之路鼎盛的时代是唐，在《全唐诗》收录的2200余位唐代诗人中，曾有400多位诗人到过浙东唐诗之路，流传至今的唐诗有约2200首。[①]宋代以后，由于地理、社会环境等诸多因素，浙东唐诗之路逐渐衰弱。因此，本书所研究的浙东唐诗之路，是以萧山—柯桥—越城—上虞—嵊州—新昌—天台—仙居（临海）为主体所涉及的唐代诗人及其作品。

二、浙西

　　既有浙东唐诗之路，似理应有一条对应的浙西唐诗之路，此条诗路就是"钱塘江唐诗之路"，最早又称"浙西唐诗之路"。"浙西"单从字面上看，也有两种意思：一是钱塘江以西地区，大致为浙江省内的杭州、嘉兴、湖州一带；二是浙江省西部地区，一般指衢州地区，包括其下辖的龙游、常山、江山等县市。两者的区域范围指代两个完全不同的方位，几乎是南辕北辙。

---

① 竺岳兵：《唐诗之路综论》，中国文史出版社2003年版，第6页。

唐乾元元年（758），分置浙江东道、浙江西道两地节度使。浙江西道辖润、常、苏、湖、杭、歙六州。"浙西"作为行政区名称始于此。南宋时，两浙路分两浙东路和两浙西路，浙西路领临安府、平江府、镇江府、湖州、常州、严州、秀州、江阴军。元代的浙西道宣慰司及之后的浙西肃政廉访司，大致沿袭了宋代两浙西路的四府、三州、一军的地域范围。清雍正《浙江通志》中将杭州府、嘉兴府、湖州府所在的区域称"浙西"。在历史上"浙西词派""浙西诗派"中的浙西，指的都是这一区域。

但浙西唐诗之路中的"浙西"却全然不同以往。"浙西唐诗之路"最早由原浙江省建德市政协文史委副主任朱睦卿先生提出。早在1995年，朱睦卿先生就发表了《开发浙西"唐诗之路"》一文，其中明确指出浙西唐诗之路的地域范围是"东起杭州西至黄山的钱塘江干流的水路线，自杭州经富阳、桐庐、建德、淳安至皖南徽州、黄山（不包括东头的杭州和西头的黄山）"。2002年，陈美荣在《试论浙西唐诗之路》中表示"'浙西唐诗之路'，应指钱塘江中上游段（新安江、建德江、桐庐江和富春江）所流经的淳安、建德、桐庐、富阳沿江一带地区"。这一地区在历史上大部分位于古代浙江东道的辖区。因此"浙西唐诗之路"中的"浙西"并不是历史地理概念中的"浙西"。

2015年6月，浙江省诗词与楹联学会发布《关于授予桐庐县"唐诗西路"称号的决定》，其中指出："我们认为，相较于浙东'唐诗之路'，桐庐县的'唐诗西路'也是客观存在，应给予高度重视和深入研究。这对于弘扬我国优秀的传统文化，培育社会主义核心价值观以及发展旅游经济都有不可替代的积极意义。正是基于以上考虑，特授予桐庐'唐诗西路'称号。"

2017年11月，杭州市印发《中共杭州市委、杭州市人民政府关于实施"拥江发展"战略的意见》，明确提出"要加强传承利用，打造特色彰显的魅力文化带；加强钱塘江文化保护与利用，注重传承与创新"。

2018年1月，时任浙江省省长袁家军在浙江省十三届人大一次会议的《政府工作报告》中提出"积极打造浙东唐诗之路和钱塘江唐诗之路"的战略举措。

2018年6月，杭州市拥江办开了一场关于钱塘江诗词之路文化带专家研讨会，以"如何把握好钱塘江诗词之路的空间文化脉络，构建钱塘江诗词之路魅力文化带"和"如何整合诗词资源、布局沿江特色景观，打造具有独特韵味别样精彩的文化旅游景观带"为主题。

2019年，浙江省人民政府印发的《浙江省诗路文化带发展规划》，将杭州的江干、上城、西湖、滨江、富阳、萧山、桐庐、建德、淳安，绍兴的诸暨，金华的兰溪、婺城、金东、武义、永康、浦江、盘安，衢州的龙游、衢江、柯城、开化、常山、江山，嘉兴的海宁划为钱塘江唐诗之路的范围。

钱塘江唐诗之路，亦盛于唐，且中唐以后，地方性文人集团兴起。据朱睦卿先生选编的《浙西唐诗选》一书提到，唐代有120多位诗人，包括李白、孟浩然、刘长卿、杜牧、顾况、方干等都到过钱塘江唐诗之路，留存诗歌480多首。宋代以后浙西区域经济繁荣，加之南宋以后文人南迁等因素，钱塘江诗路的兴盛一直延续。宋时，钱塘江唐诗之路上的诗歌数量甚至超过唐代。因此，本书研究的钱塘江唐诗之路，是以富春江—新安江—兰江—婺江—衢江为主线，涉及唐宋时期的诗人及其作品。

三、瓯江流域

瓯江，古称慎江，旧称永宁江、水嘉江，又称温江，是浙江省第二大河，上源龙泉溪出浙江省西部庆元县与浙闽交界的洞宫山，自西向东，贯穿浙南山区，在丽水境内的主要江段称为大溪。在丽水折向东南到青田县石溪纳支流小溪后，始称瓯江，经温州市流入东海。瓯江干流长388千米，境内长316千米，流域面积12985.47平方千米。其主要支流有松阴溪、好溪、小溪、楠溪江等，流域范围广阔，有着"八百里瓯江"的说法。

瓯江中上游穿行于浙南中山区，此地区地势高峻，为浙闽丘陵的一部分，主要由仙霞岭、洞宫山、括苍山和雁荡山等山脉组成，海拔1000米以上的山峰连绵不绝，构成了浙江的最高地势，以致瓯江中上游水急滩多。瓯江下游穿越浙江沿海丘陵平原地区的温瑞平原，其地势低平，平均海拔仅6米，因此下游水流迟缓，江面宽阔。下游泥沙沉积，形成了西洲岛、江心屿、七都涂、灵昆岛四个江心岛。

在我省的四条诗路文化带中"瓯江山水诗路"提出得较晚。但随着省委、省政府的号召，沿线各区县积极响应。2018年6月，浙江省委、省政府印发《浙江省大花园建设行动计划》，提出"以水系（古道）为纽带，建设大运河诗路、钱塘江诗路、浙东唐诗之路和瓯江山水诗路'四条诗路'文化带"。其中首次给出了"瓯江山水诗路"的提法。

2019年5月，浙江省文化和旅游厅牵头制定的《瓯江山水诗路文化和旅游发展三年行动计划（2019—2021）》中提出"把瓯江山水诗路打造成为中国山水诗词研学圣地、具有国际影响力的黄金旅游目的地、国际秀山丽水生态养生福地"。

2019年10月，温州市发改委牵头制定的《温州山水诗路文化带发展规划》提出"打响'诗画山水、温润之州'主题品牌，中国山水诗词研学圣地、具有国际影响力的黄金旅游目的地、国际秀山丽水生态养生福地"。

2019年，浙江省人民政府印发的《浙江省诗路文化带发展规划》，将温州的鹿城、瓯海、洞头、永嘉、乐清、瑞安，丽水的青田、莲都、云和、龙泉、庆元、缙云、松阳、遂昌、景宁划为瓯江山水诗路的范围，阐释了瓯江山水诗路的文化内涵，并制定了诗路文化带发展战略。

本书主要研究浙东唐诗之路、钱塘江唐诗之路、瓯江山水诗路三条诗路。瓯江山水诗路是三条诗路中最晚提出的，其诗人总数和作品总数少，但延续时间却是最长的，从唐代一直延续到清代。因此，本书所研究的瓯江山水诗路是指以"丽水—温州"为主体的唐至清时期的诗人及其作品。浙东唐诗之路、钱塘江唐诗之路、瓯江山水诗路范围、水系，以及延读时代如表1.1所示。

表1.1　三条诗路范围、水系及延续时代列表

名称	范围	主要水系	延续时代
浙东唐诗之路	杭州：萧山 绍兴：柯桥、越城、上虞、嵊州、新昌 台州：天台、仙居、临海 宁波：余姚、奉化 舟山：普陀、定海、岱山	浙东运河（萧绍运河）、西小江、鉴湖、曹娥江、小舜江、澄潭江、新昌江、黄泽江、长乐江、始丰溪、永安溪、灵江、椒江 虞余运河、四十里河、十八里河、姚江、慈江、甬江、奉化江、剡江、县江	唐
钱塘江唐诗之路	杭州：江干、上城、西湖、滨江、富阳、萧山、桐庐、建德、淳安 绍兴：诸暨 金华：兰溪、婺城、金东、武义、永康、浦江、盘安 衢州：龙游、衢江、柯城、开化、长山、江山 嘉兴：海宁	钱塘江、之江、浦阳江、富春江、渌渚江、分水江、新安江、武强溪、兰江、金华江（婺江）、东阳江、武义江、永康江、衢江、灵山港、乌溪江、常山港、江山港	唐至宋
瓯江山水诗路	温州：鹿城、瓯海、洞头、永嘉、乐清、瑞安 丽水：青田、莲都、云和、龙泉、庆元、缙云、松阳、遂昌、景宁	瓯江、楠溪江、大溪、小溪、好溪、宣平溪、松阴溪、龙泉溪	唐至清

第二节　诗路沿线地区的文化

一、诗路沿线地区的文化共性

钱塘江是浙江境内最大的河流，江两岸呈现出不同的文化特性。明代地理学家王士性在《广志绎》写道："两浙以江为界，分东西而风格异之。……浙西俗繁华，人性纤巧，雅文物，喜饰鞶帨，多巨室大豪，若家僮千百者，鲜衣怒马，非市井小民之利。浙东俗敦朴，人性俭啬，尚古淳风，重节概，鲜富商大贾。"章学诚在《浙东学术》中也说"浙东贵专家，浙西尚博雅，各因其习而习"。这里说的"浙东"是"大浙东"的范围。钱塘江作为文化分隔线，使得江两岸呈现出不同的文化特性；但从某种程度而言，钱塘江也是屏障，维护和保持了江两岸各自文化的同一性和完整性。"大浙东"的范围几乎囊括了浙东唐诗之路、钱塘江唐诗之路和瓯江山水诗路的所有范围。因此，以上三条诗路在某些文化现象上存在一定的共性。

文化现象是逐渐过渡的，它所受的影响因素多种多样，影响文化发展的因素主要有自然环境、经济类型、交通状况、行政区划、移民等因素。[1]其中自然环境可以说是文化形成和发展的最重要因素。同属于浙江省的三条诗路，在文化上有着较高的同一性，首先也得益于相似的自然大环境。浙江省属东南沿海，地形西南高，东北低，山地和丘陵占比大，平原面积小，湖泊河流众多，"七山一水二分田"就是对其最形象的概况。其气候属亚热带季风性湿润气候，夏季高温多雨，冬季寒冷湿润，四季分明。每年

---

[1]　卢云：《文化区：中国历史发展的空间透视》，《历史地理》（第9辑），上海人民出版社1990年版，第81页。

五六月份的梅雨季节，降水量大，易形成洪涝灾害；七八月份受副热带高压控制，又易造成干旱。在自然地理上，浙东偏安一隅，远离文化强势的中原，向东又是大海，使浙江自成一个相对独立完整的文化区，呈现出明显的地域文化特征。

七千多年前，浙江就出现了灿烂的河姆渡文化，成为稻作文明的起源地之一。但在之后几千年的岁月里，远离中原的越地，都被视为未开化的荒蛮之地，丘陵湖泽众多，蛇虫鸟兽出没，人口稀少。《汉书·地理志》描写越地"越人断发文身，以避蛟龙之害"。直至两千多年前，越王勾践"躬而自苦，任用贤臣，传死为生，以败为成。越伐疆吴，尊事周室，行霸琅邪，躬自省约，率道诸侯，贵其始微，终能以霸"，面对强者林立的北方和相对恶劣的自然条件，越人通过自身的不懈努力，又再一次站上了历史的舞台。从此，浙江人民的骨子里就注入了坚韧进取的文化基因。三国两晋时期，大量北方士族豪强南迁，北方经济文化占主动地位的局面开始改变，全国经济文化的重心开始南移。上虞东山造就了谢安"东山再起"的庙堂之业，绍兴兰亭成全了王羲之的文人雅趣。浙东文化兼具了纵情山水的情致和求田问舍的经营。唐末，中原纷乱，浙江地区的吴越国却是安定繁荣，经济文化得以长足发展，民本思想深入人心。宋代，经济文化的中心已转移至南方，社会生活的富足造就了学术文化的百花齐放，浙东学派"经世致用"的理念来源于浙东百姓务实、重民生的品格，同时也对浙东的社会造成了深远的影响。

二、诗路沿线地区内部的文化特性

浙东唐诗之路、钱塘江唐诗之路、瓯江山水诗路都在浙江省境内。浙江陆域面积约10.55万平方千米，省域面积虽在我国各省排名靠后，但也足以形成区域内部各小范围的地域文化差异。三条诗路所涉及的区域除了具有浙江地区的统一的文化特性外，各自也有区别于其他的诗路范围的文化特征。明代王士性从民俗民风角度将浙江分为浙东和浙西，这是大的文化区域划分，他在大文化区下又细分了文化亚区。浙东文化区就可分为宁绍亚区、金衢亚区、台温处亚区。而传统文化区的划分方式有很多，较直观的有自然区域、历史源头等方法。复旦大学朱海滨博士在《近世浙江文化地理研究》中，通过对民间信仰、岁时习俗、婚姻习俗、方言等指标的对比研究，将浙江分为杭嘉湖宁绍文化区，其下有杭嘉湖亚区和宁绍亚区两个区；金衢严台温处文化区，其下有台温处、金衢严亚区。[①]

鉴于文化不是一成不变，而是一直在发展变化的，今人对于文化区的划分更接近于当代浙江的实际情况，有别于传统用方言、生活习惯、民俗民风等文化因素划分文化区。浙江的三条诗路，是在今人的省级行政区域划框架中，根据古代诗人行程路线归纳出来的文化带。将三条诗路的范围与朱海滨博士的文化区相比较，除台州的归属有偏差，浙东唐诗之路的范围与宁绍文化亚区相似，钱塘江唐诗之路的范围与金衢严亚区相吻合，瓯江山水诗路与台温处亚区相似。而且文化区之间的划分也并不是绝对的，文化现场的分布也呈现出明显过渡的特征。在朱海滨博士的分区里，虽然将台州与温州划为一区，但在方言、岁时习俗等方面，台州与宁波更为接近。诚然，将政府新公布的诗路文化区划与传统文化区相对比，似乎无甚意义。但它们近乎八成的契合度，便足以说明诗路文化带的形成有深厚的地方文化基础。

浙东唐诗之路涉及杭州、绍兴、台州、宁波、舟山的14个县市区，地

---

① 朱海滨：《近世浙江文化地理研究》，复旦大学出版社2011年版，第280页。

形以平原为主，除台州部分山区外，大部分位于宁绍平原，属于宁绍文化亚区。海拔低下、地势平坦，河流众多。早在距今六七千年前的新石器时期，就孕育了灿烂的河姆渡文化，是稻作文明的起源地之一。舜禹在浙东的足迹和传说，为之披上了上古传说的神秘历史色彩，也留下了许多遗迹，如握登山、历山、舜井、姚江、舜江、舜王庙、禹陵、禹会桥、禹溪、禹粮山、禹穴、禹庙等。春秋时，这里是越国的中心，越文化的发祥地，越王勾践卧薪尝胆的故事就发生在这里。从秦至唐的大部分时间，此地属于会稽郡（越州，今浙江绍兴），绍兴在很长时间内是会稽郡的首府。魏晋南北朝时期，北方战乱，大量百姓南迁至此，经济得以发展。文化艺术也空前繁荣，王羲之在绍兴兰亭写就了天下第一行书。佛道教盛行，唐代杜牧就曾写道"南朝四百八十寺，多少楼台烟雨中"，杭州的灵隐寺、宁波的阿育王寺也都始建于东晋。隋唐时期，政局稳定，越州的农业、手工业得到了长足的发展，越州也成为江南的丝织中心，生产的缭绫被白居易大为赞赏。佛道教的发展达到鼎盛，台州的天台山被列为道教十大洞天之一，佛教也在天台山开辟了天台宗。五代十国，中原战乱，吴越国采取了"保境安民"的政策，使该区域经济文化进一步得到发展。宁波的上林湖畔生产出最美丽的青瓷（秘色瓷）。佛教昌盛，成为东南佛国，对佛经的大量需求促进了雕版印刷业的发展，杭州雷峰塔出土的《陀罗尼经》经卷，全长两米多，是我国目前已发现的较早版画之一。宋代特别是南宋以来，随着宋室南迁和历代的休养生息，杭州成为全国经济和文化的中心。宋高宗赵构按"少祚中兴"之意将越州改名为"绍兴"。北宋明州的"庆历五先生"是北宋浙东地区儒学的最初代表。

瓯江山水诗路，位于瓯江流域，涉及温州、丽水的15个县市，都在台温处文化亚区内。虽与浙东唐诗之路和钱塘江唐诗之路同属于"大浙东"的范围，但在其文化现象上与邻近的福建相似度更高。该地区最早的文化遗址可追溯至公元前2500年。先秦时期，温处地区属百越之东瓯，以渔猎为主。东晋南朝时期，南迁永嘉的豪强世族，带来了中原文化，本土的瓯越文化开始转型，趋向与中原文化的融合。南宋时期，永嘉学派在永嘉地区形成，叶适是其代表人物，提倡事功之学，与温州地区工商业发展有着密切关系。

但文化现象是逐渐过渡的，文化分区并不能像行政区域一样有严格清晰的界线，而是存在过渡地域、模糊地域，还有文化飞地。三条诗路所属的各自文化区，自然也不能做到完全割裂。（图1.1）

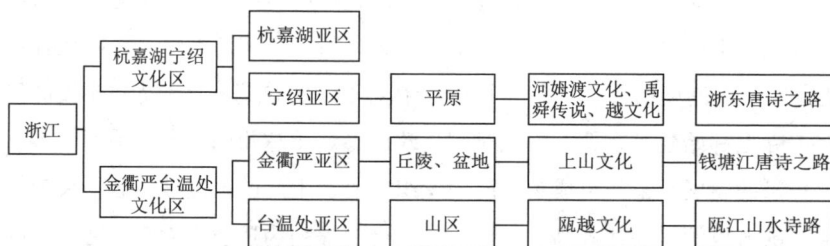

图1.1 三条诗路与浙江文化分区关系

第二章

诗路发展历程

第一节　唐诗与唐诗之路

唐诗之路的核心要素是诗歌，是无数精彩绝伦的诗歌作品铺就了唐诗之路。浙江范围内密集出现唐诗之路，除浙江的自然地理、文化底蕴等本地域有利因素外，还要归功于中国文学发展的历史潮流。唐诗之路上的诗主要以山水诗为主，多歌颂自然山川，研究唐诗之路的前世今生，就不可避免先要了解山水诗。

一、山水诗的前世今生

所谓"山水诗"，就是指描写山水风景的诗，虽然诗中不一定纯写山水，亦可有其他的辅助母题，但是呈现耳目所及的山水状貌声色之美，则必须为诗人创作的主要目的。[①]可见，山川、花草等自然元素是山水诗的主要基因。而纵观历史，人类的产生和发展都与大自然密不可分，自然界也是文学创作的源泉，我们祖先很早就从自然环境中获取文学的养分。在不同时代，通过文学的改造，自然景物又呈现出不同的景象。

---

① 王国璎：《中国山水诗研究》，中华书局2007年版，第1页。

　　《诗经》是我国最早的诗歌总集，收集了公元前12世纪至前7世纪北方黄河流域的诗歌。诗经里包含了许多对自然山川和动植物的描写。如《关雎》："关关雎鸠，在河之洲。窈窕淑女，君子好逑。参差荇菜，左右流之。窈窕淑女，寤寐求之。"[①]《葛覃》："葛之覃兮，施于中谷，维叶萋萋。黄鸟于飞，集于灌木，其鸣喈喈。"[②]

　　《楚辞》囊括了公元前4世纪至前3世纪南方江汉平原楚国的诗歌，其中就有"袅袅兮秋风，洞庭波兮木叶下"的描写。《诗经》《楚辞》中都有很多对山水、植物等自然事物的描写，但都是为了借景抒情，只是通过自然的描绘突出和表达内心感情，映照现实生活。此时对自然景物的描写，只是一种手段，而不是目的。这类文学作品被视为山水诗的滥觞，还不能视为真正意义上的山水诗。

　　汉末，政局动荡，战乱频仍，人们在避乱或军旅过程中与自然山川更贴近，在文学作品中出现对自然景观的大量描绘。如王集的《七哀诗》："荆蛮非吾乡，何为久滞淫。方舟溯大江，日暮愁我心。山冈有余映，岩阿增重阴。狐狸驰赴穴，飞鸟翔故林。流波激清响，猴猿临岸吟。迅风拂裳袂，白露沾衣襟。独夜不能寐，摄衣起抚琴。丝桐感人情，为我发悲音。羁旅无终极，忧思壮难任。"[③]再如班彪的《北征赋》云："……陟高平而周览，望山谷之嵯峨。野萧条以莽荡，回千里而无家。风猋发以漂遥兮，谷水灌以扬波。飞云雾之杳杳，涉积雪之皑皑。雁邕邕以群翔兮，鹍鸡鸣以唶唶。……"[④]

① 高亨：《诗经今注》，上海古籍出版社2018年版，第3页。

② 高亨：《诗经今注》，上海古籍出版社2018年版，第5页。

③ 党圣元：《六朝诗选》，商务印书馆2018年版，第39—40页。

④ 费振刚等：《全汉赋校注》，广东教育出版社2005年版，第361页。

　　还有那首著名的《观沧海》，乃曹操北征乌桓时所作的诗，其是否为中国文学史上第一首山水诗尚有争论，但作为历史上第一首全篇写景的诗是确切无疑的。

　　汉末政局的黑暗，使文人阶级受到排挤，独尊儒术的思想开始动摇，人民开始寻求道家避世的出路。以隐居为主题的文学作品开始出现，张衡的《归田赋》就是最早的此类作品，全诗表现了纵情自然山水，抛却人生荣辱的豁达。赋中记载："……于是仲春令月，时和气清，原隰郁茂，百草滋荣。王雎鼓翼，鸧鹒哀鸣。交颈颉颃，关关嘤嘤。于焉逍遥，聊以娱情。尔乃龙吟方泽，虎啸山丘。仰飞纤缴，俯钓长流。触矢而毙，贪饵吞钩。落云间之逸禽，悬渊沉之鲨鳎。于时曜灵俄景，系以望舒。极般游之至乐，虽日夕而忘劬……苟纵心于物外，安知荣辱之所如？"[①]

　　由此可以看出，两汉时期的一些文学作品对自然景物描写的比例大为提高，歌咏自然山水开始逐渐成为文学创作的目的，而不是手段。这一阶段的诗歌开始更接近山水诗的雏形，但还不是完全意义上的山水诗。

　　魏晋南北朝时期，山水诗正式登上了历史的舞台，但这一时期的山水诗并非一蹴而成，也经历了长期的酝酿。汉末以来，黄老思想开始盛行，人们为了躲避现实的残酷，开始向往仙人隐逸，由此带来与政治社会的疏离和对自然山水的亲近。但是由于玄学占主导地位，加之佛、道教的影响，玄言诗应运而生。"所谓玄言诗，就是用些老庄的话头，做成浮浅乏味的诗句"，之后近百年的诗坛一直都是玄言诗的天下。直到南朝时期"宋初文咏，体有因革，庄老告退，而山水方滋"，代表着隐逸和玄学的玄言诗退出了历史，山水诗正式登上了中国的文坛。林庚认为："山水诗是继神话之

---

① 费振刚等：《全汉赋校注》，广东教育出版社2005年版，第476页。

后，在文学创作上大自然的又一次的人化。"① 袁行霈认为："山水诗的产生，标志着人对自然美的认识加深了。大自然已经从作为陪衬的生活环境或作为比兴的媒介物变成具有独立美学价值的欣赏对象。山水诗启发人们从一个新的角度，即美学的角度去亲近大自然，发现和理解大自然的美，这无论在文学史上或美学史上都是具有积极意义的。"②

山水诗的孕育和发展，与一个家族的几代人密不可分，这个家族就是东晋的陈郡阳夏谢氏，特别是家族中谢混、谢灵运、谢朓，三人递为叔侄。西晋末年，陈郡阳夏谢氏从北方迁至会稽，此"谢"便是"旧时王谢堂前燕，飞入寻常百姓家"中的"谢"。谢氏是东晋南朝的顶级门阀士族，以谢安为首的谢家为东晋赢得了淝水之战胜利，改变了当时我国的南北态势，对中国的社会和历史产生了深远的影响。40岁之前的谢安，隐居上虞东山，一边流连于浙东的湖光山色，一边教导家族中的晚辈，成就了谢氏子孙最擅长描山绘水的家族传统。在谢安的子侄中便有谢灵运的祖父谢玄。虽说谢氏真正开始创作山水诗是从谢混开始，但风流宰相谢安已将对"官—隐""庙堂—山水"的生活理想，对自然山水的向往融入每一位谢氏子孙的血脉中，东山成为谢氏后人的圣地，同时也是山水诗的圣地。谢混是谢安之孙，曾和殷仲文倡导山水诗，沈约在《宋书》称"仲文始革孙许之风，叔源大变太元之气"。但谢混的诗中玄言诗成分的比重依然很大。

谢灵运是谢安的族曾孙，被誉为山水诗的鼻祖，是历史上第一位全力创作山水诗的诗人。谢灵运的山水诗大多是在其任永嘉太守后所作，这里曾是曾祖父谢安的隐居之地，留存着先辈的足迹和家族的荣光。浙东的青山碧水也赋予了谢灵运无限灵感，谢灵运的诗富力精工又鲜丽清新。谢灵

---

① 林庚：《中国文学简史》，北京大学出版社1988年版，第172页。

② 袁行霈：《中国山水诗选》，中州书画社1983年版，第2页。

运之前的诗歌，即使内容里有自然山水和动植物，但也以写意为主。而谢灵运的诗更注重对自然景物的描写，将自然从诗人感情中脱离出，成为独立的诗歌主题。谢灵运留存的诗中，几乎一半是描写山水的。如《登池上楼》："潜虬媚幽姿，飞鸿响远音。薄霄愧云浮，栖川怍渊沉。进德智所拙，退耕力不任。徇禄反穷海，卧疴对空林。衾枕昧节候，褰开暂窥临。倾耳聆波澜，举目眺岖嵚。初景革绪风，新阳改故阴。池塘生春草，园柳变鸣禽。祁祁伤豳歌，萋萋感楚吟。索居易永久，离群难处心。持操岂独古，无闷征在今。"①

自谢灵运之后，山水诗成为一种独立的诗歌体裁，出现了"情必极貌以写吴，辞必穷力而追新"的特征，山水诗的创作蔚成风气，山水诗成为南朝诗歌的主流，并对后来盛唐诗风的形成产生了十分积极的影响。

此外，鲍照、谢朓、王融、何逊等人，也都推动了山水诗的发展，其中又以谢氏家族中的谢朓最为突出。谢朓是谢灵运的宗侄，在文学上与谢灵运齐名，称"二谢"或"大小谢"。如果说谢灵运的山水诗还留有玄言诗的尾巴，那在谢朓的山水诗中则去掉了这条尾巴。古人说："谢朓诗变有唐风。""谢朓之诗，已有全篇似唐人者。"谢朓所作的一些诗在声律和意境上都已接近唐诗。如《王孙游》："绿草蔓如丝，杂树红英发。无论君不归，君归芳已歇。"

唐代在中国历史上是一个繁荣时期，唐诗也是我国诗歌发展史上的一座丰碑。唐诗不仅对中国的社会文化产生深远的影响，更影响了其他国家的艺术和文化，成为世界的文化遗产瑰宝。唐代山水诗也是中国山水诗历史上的第一座高峰。

---

① 顾绍柏：《谢灵运集校注》，里仁书局2004年版，第95页。

"武德初，微波尚在；贞观末，标格渐高；景云中，颇通远调；开元十五年后，声律风骨始备矣。"唐诗脱胎于六朝诗歌，初唐的诗歌带着六朝的余韵，多以描写宫廷宴游为主。

随着盛唐的到来，山水诗才真正进入高潮。许多杰出的诗人都出现在这一时期。王维、李白、杜甫作为山水诗坛的巨匠，分别代表着佛、道、儒文化意识浸润下的三种山水诗景观，也分别代表着悟道、意想与写照三个主要方面的山水诗创作辉煌成就。[①]开元年间，以王维、孟浩然为代表的兼容山水诗和田园诗两派的特点，山水诗和田园诗合二为一，发展成山水田园诗。吴越一带的新诗风更是给诗坛的变革带来了新的活力。《旧唐书·文苑传》记载："神龙中，知章与越州贺朝、万齐融，扬州张若虚、邢巨，湖州包融，俱以吴越之士，文词俊秀，名扬于上京。"盛唐的诗歌就犹如盛唐的气象，包容万千。

"宋人生唐后，开辟真难为。"唐代是诗歌的全盛时代，后世想要逾越几乎很难。但宋代的山水诗人并未望而却步，而是大胆创新，勇于开拓，在唐代的山水诗基础上又进行了提升，成就了我国山水诗的另一座高峰。宋代的存诗总量在15万至20万首之间，是唐诗总数的3倍多，其中山水诗的数量也远超于唐。仅苏轼一人，就有山水诗500多首。[②]宋代的山水诗在题材、风格方面也比唐代山水诗更多样，还出现了一批数量更多的山水诗创作者。有欧阳修、曾巩、王安石、苏轼、黄庭坚、陆游、杨万里等人，浙东当地的"永嘉四灵"等。

山水诗滥觞于先秦，产生于魏晋，全盛于唐宋。山水诗的产生离不开

---

① 陶文鹏、韦凤娟：《灵境诗心——中国古代山水诗史》，凤凰出版社2004年版，第192页。

② 陶文鹏、韦凤娟：《灵境诗心——中国古代山水诗史》，凤凰出版社2004年版，第310页。

山和水，而大浙东的山水则是在山水诗千年历史中最清新也最浓墨重彩的一章。说不清是浙东秀丽的山水成就了山水诗，还是山水诗描绘的大浙东山水更加出色。大浙东的三条诗路中，山水诗的数量无疑是最多的，质量也是最高的，山水诗是三条诗路中最璀璨的明珠。当然，三条诗路中的题材不仅仅限于山水诗，还有怀古、咏史、思乡等，但在这些诗中，山水也是不可或缺的内容。沈德潜在《归愚文钞余集》中说道"余尝观古人诗，得江山之助者，诗之品格每肖其所处之地"，正是大浙东的"江山之助"，促生出丰富多彩的文学作品。

二、诗人的诗路漫游

据不完全统计，《全唐诗》有诗人2200余人，其中约有400人踏上过浙东唐诗之路，且大多数为唐代杰出的诗人。这些诗人撑起了唐代诗坛的半壁江山。李白、杜甫、孟浩然、崔颢、元稹、杜牧、王勃、白居易、贺知章、王昌龄、李商隐……一个个响亮的名字在浙东唐诗中留下了深刻的印记。

游历过钱塘江诗路的唐代诗人有43位，有李白、孟浩然、白居易等，其中白居易与方干留下的诗歌数量最多。而钱塘江诗路的唐诗中，涉及八咏楼的诗歌数量最多，其次为富春山水及严子陵的相关诗歌。游历过瓯江山水诗路的唐代诗人有18位，有韩愈、孟浩然等，其中方干留下的有关诗歌最多。

数量如此多、质量如此高的唐代诗人在诗路上留下足迹，一千多年前，他们是怀着何种心绪，踏上浙东这块土地的？

（一）孟浩然

孟浩然（689—740），唐代山水田园诗的代表人物，与王维称"王孟"。两《唐书》皆有传，但记载均简略。孟浩然性爱山水，除入仕的日子以外，其一生大部分时间都在漫游中度过，交游复杂，均无详细记载，后人只能从其自身或其好友的诗歌作品去分析推测。这也造成后世对孟浩然生平事迹多有争论，其中东下吴越就是一个。孟浩然的东下吴越在次数上就划归为二次说与三次说两类；而以年代具体分之，则又有六种不同的见解。① 本书并不简单采纳某一种论点，仅以诗为证，根据诗歌对孟在浙的游线做出最直接的推测。无诗为佐者，不妄臆断。

1. 自洛之越

《自洛之越》诗云："皇皇三十载，书剑两无成。山水寻吴越，风尘厌洛京。扁舟泛湖海，长揖谢公卿。且乐杯中物，谁论世上名。"②

隋唐时"自洛之越"多循汴水、邗沟、江南河。汴水即广济渠，该渠于荥阳（今河南荥阳市）北受黄河之水，经汴州（今河南开封市）、宿州（今安徽宿州）入淮水。入越旅客乘船至此东北行至楚州（今江苏淮安）西南，转邗沟达扬州，于京口（润州治，今江苏镇江）对岸渡长江，入江南河（邗沟、江南河即今淮安到杭州这一段运河），经润州、苏州、太湖达杭州，然后可到越中诸地。孟浩然走的正是这条路线。③ 如《适越留别谯县张主簿申屠少府》："朝乘汴河流，夕次谯县界。幸值西风吹，得与故人会。君学梅福隐，余从伯鸾迈。别后能相思，浮云在吴会。"④《问舟子》："向夕问舟子，前程复几多。湾头正堪泊，淮里足风波。"⑤《宿扬子津寄润州长山刘隐士》："所思在建业，欲往大江深。日夕望京口，烟波愁我心。心驰茅山洞，目极

---

① 王辉斌：《孟浩然生平研究综述》，《四川大学学报》（哲学社会科学版）1995年第1期。

② 刘文刚：《孟浩然年谱》，人民文学出版社1995年版，第46页。

③ 陈贻焮：《陈贻焮文选》，北京大学出版社2010年版，第15页。

④ 刘文刚：《孟浩然年谱》，人民文学出版社1995年版，第46页。

⑤ 谭优学：《唐诗人行年考》，四川人民出版社1981年版，第25页。

枫树林。不见少微星，星霜劳夜吟。"①《扬子津望京口》："北固临京口，夷山近海滨。江风白浪起，愁杀渡头人。"②

孟在润州度过新年，告别从弟，并登高咏怀。《早春润州送从弟还乡》："兄弟游吴国，庭闱恋楚关。已多新岁感，更饯白眉还。归泛西江水，离筵北固山。乡园欲有赠，梅柳着先攀。"③《登万岁楼》："万岁楼头望故乡，独令乡思更茫茫。天寒雁度堪垂泪，月落猿啼欲断肠。曲引古堤临冻浦，斜分远岸近枯杨。今朝偶见同袍友，却喜家书寄八行。"④

到杭州，他登高观夜潮，留下诗作《与杭州薛司户登樟亭楼作》。诗云："水楼一登眺，半出青林高。帟幕英僚敞，芳筵下客叨。山藏伯禹穴，城压伍胥涛。今日观溟涨，垂纶学钓鳌。"⑤

渡过钱江，便往越州行。诗人对于目的地的急切期待跃然纸上。如《济江问同舟人》："潮落江平未有风，扁舟共济与君同。时时引领望天末，何处青山是越中？"⑥

2.畅游越州

孟浩然到达越州后，遍游这座东南郡首。他曾经到过镜湖、若耶溪、禹穴、越王城、云门寺、秦望山、梅福市、大禹寺等胜迹。他还曾经登舟南下，去剡县造访了石城寺。

诗作有《与崔二十一游镜湖寄包贺二公》："试览镜湖物，中流见底清。

---

① 谭优学：《唐诗人行年考》，四川人民出版社1981年版，第25页。

② 谭优学：《唐诗人行年考》，四川人民出版社1981年版，第25页。

③ 谭优学：《唐诗人行年考》，四川人民出版社1981年版，第25—26页。

④ 谭优学：《唐诗人行年考》，四川人民出版社1981年版，第26页。

⑤ 刘文刚：《孟浩然年谱》，人民文学出版社1995年版，第56页。

⑥ 刘文刚：《孟浩然年谱》，人民文学出版社1995年版，第53页。

不知鲈鱼味，但识鸥鸟情。帆得樵风送，春逢谷雨晴。将探夏禹穴，稍背越王城。府掾有包子，文章推贺生。沧浪醉后唱，因此寄同声。"①《题云门山寄越府包户曹徐起居》："我行适诸越，梦寐怀所欢。久负独往愿，今来恣游盘。台岭践嶒石，耶溪溯林湍。舍舟入香界，登阁憩旃檀。晴山秦望近，春水镜湖宽。远行仁应接，卑位徒劳安。白云去久滞，沧海去来观。故国眇天末，良朋在朝端。迟尔同携手，何时方挂冠？"②《云门兰若与友人同游》："谓予游迷方，逢子亦在野。结交指松柏，问法寻兰若。小溪劣容舟，石怪屡惊马。所居最幽绝，所佳皆静者。云簇兴座隅，天空落阶下。上人亦何闻，尘念俱已舍。四禅合真如，一切是虚假。愿承甘露润，喜得惠风洒。依此托山门，谁知效丘也。"③《耶溪泛舟》："落景余清辉，轻桡弄溪渚。泓澄爱水物，临泛何容与。白首垂钓翁，新妆浣纱女。相看似相识，脉脉不得语。"④《久滞越中贻谢南池会稽贺少府》："陈平无产业，尼父倦东西。负郭昔云翳，问津今亦迷。未能忘魏阙，空此滞秦稽。两见夏云起，再闻春鸟啼。怀仙梅福市，访旧若耶溪。圣主贤为宝，君何隐遁栖。"⑤《题大禹寺义公禅房》："义公习禅处，结宇依空林。户外一峰秀，阶前众壑深。夕阳连雨足，空翠落庭阴。看取莲花净，应知不染心。"⑥《腊月八日于剡县石城寺礼拜》："石壁开金像，香山绕铁围。下生弥勒见，回向一心归。竹柏禅庭古，楼台世界稀。夕岚增气色，余照发光辉。讲席邀谈柄，泉堂施

---

① 刘文刚：《孟浩然年谱》，人民文学出版社1995年版，第54页。

② 刘文刚：《孟浩然年谱》，人民文学出版社1995年版，第55页。

③ 阮堂明、李云：《孟浩然集》，山西古籍出版社2008年版，第18页。

④ 谭优学：《唐诗人行年考》，四川人民出版社1981年版，第27页。

⑤ 刘文刚：《孟浩然年谱》，人民文学出版社1995年版，第57页。

⑥ 陈贻焮：《陈贻焮文选》，北京大学出版社2010年版，第26页。

浴衣。愿承功德水，从此濯尘机。"①

3.游历天台

孟浩然游历过天台。从越州到天台山去，在当时的交通条件下有水、陆两种交通方式。陆路需先经曹娥江（又名舜江）逆流顺剡溪而上至剡县，然后弃舟登岸，经过天姥山古道至天台。也可从越州下海，穿过甬舟海峡，至临海、三门一带登岸，至天台也不远了。孟浩然当时选择的是海路，见以下诗作。

《越中逢天台太一子》："仙穴逢羽人，停舻向前拜。问余涉风水，何处远行迈？登陆寻天台，顺流下吴会。兹山夙所尚，安得闻灵怪。上逼青天高，俯临沧海大。鸡鸣见日出，每与仙人会。来去赤城中，逍遥白云外。莓苔异人间，瀑布当空界。福庭长不死，华顶旧称最。永愿从之游，何当济所届。"②《舟中晚望》："挂席东南望，青山水国遥。舳舻争利涉，来往接风潮。问我今何去？天台访石桥。坐看霞色晚，疑是赤城标。"③《寻天台山》："吾友太乙子，餐霞卧赤城。欲寻华顶去，不惮恶溪名。歇马凭云宿，扬帆截海行。高高翠微星，遥见石梁横。"④《宿天台桐柏观》："海行信风帆，夕宿逗云岛。缅寻沧洲趣，近爱赤城好。扪萝亦践苔，辍棹恣探讨。息阴憩桐柏，采秀弄芝草。鹤唳清露垂，鸡鸣信潮早。愿言解缨绂，从此去烦恼。高步凌四明，玄踪得三老。纷吾远游意，学彼长生道。日夕望三山，云涛空浩浩。"⑤

---

① 刘文刚：《孟浩然年谱》，人民文学出版社1995年版，第52页。

② 刘文刚：《孟浩然年谱》，人民文学出版社1995年版，第53页。

③ 刘文刚：《孟浩然年谱》，人民文学出版社1995年版，第50页。

④ 刘文刚：《孟浩然年谱》，人民文学出版社1995年版，第51页。

⑤ 刘文刚：《孟浩然年谱》，人民文学出版社1995年版，第51页。

从诗作的内容不难看出，孟浩然此行是应道士太一子的邀请，专程前去访仙问道的。他自海行两日以上，登岸西行，眺望到赤城山，也就到了天台。在天台山，自然要去的是石桥，也就是今日的石梁飞瀑，再向上登攀，便抵达了天台山主峰——华顶了。

孟浩然此行既是去求仙问道，那么道庭圣地桐柏宫是必去的。司马承祯在此修行，太一子若非其徒，便是其师弟了。今日桐柏山上，仍有唐宋以来的琼台摩崖题记多处。

4.海行永嘉

年底，孟浩然自越州扬帆出海，南下永嘉。时宁波属越州，因此从宁波出海南下，依然可以说自越州扬帆。孟浩然此行最重要的目的是拜访同乡张子容。他在永嘉和乐城度过了一整个冬天，还在乐城的张府过了春节。节后，随着张子容离家赴任，自己出游也比较久了，再加上一场小病的影响，孟浩然乡思渐浓，作以下诗作。

《岁暮海上作》："仲尼既云殁，余亦浮于海。昏见斗柄回，方知岁星改。虚舟任所适，垂钓非有待。为问乘槎人，沧洲复谁在。"[1]《宿永嘉江寄山阴崔国辅少府》："我行穷水国，君使入京华。相去日千里，孤帆天一涯。卧闻海潮至，起视江月斜。借问同舟客，何时到永嘉？"《永嘉上浦馆逢张八子容》："逆旅相逢处，江村日暮时。众山遥对酒，孤屿共题诗。廨宇邻蛟室，人烟接岛夷。乡园万余里，失路一相悲。"《除夜乐城逢张少府》："云海泛瓯闽，风潮泊岛滨。何知岁除夜，得见故乡亲。余是乘槎客，君为失路人。平生复能几，一别十余春。"《初年乐城馆中卧疾怀归》："异县天隅僻，孤帆海畔过。往来乡信断，留滞客情多。腊月闻雷震，东风感岁和。

---

① 刘文刚：《孟浩然年谱》，人民文学出版社1995年版，第57页。

蛰虫惊户穴，巢鹊眄庭柯。徒对芳尊酒，其如伏枕何。归屿理舟楫，江海正无波。"《永嘉别张子容》："旧国余归楚，新年子北征。挂帆愁海路，分手恋朋情。日夕故园意，汀洲春草生。何时一杯酒，重与季鹰倾。"①《越中送张少府归秦中》："试登秦岭望秦川，遥忆青门春可怜。仲月送君从此去，瓜时须及邵平田。"②

5.溯流而归

孟浩然卧病永嘉，涌发了思乡之情，于是等身体稍微康复，便开始动身回乡。八月，孟浩然在杭州与钱塘颜县令同登樟亭观潮。有诗《与颜钱塘登樟楼望潮作》："百里闻雷震，鸣弦暂辍弹。府中连骑出，江上待潮观。照日秋云迥，浮天渤澥宽。惊涛来似雪，一坐凛生寒。"③观潮罢，即刻启程。《初下浙江舟中口号》云："八月观潮罢，三江越海浔。回瞻魏阙路，空复子牟心。"④

溯江西上，沿途"千山成嶂、万水为溪"的景致与后人所绘《富春山居图》无二。至富阳，受到裴、刘二位县尉的接待。他有诗作《游江西留别富阳裴、刘二少府》（又名《浙江西上留别裴、刘二少府》），云："西上游江西，临流恨解携。千山叠成嶂，万水泻为溪。石浅流难溯，藤长险易跻。谁怜问津者，岁晏此中迷。"⑤

逆水行舟，舟行不易。过七里险滩后，访严子陵钓台。他有诗作《经七里滩》，云："予奉垂堂诫，千金非所轻。为多山水乐，频作泛舟行。五

---

①　刘文刚：《孟浩然年谱》，人民文学出版社1995年版，第58页。

②　刘文刚：《孟浩然年谱》，人民文学出版社1995年版，第59页。

③　刘文刚：《孟浩然年谱》，人民文学出版社1995年版，第56页。

④　刘文刚：《孟浩然年谱》，人民文学出版社1995年版，第57页。

⑤　刘文刚：《孟浩然年谱》，人民文学出版社1995年版，第47页。

岳追向子，三湘吊屈平。湖经洞庭阔，江入新安清。复闻严陵濑，乃在兹湍路。叠嶂数百里，沿洄非一趣。彩翠相氛氲，别流乱奔注。钓矶平可坐，苔磴滑难步。猿饮石下潭，鸟还日边树。观奇恨来晚，倚棹惜将暮。挥手弄潺湲，从兹洗尘虑。"[1]

夜宿桐庐江上，他给广陵同游的老友寄诗，即《宿桐庐江寄广陵旧游》："山暝听猿愁，沧江急夜流。风鸣两岸叶，月照一孤舟。建德非吾土，维扬忆旧游。还将两行泪，遥寄海西头。"[2]

至建德，他留下名篇《宿建德江》，诗云："移舟泊烟渚，日暮客愁新。野旷天低树，江清月近人。"[3]

离开了建德，孟浩然可能选择走新安江自皖南入江西。其诗中说"江入新安清"，似有所指。唐代若要走徽州西去，尚无驿道可循。到浔阳（今江西九江），仍在回忆观涛之事。"魏阙心恒在，金门诏不忘。"一句与《初下浙江舟中口号》中的"回瞻魏阙路，空复子牟心"也似有呼应。有诗《自浔阳泛舟经明海作》："大江分九流，淼漫成水乡。舟子乘利涉，往来至浔阳。因之泛五湖，流浪经三湘。观涛壮枚发，吊屈痛沉湘。魏阙心恒在，金门诏不忘。遥怜上林雁，冰泮也回翔。"[4]

自浔阳溯长江，过黄石，便至武昌。孟浩然家在荆襄，武昌是其归乡必经之路。有诗《溯江至武昌》："家本洞庭上，岁时归思催。客心徒欲速，江路苦遭回。残冻因风解，新正度腊开。行看武昌柳，仿佛映楼台。"[5]

---

① 刘文刚：《孟浩然年谱》，人民文学出版社1995年版，第48页。

② 刘文刚：《孟浩然年谱》，人民文学出版社1995年版，第48页。

③ 刘文刚：《孟浩然年谱》，人民文学出版社1995年版，第51页。

④ 谭优学：《唐诗人行年考》，四川人民出版社1981年版，第33页。

⑤ 谭优学：《唐诗人行年考》，四川人民出版社1981年版，第35页。

至郢州（今湖北荆门），此刻离家真是不远了，真可谓"愁随江路尽，喜入郢门多"。诗人久游归乡的急切心情溢于言表。作《归至郢中作》，诗云："远游经海峤，返棹归山阿。日夕见乔木，乡关在伐柯。愁随江路尽，喜入郢门多。左右看桑土，依然即匪他。"[①]

（二）李白

李白（701—762），字太白，唐代伟大的浪漫主义诗人，被誉为"诗仙"。李白与杜甫是我国诗坛上的两座高峰，世称"李杜"。李白一生放纵不羁，游历大江南北，写下了许多千古传诵的名篇。李白对东晋谢氏十分有好感，他在很多诗中都表现了对谢安、谢灵运、谢朓等人的崇敬。有诗如下。"但用东山谢安石，为君谈笑靖胡沙。""蓬莱文章建安骨，中间小谢又清发。""解道澄江静如练，令人长忆谢玄晖。"可能是这个原因，李白对作为谢氏故地的浙东非常向往。

关于李白生平事迹的研究很多，单李白年谱就有宋薛仲邕《翰林李太白年谱》、清黄锡珪《李太白年谱》，近现代詹锳《李白诗文系年》、郭沫若《李白杜甫年表》等。由于李白事迹和作品很多难以确切考证时间和地点，各版年谱之间关于具体事件颇有出入。本文暂选安旗、薛天纬的《李白年谱》与安旗、阎琦、薛天纬等的《新版李白全集编年注释》为研究依据。

开元十三年（725），李白二十五岁。在诗《秋（初）下荆门》中写道："此行不为鲈鱼脍，自爱名山入剡中。"当年三月，李白出峡后，除往还江陵、江夏外，又曾南游洞庭，盘桓累月，至本年秋始下荆门赴江东。[②]李白一出荆门就想着入剡中，可见浙东对他的吸引力。

---

① 谭优学：《唐诗人行年考》，四川人民出版社1981年版，第36页。

② 安旗等：《新版李白全集编年注释》，巴蜀书社2000年版，第44页。

开元十四年（726），李白二十六岁。自金陵、广陵后，有剡中游①。初入会稽所作《别储邕之剡中》，诗云："借问剡中道，东南指越乡。舟从广陵去，水入会稽长。竹色溪下绿，荷花镜里香。辞君向天姥，拂石卧秋霜。"②

"耶溪采莲女，见客棹歌回"（《越女词五首》），"若耶溪傍采莲女，笑隔荷花共人语"（《采莲曲》），"右军本清真，潇洒出风尘。山阴过羽客，爱此好鹅宾"（《王右军》）等诗句都说明李白到过若耶溪、镜湖、山阴等地。但这些是不是此次越中之行所作，学界尚有争论。如王琦《李太白年谱》、詹锳《李白诗文系年》、郭沫若《李杜年表》等都认为开元十四年（726），李白只至广陵，并未下越中。安旗、薛天纬的《李白年谱》也并未有此次越中之行的记载，并将《越女词五首》《采莲曲》等诗归为李白天宝六载（747）游越之作。

天宝五年（746），李白自春季以来即屡有南游之意。秋末启程。临行，赋《梦游天姥吟留别》（一作《别鲁东诸公》）③，载云：

海客谈瀛洲，烟涛微茫信难求。越人语天姥，云霞明灭或可睹。天姥连天向天横，势拔五岳掩赤城。天台四万八千丈，对此欲倒东南倾。我欲因之梦吴越，一夜飞度镜湖月。湖月照我影，送我至剡溪。谢公宿处今尚在，渌水荡漾清猿啼。脚着谢公屐，身登青云梯。半壁见海日，空中闻天鸡。千岩万转路不定，迷花倚石忽已暝。熊咆龙吟殷岩泉，栗深林兮惊层巅。云青青兮欲雨，水澹澹兮生烟。列缺霹雳，丘峦崩摧。洞天石扇，訇

---

① 安旗等：《新版李白全集编年注释》，巴蜀书社2000年版，第72页。
② 安旗等：《新版李白全集编年注释》，巴蜀书社2000年版，第72页。
③ 安旗、薛天纬：《李白年谱》，齐鲁书社1982年版，第66页。

然中开。青冥浩荡不见底，日月照耀金银台。霓为衣兮风为马，云之君兮纷纷而来下。虎鼓瑟兮鸾回车，仙之人兮列如麻。忽魂悸以魄动，恍惊起而长嗟。惟觉时之枕席，失向来之烟霞。世间行乐亦如此，古来万事东流水。别君去兮何时还？且放白鹿青崖间，须行即骑访名山。安能摧眉折腰事权贵，使我不得开心颜。[1]

　　李白被唐玄宗赐金放还之后，与杜甫、高适等游历齐鲁。但壮志未酬，心中愁闷，筹划南游，于是作此诗。天姥山在浙江新昌东。该诗描绘了李白梦中游历天姥山的场景，李白浪漫主义诗人的特质，以及他不屑于事权贵的品性在诗中表现得淋漓尽致。

　　天宝六载（747），李白四十七岁，春在扬州，旋到金陵，一路南下，秋到越中。[2]《求崔山人百丈崖瀑布图》："幽缄傥相传，何必向天台。"《天台山志》："百丈岩，在天台县西北二十五里，崇道观西北。"由此可知该诗为李白赴越途中所作，说明他也计划去天台。至越中，有诗《越中秋怀》："越水绕碧山，周回数千里。乃是天镜中，分明画相似。爱此从冥搜，永怀临湍游。一为沧波客，十见红蕖秋。观涛壮天险，望海令人愁。路遐迫西照，岁晚悲东流。何必探禹穴，逝将归蓬丘。不然五湖上，亦可乘扁舟。"[3]亦有诗《越中览古》："越王勾践破吴归，义士还家尽锦衣。宫女如花满春殿，只今惟有鹧鸪飞。"[4]

---

① 安旗等：《新版李白全集编年注释》，巴蜀书社2000年版，第689页。
② 安旗、薛天纬：《李白年谱》，齐鲁书社1982年版，第69页。
③ 安旗等：《新版李白全集编年注释》，巴蜀书社2000年版，第742页。
④ 安旗等：《新版李白全集编年注释》，巴蜀书社2000年版，第736页。

　　贺知章是李白的好友，李白"谪仙人"的称号就是他送的。贺知章乃会稽人，因病回乡后不久便病逝。李白此行，也是为了凭吊好友。作诗《对酒忆贺监二首》和《重忆一首》。①

　　此次越中行，李白还登天台山，赋《登高丘而望远海》，刺玄宗穷兵黩武，又妄求神仙。《天台晓望》《早望海霞边》，俱一时之作。②

　　《史记·始皇本纪》："始皇出游。……浮江下，观籍柯，渡海渚。过丹阳，至钱唐，临浙江，水波恶，乃西百二十里从狭中渡。上会稽，祭大禹，望于南海，而立石刻颂秦德。"李白的怀古诗《秦王扫六合（古风其三）》《秦皇按宝剑（古风其四十八）》也为此次游越所作。③

　　李白本年游越，似曾到婺州（今金华），作《金华牧羊儿（古风其十七）》，诗云："金华牧羊儿，乃是紫烟客。我愿从之游，未去发已白。不知繁华子，扰扰何所迫？昆山采琼蕊，可以炼精魄。"④金华即金华山，位于金华市北郊。牧羊儿即指黄初平，黄初平少时曾牧羊于金华山，后得道成仙。李白的《对酒行》中也有"松子栖金华，安期入蓬海"的描写。

　　还有学者认为李白于天宝十二载（753），又到过越中，但未提出确凿的证据。⑤不论如何，李白到过浙江，并涉足浙东唐诗之路却是确信无疑的，且他诗中频繁出现的各种与浙江有关的意象，也足以说明李白对此地的向往和留恋。

---

① 安旗、薛天纬：《李白年谱》，齐鲁书社1982年版，第69页。

② 安旗、薛天纬：《李白年谱》，齐鲁书社1982年版，第69页。

③ 安旗等：《新版李白全集编年注释》，巴蜀书社2000年版，第748页。

④ 安旗等：《新版李白全集编年注释》，巴蜀书社2000年版，第752页。

⑤ 竺岳兵：《唐诗之路唐代诗人行迹考》，中国文史出版社2004年版，第37页。

（三）崔颢

崔颢（704？—754），汴州（今河南开封）人。开元十一年（723），进士及第，这一年，崔颢十九岁。崔颢的诗虽负盛名，但留存至今的诗只有40多首。崔颢生平事迹史料记载亦不多，更不详尽，只能从崔颢现存的诗入手。崔颢诗中，明确与诗路有关的诗有《发锦沙村》《游天竺寺》《入若耶溪》《舟行入剡》四首。下面逐一介绍。

《发锦沙村》："北上途未半，南行岁已阑。孤舟下建德，江水入新安。海近山常雨，溪深地早寒。行行泊不可，须及子陵滩。"[①]锦沙村，在今千岛湖库区。从诗中可看出崔颢沿新安江经清溪、建德，过七里滩，沿钱塘江顺流而下。

《题沈隐侯八咏楼》："梁日东阳守，为楼望越中。绿窗明月在，青史古人空。江静闻山狖，川长数塞鸿。登临白云晚，留恨此遗风。"[②]沈隐侯，即沈约，字休文，世称"隐侯"，南朝齐隆昌元年（494）任东阳太守，主持修建玄畅楼（八咏楼）。八咏楼，原名玄畅楼。在今金华婺江之畔，金华旧时为东阳郡。

《游天竺寺》："晨登天竺山，山殿朝阳晓。涧泉争喷薄，江岫相萦绕。直上孤顶高，平看众峰小。南州十二月，地暖冰雪少。青翠满寒山，藤萝覆冬沼。 花龛瀑布侧，青壁石林杪。鸣钟集人天，施饭聚猿鸟。洗意归清净，澄心悟空了。始知世上人，万物一何扰。"[③]天竺寺在今杭州西湖之西南山中，毗邻灵隐寺。

---

① 万竞君注：《崔颢崔国辅诗注》，《唐诗小集》，上海古籍出版社1982年版，第28页。

② 万竞君注：《崔颢崔国辅诗注》，《唐诗小集》，上海古籍出版社1982年版，第30页。

③ 万竞君注：《崔颢崔国辅诗注》，《唐诗小集》，上海古籍出版社1982年版，第10页。

《舟行入剡》："鸣棹下东阳，回舟入剡乡。青山行不尽，绿水去何长。地气秋仍湿，江风晚渐凉。山梅犹作雨，溪橘未知霜。谢客文逾盛，林公未可忘。多惭越中好，流恨阅时芳。"①

《入若耶溪》："轻舟去何疾，已到云林境。起坐鱼鸟间，动摇山水影。岩中响自答，溪里言弥静。事事令人幽，停桡向余景。"②

四首诗提到锦沙村、建德、新安、子陵滩、东阳、八咏楼、剡乡、若耶溪等地点。按正常合理推测：沿新安江经清溪、建德，过七里滩，前往杭州；途中又沿钱塘江支流兰江入婺江，逆流至金华（东阳郡），之后顺流返回进入钱塘江，至杭州；在杭州游览一番后，沿钱塘江、浙东运河、曹娥江一路到剡县。由此可见，浙东唐诗之路和钱塘江诗路上都有崔颢的足迹。

（四）白居易

白居易（772—846），字乐天，号香山居士。官至翰林学士。与元稹共同倡导新乐府运动，世称"元白"。晚年与刘禹锡齐名，并称"刘白"。

这个写下"忆江南，最忆是杭州"的诗人，自然与江南、浙东关系匪浅。白居易出生的时代，盛唐已过，战火四起，因此他一生都在漂泊。他在其少年、中年都来过浙东。他每次来浙东，虽是同样的山水景色，但却因处于不同的人生阶段，产生不同的感悟。

建中四年（783），白居易十二岁，时两河用兵，逃难于越中，约始于本年③。这一年泾原兵变，长安沦陷，德宗逃亡奉天（今陕西乾县）。白居易

---

① 万竞君注：《崔颢崔国辅诗注》，《唐诗小集》，上海古籍出版社1982年版，第37页。

② 万竞君注：《崔颢崔国辅诗注》，《唐诗小集》，上海古籍出版社1982年版，第11页。

③ 朱金城：《白居易年谱》，上海古籍出版社1982年版，第10页。

逃难越中。贞元五年（789），白居易十八岁，仍在江南。[①] 贞元七年（791），白居易父亲到襄阳赴任，白居易也告别越中到符离。这一年白居易二十岁，在符离县（今安徽宿州）与张彻、贾𬤝等共勉学，画课赋，夜课书，间又课诗。是年，父季庚除襄州别驾。[②] 白居易作《江楼望归》，云："满眼云水色，月明楼上人。旅愁春入越，乡梦夜归秦。道路通荒服，田园隔虏尘。悠悠沧海畔，十载避黄巾。"[③] 点出了避乱越中之事。

白居易避乱越中的时候，到过剡溪、天台等处，并对越地的风物有了深刻的了解。《泛春池》："白苹湘渚曲，绿筱剡溪口。各在天一涯，信美非吾有。……"[④]《缭绫》："缭绫缭绫何所似？不似罗绡与纨绮。应似天台山上明月前，四十五尺瀑布泉……"[⑤] 缭绫是越州特产的一种丝织品，在唐代曾作为贡品。

贞元四年（788），父季庚任满，改除大理少卿、衢州别驾。[⑥] 从父衢州任所。有诗《江郎山》："林虑双童长不食，江郎三子梦还家。安得此身生羽翼，与君往来共烟霞。"[⑦] 江郎山，位于今衢州市江山市境内。

可见白居易年少时的此次"避乱越中"，不仅到过浙东唐诗之路上的越中，也曾涉足钱塘江唐诗之路上的衢州江山，但无更详细的资料能推出其路径。

---

① 朱金城：《白居易年谱》，上海古籍出版社1982年版，第14页。

② 朱金城：《白居易年谱》，上海古籍出版社1982年版，第15页。

③ 谢思炜：《白居易诗集校注》，中华书局2006年版，第1047页。

④ 谢思炜：《白居易诗集校注》，中华书局2006年版，第717页。

⑤ 谢思炜：《白居易诗集校注》，中华书局2006年版，第389页。

⑥ 朱金城：《白居易年谱》，上海古籍出版社1982年版，第14页。

⑦ 谢思炜：《白居易诗集校注》，中华书局2006年版，第2965页。

长庆二年（822），白居易五十一岁，在长安，为中书舍人。七月，自中书舍人出守杭州。宣武军乱，汴河未通，乃取道襄汉赴任。途经江州，与李渤会，访庐山草堂。十月，至杭州。[①]长庆四年（824），白居易在杭州刺史任上。五月，除太子左庶子分司东都。[②]在杭州任上的近三年的时间里，作诗歌164首，散文7篇。[③]他曾在《重题别东楼》中说："太守三年嘲不尽，郡斋空作百篇诗。"这三年的生活，正如他初至杭州寄钱徽等人的诗中所说"唯此钱唐郡，闲忙恰得中"（《初到郡斋寄钱湖州李苏州》），过得相对悠游自在。他或蜷于郡斋中尽享天伦，或泛舟湖上遍览湖光山水，郡政不甚繁忙，他也更有时间与友人和诗，与元稹著名的"诗筒"之事也始于这个时期。[④]

白居易于长庆二年（822）十月一日抵达杭州，初上任，政务繁忙，无暇他事。"鳏悍心所念，简牍手自操。何言符竹贵，未免州县劳。"（《初领郡政衙退登东楼作》）"平旦起视事，亭午卧掩关。除亲簿领外，多在琴书前。"（《郡亭》）"性多移不得，朝政谩如绳。"（《衰病》）这种忙于公务的日子一直持续到岁末，才稍有缓解："公事渐闲身且健，使君殊未厌余杭。"（《腊后岁前遇景咏意》）

长庆三年（823），八月，元稹为越州刺史、浙东观察使。[⑤]十月半，经杭州，晤白居易。[⑥]两人"分袂二年劳梦寐，并床三宿话平生"（《答微之

① 朱金城：《白居易年谱》，上海古籍出版社1982年版，第129页。

② 朱金城：《白居易年谱》，上海古籍出版社1982年版，第147页。

③ 杨恂骅：《白居易苏杭诗文研究》，中国社会科学院研究生院2018年硕士学位论文，第25页。

④ 张璐：《论白居易、苏轼的杭州创作》，陕西师范大学2013年硕士学位论文，第5页。

⑤ 卞孝萱：《元稹年谱》，齐鲁书社1980年版，第423页。

⑥ 卞孝萱：《元稹年谱》，齐鲁书社1980年版，第424页。

咏怀见寄》)。此后，白居易与元稹，治郡相邻，不得相见。二人的诗酒庚和却并未受到影响。自此别后，二人的诗歌唱和达到了高潮。从长庆三年八月起至长庆四年五月白居易离杭，共作唱和诗48首。他们以诗筒递诗，在当时传为佳话。"前人作诗，未始和韵。自唐白乐天为杭州刺史，元微之为浙东观察，往来置邮筒唱和，始依韵，而多至千言，少或百数十言，篇章甚富。其自耀云：'曹公谓刘玄德曰：天下英雄，唯使君与操耳。予于微之亦云。'"①二人诗信往来，都夸赞各自郡中山水之秀美，府邸之舒适。"知君暗数江南郡，除却余杭尽不如。"(《答微之夸越州州宅》)"一泓镜水谁能羡，自有胸中万顷湖。"(《酬微之夸镜湖》)诚然，杭州与越州的山水人文是白居易与元稹各自"炫耀"的底气。

除了唱和诗，白居易在杭州的郡斋诗创作也是一大亮点。白居易在杭州住在郡斋中，即杭州刺史府邸。据《祥符图经》记载："在城中钱塘旧治正南一十里，下瞰大江，直望海门，山下有凤凰门，有雁池。赵清献公抃诗云：'老来重守凤凰城。'是也。"可见，白居易在杭州的住所，依山傍水，风景甚绝。这也成为白居易杭州郡斋诗质量的保障。初至郡中，就作《初领郡政衙退登东楼作》，另外《郡楼夜宴留客》《东院》《虚白堂》等都是其在杭州所作的著名郡斋诗。

《初领郡政衙退登东楼作》："鳏茕心所念，简牍手自操。何言符竹贵，未免州县劳。赖是余杭郡，台榭绕官曹。凌晨亲政事，向晚恣游遨。山冷微有雪，波平未生涛。水心如镜面，千里无纤毫。直下江最阔，近东楼更高。烦襟与滞念，一望皆遁逃。"②《郡楼夜宴留客》："北客劳相访，东楼为

---

① 张表臣：《珊瑚钩诗话》卷一，《历代诗话》，中华书局2004年版，第458页。

② 谢思炜：《白居易诗集校注》，中华书局2006年版，第678页。

一开。褰帘待月出，把火看潮来。艳听竹枝曲，香传莲子杯。寒天殊未晓，归骑且迟回。"[1]《东院》："松下轩廊竹下房，暖檐晴日满绳床。净名居士经三卷，荣启先生琴一张。老去齿衰嫌橘醋，病来肺渴觉茶香。有时闲酌无人伴，独自腾腾入醉乡。"[2]《虚白堂》："虚白堂前衙退后，更无一事到中心。移床就日檐间卧，卧咏闲诗侧枕琴。"[3]

长庆三年（823），白居易在杭州刺史任上，屡游西湖。初秋病。八月，游灵隐冷泉亭。九月，游恩德寺，看泉洞竹石。有《祷仇王神文》《祈皋亭神文》《祭龙文》《冷泉亭记》等。[4]杭州的湖光山色，让白居易山水诗创作也达到了高峰。见《钱塘湖春行》："孤山寺北贾亭西，水面初平云脚低。几处早莺争暖树，谁家新燕啄春泥？乱花渐欲迷人眼，浅草才能没马蹄。最爱湖东行不足，绿杨阴里白沙堤。"[5]《杭州春望》："望海楼明照曙霞，护江堤白踏晴沙。涛声夜入伍员庙，柳色春藏苏小家。红袖织绫夸柿蒂，青旗沽酒趁梨花。谁开湖寺西南路，草绿裙腰一道斜。"[6]《孤山寺遇雨》："拂波云色重，洒叶雨声繁。水鹭双飞起，风荷一向翻。空蒙连北岸，萧飒入东轩。或拟湖中宿，留船在寺门。"[7]

白居易在杭州任上似曾去过临郡越州。《郡中闲独寄微之及崔湖州》："萍洲会面知何日，镜水离心又一春。"崔湖州是崔玄亮，时任湖州刺史。

---

① 谢思炜：《白居易诗集校注》，中华书局2006年版，第1599页。

② 谢思炜：《白居易诗集校注》，中华书局2006年版，第1600页。

③ 谢思炜：《白居易诗集校注》，中华书局2006年版，第1601页。

④ 朱金城：《白居易年谱》，上海古籍出版社1982年版，第142页。

⑤ 谢思炜：《白居易诗集校注》，中华书局2006年版，第1614页。

⑥ 谢思炜：《白居易诗集校注》，中华书局2006年版，第1623页。

⑦ 谢思炜：《白居易诗集校注》，中华书局2006年版，第1627页。

微之就是元稹。萍洲指湖州，镜水指代越州。说明上一年，白居易曾到过越州。[①]白居易在越州还游览了云门寺、天衣寺。云门寺，位于绍兴秦望山脚下。天衣寺，即法华寺，遗址现存于绍兴秦望山腰，后毁。有诗《宿云门寺》："昨夜有风雨，云奔天地合。龙吟古石楼，虎啸层岩阁。幽意未尽怀，更行三五匝。"[②]《题法华山天衣寺》："山为莲宫作画屏，楼台迤逦插青冥。云生座底铺金地，风起松梢韵宝铃。龙喷水声连击磬，猿啼月色闲持经。时人不信非凡境，试入玄关一夜听。"[③]

有学者推测白居易还第三次来过浙东，时间是太和三年（829），依据是《想东游五十韵》。[④]在这首诗的序中，白居易写道："太和三年春，予病免官后，忆游浙右数郡，兼思到越一访微之。故两浙之间，一物已上，想皆在目，吟且成篇，不能自休，盈五百字，亦犹孙兴公想天台山而赋之也。"推测白居易在除太子宾客后，因怀念越地风光，又故地重游。但此诗应是依据回忆而写。太和三年（829），白居易因病去官后，回忆起当年游浙东数郡，并到越州访问元稹的旧事。此诗描写的是白居易在杭州任刺史时游越中的场景。另有《和微之春日投简阳明洞天五十韵》，也应是第二次游越中所作。故恐白居易一生两次游浙东，而非三次。但从《想东游五十韵》《和微之春日投简阳明洞天五十韵》的内容看出，白居易对浙东游的印象深刻，对浙东的山水古迹的确难以忘怀。境湖、禹穴、若耶溪、禹庙这些地方，在多年以后，仍历历在目。

---

① 竺岳兵：《唐诗之路唐代诗人行迹考》，中国文史出版社2004年版，第53页。

② 谢思炜：《白居易诗集校注》，中华书局2006年版，第2912页。

③ 谢思炜：《白居易诗集校注》，中华书局2006年版，第2912页。

④ 竺岳兵：《唐诗之路唐代诗人行迹考》，中国文史出版社2004年版，第53页。

（五）元稹

元稹（779—831），字微之，官至武昌军节度使。与白居易同科及第，结为好友，且共同倡导新乐府运动，世称"元白"。

长庆三年（823），四十五岁，在同州刺史任。[1] 八月，元稹为越州刺史、浙东观察使。[2] 十月，经苏州，晤李谅、杨琼。十月半，经杭州，晤白居易。抵越州。奏罢明州岁进海味。[3] 在同州任上准备赴越前，作诗《初除浙东妻有阻色因以四韵晓之》："嫁时五月归巴地，今日双旌上越州。兴庆首行千命妇，会稽旁带六诸侯。海楼翡翠闲相逐，镜水鸳鸯暖共游。我有主恩羞未报，君于此外更何求？"[4]

赴越途中，途经苏州，晤苏州刺史李谅；经杭州，晤杭州刺史白居易。有诗《再酬复言和前篇》："经过二郡逢贤牧，聚集诸郎宴老身。清夜漫劳红烛会，白头非是翠娥邻。曾携酒伴无端宿，自入朝行便别春。潦倒微之从不占，未知公议道何人。"[5] 复言即李谅。

元稹与白居易两位好友，在杭州相聚，两人"分袂二年劳梦寐，并床三宿话平生"（白居易《答微之咏怀见寄》）。在杭州稍作停留后，元稹告别白居易出发前往越州，有诗《别后西陵晚眺》："晚日未抛诗笔砚，夕阳空望郡楼台。与君后会知何日，不似潮头暮却回。"[6] 亦有临别诗《赠乐天》《重赠》。

---

[1] 卞孝萱：《元稹年谱》，齐鲁书社1980年版，第418页。

[2] 卞孝萱：《元稹年谱》，齐鲁书社1980年版，第423页。

[3] 卞孝萱：《元稹年谱》，齐鲁书社1980年版，第424页。

[4] 杨军：《元稹集编年笺注》，三秦出版社2002年版，第874页。

[5] 杨军：《元稹集编年笺注》，三秦出版社2002年版，第878页。

[6] 杨军：《元稹集编年笺注》，三秦出版社2002年版，第881页。

　　至越州任上后，与好友白居易邻郡而居，诗书频繁。有《寄乐天》二首，一首作："闲夜思君坐到明，追寻往事倍伤情。同登科后心相合，初得官时髭未生。二十年来谙世路，三千里外老江城。犹应更有前途在，知向人间何处行。"① 另一首《寄乐天》作："莫嗟虚老海壖西，天下风光数会稽。灵泛桥前百里镜，石帆山崦五云溪。冰销田地芦锥短，春入枝条柳眼低。安得故人生羽翼，飞来相伴醉如泥。"②

　　元稹对在越州的生活环境十分满意，他给白居易的很多诗都在特地夸赞自己的州宅。如《以州宅夸于乐天》："州城迥绕拂云堆，镜水稽山满眼来。四面常时对屏障，一家终日在楼台。星河似向檐前落，鼓角惊从地底回。我是玉皇香案吏，谪居犹得住蓬莱。"③《重夸州宅旦暮景色兼酬前篇末句》："仙都难画亦难书，暂合登临不合居。绕郭烟岚新雨后，满山楼阁上灯初。人声晓动千门辟，湖色宵涵万象虚。为问西州罗刹岸，涛头冲突近何如。"④《再酬复言和夸州宅》："会稽天下本无俦，任取苏杭作辈流。断发仪刑千古学，奔涛翻动万人忧。石缘类鬼名罗刹，寺为因坟号虎丘。莫着诗章远牵引，由来北郡似南州。"⑤

　　元稹在越州任上六年时间，除郡中公务外，便是游览越中山水古迹，大禹庙、云门山、法华山天衣寺等都留下了他的足迹，有诗《拜禹庙》《怀古偶题临江亭》《醉题东武》《游云门》等。亦有诗《题法华山天衣寺》："马踏红尘古塞平，出门谁不为功名。到头争似栖禅客，林下无言过一

---

① 杨军：《元稹集编年笺注》，三秦出版社2002年版，第886页。

② 杨军：《元稹集编年笺注》，三秦出版社2002年版，第896页。

③ 杨军：《元稹集编年笺注》，三秦出版社2002年版，第881页。

④ 杨军：《元稹集编年笺注》，三秦出版社2002年版，第883页。

⑤ 杨军：《元稹集编年笺注》，三秦出版社2002年版，第892页。

生。"①《春游》："酒户年年减，山行渐渐难。欲终心懒慢，转恐兴阑散。镜水波犹冷，稽峰雪尚残。不能辜物色，乍可怯春寒。远目伤千里，新年思万端。无人知此意，闲凭小栏干。"②

（六）睦州诗派

睦州诗派。元至元三十年（1293），南宋诗人谢翱在《睦州诗派序》中写道："惟新定自元和至咸通间，以诗名凡十人，视他郡为最。施处士肩吾、方先生干、李建州频、喻校书凫，世并有集。翁征君洮，有集藏于家。章协律八元、徐处士凝、周生朴、喻生坦之，并有诗，见唐《间气》及《文苑》诸书。皇甫推官以文章受业韩门。翱客睦，与学为诗者，推唐人，以至魏汉，或解或否，无以答。友人翁衡，取十先生编为集，名曰'睦州诗派'。"这是有关睦州诗派最早的记载。

明宋濂《故诗人徐方舟墓铭》："先是睦多诗人，唐有皇甫湜、方干、徐凝、李频、施肩吾，宋有高师鲁、滕元秀，世号为睦州诗派。"可见睦州诗派，即以同属于睦州地区为共性依据，以章八元、徐凝、施肩吾、皇甫、喻凫、方干、李频、喻坦之、周朴、翁洮等十位睦州诗人为代表的诗人群体。

睦州，原为新定郡、遂安郡，隋仁寿三年（603），以俗阜人和、内外辑睦为义置睦州，治新安县（今杭州淳安）。宋宣和间改曰"严州"。辖境相当于今浙江桐庐、建德、淳安等地。唐代杜牧，宋代陆游、范仲淹等都曾在此为官。睦州位于钱塘江上游，富春江、新安江、兰江在此汇合。此地多山多水，然山高而不峻，水流而不急，故山水秀美，风景秀丽。名山有雉山、严陵山、桐君山，名胜古迹有七里滩、严子陵钓台等。东汉严光

---

① 杨军：《元稹集编年笺注》，三秦出版社2002年版，第938页。

② 杨军：《元稹集编年笺注》，三秦出版社2002年版，第936页。

隐居富春江畔，造就了此地历史悠久的隐逸文化。南朝梁时吴均的《与朱元思书》是最早通篇描写富阳至桐庐富春江景色的文学作品。元代黄公望的《富春山居图》，用画笔描绘了生动的富春山色。山光水色的熏陶，历史积淀的浸染，钟灵毓秀，睦州诗派就是出现在这样一幅山水画卷中。直到近现代，郭沫若评价富阳籍著名作家郁达夫时曾说："郁达夫诗文的清丽灵秀，便是受了他家富春山水的浸染。"由此可见此地山水之色的感染力。

（七）方干

方干（809—886？），字雄飞，睦州桐庐人。晚唐著名隐逸诗人，睦州诗派的代表人物。一生多次举试未中，后隐居绍兴镜湖。

王赞《玄英先生诗集序》亦称："吴越故多诗人，未有新定方干擅名于杭越，流声于京洛。夫干之为诗，镜肌涤骨，冰莹霞绚。嘉肴自将，不吮余隽。丽不葩纷，苦不棘瘤。当其得志，倏与神会。词若未至，意已独往。"

《钦定四库全书集部提要》则如此评价方干的诗歌："盖其气格清迥，意度闲远，于晚唐纤靡俚俗之中，独能自振，故一时诗家推为职志。然其七言浅弱，较逊五言。《郝氏林亭》而外，佳句无多，则又风会有以限之也。"

有关方干的研究不少，但至今尚未有详细的方干年谱或诗歌系年专著。吴在庆的《方干之生平与诗歌系年》是此领域较全面的研究成果。方干自小居住在桐庐白云村，该地位于桐溪与富春江交汇地，在严子陵钓台附近。科举多试未中，后隐居绍兴镜湖。《唐才子传》卷七《方干小传》说："大中中，举进士不第，隐居镜湖中。湖北有茅斋，湖西有松岛。每风清月明，携稚子邻叟，轻樟往返，甚惬素心。所住水木幽闷，一草一花，俱能留客。家贫，蓄古琴，行吟醉卧以自娱。"[1]之后他又回故乡隐居。

---

[1]　傅璇宗：《唐才子传校笺》第七卷第三册，中华书局2002年版，第371页。

富春江岸和镜湖之畔是方干的主要生活地域，在他大多数的诗歌中都能见到两地的自然风光。方干诗涉及浙东唐诗之路和钱塘江唐诗之路。其中钱塘江唐诗之路的有《题严子陵祠二首》《题睦州乌龙山禅居》《暮发七里滩夜泊严光台下》《怀桐江旧居》《赠桐溪主人》《归睦州中路寄侯郎中》《桐庐江阁》《题桐庐谢逸人江居》。如《桐庐江阁》载："风烟百变无定态，缅想画人虚损心。卷箔槛前沙鸟散，垂钩床下锦鳞沉。白云野寺凌晨磬，红树孤村遥夜砧。此地四时抛不得，非唯盛暑事开襟。"①

涉及浙东唐诗之路的有《思越中旧游寄友》《题宝林山禅院》《镜湖西岛言事寄陶校书》《路入剡中作》《石门瀑布》《东山瀑布》《再游云门》等。如《越中言事二首》"异术闲和合圣明，湖光浩气共澄清。郭中云吐啼猿寺，山上花藏调角城。香起荷湾停棹饮，丝垂柳陌约鞭行。游人今日又明日，不觉镜中新发生"；"云霞水木共苍苍，元化分功秀一方。百里湖波轻撼月，五更军角慢吹霜。沙边贾客喧鱼市，岛上潜夫醉笋庄。终岁逍遥仁术内，无名甘老买臣乡"。②

（八）刘长卿

刘长卿，字子房，祖籍宣城，家居洛阳。③史料记载的生平和事迹多有谬误，说法不一。关于其出生年代，就有多种说法。闻一多《唐诗大系》定其生于景龙三年（709）。傅璇琮《唐代诗人丛考》推测其出生于710年或725年。储仲君《夕阳》认为是开元十四年（726）。张君宝《刘长卿生年辨证——兼考其贬睦州之年》推测刘长卿生年在神龙二年（706），或稍

---

① 王扬真：《方干诗歌校注》，广西民族大学2016年硕士学位论文，第231页。

② 王扬真：《方干诗歌校注》，广西民族大学2016年硕士学位论文，第175页。

③ 杨世明：《刘长卿行年考述》，《四川师范学院学报》（哲学社会科学版）1990年第4期。

晚一二年。但不论如何，其主要诗歌作品都在大历时期，有着明显的大历诗风。大历诗人大致可分为两大群体，一是以长安和洛阳为中心，以钱起、卢纶为代表的大历十才子，作品多呈现给达官贵人；二是以江东吴越为中心，代表人物是刘长卿、李嘉祐等人，作品大多描写山水风景。[①]

这位大历诗人，与唐诗之路最大的渊源，莫过于曾遭贬谪后任睦州司马，留下许多有关睦州的诗句。但由于刘长卿在两《唐书》无传，生卒年也未有定论，因此关于他何时任睦州司马，在任多久，也有多种说法。傅璇宗认为是在大历八年（773）至十二年（777）。[②]杨世明认为其任睦州司马的时间是大历九年（774）至建中元年（780）。[③]张君宝认为刘长卿遭贬睦州之年是在大历十年（775）至十一年（776）间。[④]

大历中，鄂岳观察使吴仲孺欲截留输送京师钱粮，长卿不许，吴诬陷刘贪赃二十万贯，朝廷遣监察御史苗伾就推，贬刘为睦州司马。[⑤]为感激苗伾公明，刘作《按覆后归睦州赠苗侍御》，其中写道"建德知何在，长江问去程"。大历十一年（776），刘长卿按覆后即沿江舟行而下，经江州、洪州、赴睦州贬所。[⑥]沿路有《江州留别薛六柳八二员外》《江州重别薛六柳八二员外》《哭张员外继》等诗。据储仲君《刘长卿诗编年笺注》，刘长卿在谪官睦州时期，有诗83首，多为送别诗、交游诗。如：《赴新安别梁侍御》："新安君莫问，此路水云深。江海无行迹，孤舟何处寻。青山空向泪，白月

---

① 蒋寅：《大历诗人研究》，中华书局1995年版，第17页。

② 傅璇琮：《唐代诗人丛考》中华书局1980年版，第248页。

③ 杨世明：《刘长卿行年考述》，《四川师范学院学报》（哲学社会科学版）1990年第4期。

④ 张君宝：《刘长卿生年辨证——兼考其贬睦州之年》，《唐代文学论丛》（总第5辑），第201—218页。

⑤ 刘昫等：《旧唐书》卷一三七《赵涓传》，中华书局1975年版，第3761页。

⑥ 储仲君：《刘长卿诗编年笺注》，中华书局1996年版，第406页。

岂知心。纵有余生在，终伤老病侵。"①《对酒寄严维》："陋巷喜阳和，衰颜对酒歌。懒从华发乱，闲任白云多。郡简容垂钓，家贫学弄梭。门前七里濑，早晚子陵过。"②《严子濑东送马处直归苏》："望君舟已远，落日潮未退。目送沧海帆，人行白云外。江中远回首，波上生微霭。秋色姑苏台，寒流子陵濑。相送苦易散，动别知难会。从此日相思，空令减衣带。"③

在刘长卿的许多诗中，也经常出现睦州的典型地名，如新安江（一名青溪）、七里滩、蛇浦桥（即畲浦桥，在严州城望云门外今建德市梅城镇东已淹没于水下）、东湖（位于严州府东门内，县治左，今建德市梅城镇内）。有诗《却归睦州至七里滩下作》："南归犹谪宦，独上子陵滩。江树临洲晚，沙禽对水寒。山开斜照在，石浅乱流难。惆怅梅花早，年年此地看。"④《蛇浦桥下重送严维》："秋风飒飒鸣条，风月相和寂寥。黄叶一离一别，青山暮暮朝朝。寒江渐出高岸，古木犹依断桥。明日行人已远，空余泪滴回潮。"⑤《东湖送朱逸人归》："山色湖光并在东，扁舟归去有樵风。莫道野人无外事，开田凿井白云中。"⑥《青溪口送人归岳州》："洞庭何处雁南飞，江荻苍苍客去稀。帆带夕阳千里没，天连秋水一人归。黄花泡露开沙岸，白鸟衔鱼上钓矶。歧路相逢无可赠，老年空有泪沾衣。"⑦

除刘长卿外，杜牧、许浑等中晚唐时期的代表诗人都曾为宦睦州。他们在政务闲暇之余，以钱塘江的山水景色为主要题材，创作了大量的诗歌

---

① 储仲君：《刘长卿诗编年笺注》，中华书局1996年版，第413页。

② 储仲君：《刘长卿诗编年笺注》，中华书局1996年版，第415页。

③ 储仲君：《刘长卿诗编年笺注》，中华书局1996年版，第465页。

④ 储仲君：《刘长卿诗编年笺注》，中华书局1996年版，第414页。

⑤ 储仲君：《刘长卿诗编年笺注》，中华书局1996年版，第424页。

⑥ 储仲君：《刘长卿诗编年笺注》，中华书局1996年版，第437页。

⑦ 储仲君：《刘长卿诗编年笺注》，中华书局1996年版，第465页。

作品，产生了重大影响。他们和睦州诗派等地方文人一起，共同创造了中晚唐时期钱塘江诗路的繁荣。刘长卿曾作《月下呈章秀才》："自古悲摇落，谁人奈此何。夜蛩偏傍枕，寒鸟数移柯。向老三年谪，当秋百感多。家贫惟好月，空愧子猷过。"[①]章秀才，当为章八元，睦州人，大历进士，睦州诗派的代表人物。章八元另有《酬刘员外见寄》。

另据刘长卿的《和袁郎中破贼后军行过剡中山水谨上太尉》《送朱山人放越州贼退后归山阴别业》《上巳日越中与鲍侍郎泛舟耶溪》等诗推测，刘长卿最早于上元二年（761），最迟至大历二年（767）到过越州。[②]且与越州诗人秦系、严维、朱放，诗僧灵一合灵澈等交游。具体诗文如下。

《和袁郎中破贼后军行过剡中山水谨上太尉》："剡路除荆棘，王师罢鼓鼙。农归沧海畔，围解赤城西。赦罪春阳发，收兵太白低。远峰来马首，横笛入猿啼。兰渚催新幄，桃源识故蹊。已闻开阁待，谁许卧东溪。"[③]《送朱山人放越州贼退后归山阴别业》："越州初罢战，江上送归桡。南渡无来客，西陵自落潮。空城垂故柳，旧业废春苗。闾里相逢少，莺花共寂寥。"[④]《上巳日越中与鲍侍御泛舟耶溪》："兰桡缦转傍汀沙，应接云峰到若耶。旧浦满来移渡口，垂杨深处有人家。永和春色千年在，曲水乡心万里赊。君见渔船时借问，前洲几路入烟花。"[⑤]《咏若耶溪》："仙客尝因一箭赠，樵风长到五云间。"[⑥]

① 储仲君：《刘长卿诗编年笺注》，中华书局1996年版，第426页。
② 邹志方：《刘长卿与越中交游》，《绍兴师专学报》1990年第1期。
③ 储仲君：《刘长卿诗编年笺注》，中华书局1996年版，第236页。
④ 储仲君：《刘长卿诗编年笺注》，中华书局1996年版，第235页。
⑤ 储仲君：《刘长卿诗编年笺注》，中华书局1996年版，第310页。
⑥ 储仲君：《刘长卿诗编年笺注》，中华书局1996年版，第558页。

第二节 唐诗之路的兴衰

一、魏晋风起

历史上，北方和中原地区一直是我国经济文化的中心，偏居东南、曾一度被视为荒蛮之地的地区，为何会兴起时间持续如此之久、涉及地域如此之广、诗人和作品数量如此之多、人文内涵如此之深的唐诗之路。

（一）浙东唐诗之路

东晋时期，顾恺之游会稽，回去后有人问他如何，顾答"千岩竞秀，万壑争流，草木葱茏其上，若云兴霞蔚"。钱塘江以东的大浙东地区，有着秀美的山水景色，特别是"越中自古号嘉山水"。整个地区丘陵、平原交错，名山古迹点缀其间，河流交叉串联，如同一条条天然的游线。东部有曹娥江—剡溪—椒（灵）江为主的路线；中西部有钱塘江—富春江—新安江—兰江—婺江—衢江为主的路线；南部虽多山地，但也有瓯江作为主线。在缺乏现代交通工具的古代，水路的畅通意味着经济、文化各方面交流的通畅，也是诗人能够从容不迫游览的前提条件。所以宗白华先生说："中国山水诗画的最高境界，只有置身于东南山水中才能深刻体会到。"

西晋末年，随着北方战乱频发，北方移民开始南迁。永嘉五年，洛阳城破，"中州士女避乱江左者十六七"，这便是历史上著名的"永嘉南渡"。南迁的人口中不乏豪门士族，他们亟须在南方寻求新的土地，重新积累财富，但当时都城建康附近已被本地士族所占领，浙西几乎无新的资源供南迁的豪门士族，于是他们将目光投向了大浙东，这片尚未被开发的山水之地。陈寅恪说："新都近旁既无空虚之地，京口晋陵一带又为北来次等士族所占有，至若吴郡、义兴、吴兴皆是吴人势力强盛之地，不可插入。故唯有渡过钱塘江，至吴人士族力量较弱之会稽郡，转而东进，为经济之发展。"南迁士族中最著名的莫过于王、谢两家。谢安的陈郡阳夏谢氏家族从河南迁至会稽始宁，王羲之的琅琊王氏从山东迁至会稽山阴。

谢氏集团的核心人物谢安在四十岁"东山再起"之前，一直"东山逍遥"，盘桓上虞东山近二十年。他在东山修筑庭院，悠游山水，教育子侄，成为谢灵运、谢朓等谢氏后人山水之趣的启迪。

王羲之曾任会稽内史，他虽是地方长官，但却是风流名士，心在山水，曾作《遂初赋》《天台山赋》。他还经常召集名士雅集，其中最著名的就是永和九年（三月初三）在绍兴的兰亭集会，王羲之与谢安、孙绰等四十一人在绍兴兰亭曲水流觞，把酒言欢，将山水之乐融入文人雅兴。

除了王、谢二人及其家族，当时移居会稽的还有孙绰、许询、李充等，并以王、谢二人为领袖，组成了一个南迁的文人集团。他们在浙东的湖光山水中，纷纷选择自己的息影之处，投身于山水之间。

东晋太元十年（385），山水诗的鼻祖谢灵运降生于会稽的谢氏家族，他是谢氏家族谢安之后的第三代。谢灵运的祖父谢玄曾与谢安一起在淝水为谢氏家族赢得了不朽的功勋，晚年便回故乡始宁经营东山别业，延续谢家纵情山水的传统。

永初三年（422），谢灵运赴永嘉任太守路上，写下列诗作。有《富春渚》："宵济渔浦潭，旦及富春郭。定山缅云雾，赤亭无淹薄。溯流触惊急，临圻阻参错。亮乏伯昏分，险过吕梁壑。洊至宜便习，兼山贵止托。平生协幽期，沧踬困微弱。久露干禄请，始果远游诺。宿心渐申写，万事俱零落。怀抱既昭旷，外物徒龙蠖。"[1]《七里濑》："羁心积秋晨，晨积展游眺。

---

① 顾绍柏：《谢灵运集校注》，里仁书局2004年版，第68页。

孤客伤逝湍，徒旅苦奔峭。石浅水潺湲，日落山照曜。荒林纷沃若，哀禽相叫啸。遭物悼迁斥，存期得要妙。既秉上皇心，岂屑末代诮！目睹严子濑，想属任公钓。谁谓古今殊，异代可同调。"[①]亦有《初往新安至桐庐口》《夜发石关亭》等诗。过道故乡始宁，作《过始宁墅》。

他在永嘉任上，不理政事，肆意山水，作《晚出西射唐》《登永嘉绿嶂山》《游岭门山》等。如《晚出西射唐》载云："步出西城门，遥望城西岑。连障叠巇崿，青翠杳深沉。晓霜枫叶丹，夕曛岚气阴。节往戚不浅，感来念已深。羁雌恋旧侣，迷鸟怀故林。含情尚劳爱，如何离赏心。抚镜华缁鬓，揽带缓促衿。安排徒空言，幽独赖鸣琴。"[②]

谢氏家族是西晋末年南迁士族的一个缩影，也是最有力的代表。这些士族表面上是在行山水之乐，实际在求田问舍，扩大家族的土地和势力，积聚财富。谢家从谢安开始寓居会稽，到第四代谢灵运已是"因父祖之资，生业甚厚""其居也，左湖右江，往渚还汀。面山背阜，东阻西倾"。不论如何，谢安隐东山，谢玄居始宁，王羲之居剡县，孙绰筑室畎川，许询隐西山……西晋末年永嘉南迁之后的南迁文人集团，刮起了寄情山水的风尚，成为浙东唐诗之路兴起的人文基础。南北朝时期，北方文人向南方的移动，并由此产生的南北方文人的结合和文化的交流，实际上是唐诗之路的先声和先驱。

（二）钱塘江唐诗之路

钱塘江古名浙江，亦名渐江或之江，是越文化的主要发源地之一。她历来被称呼为"母亲河"，上游有流经金衢盆地的兰江和衢江，过梅城后称新

---

① 顾绍柏：《谢灵运集校注》，里仁书局2004年版，第78页。

② 顾绍柏：《谢灵运集校注》，里仁书局2004年版，第82页。

安江，桐庐至萧山闻堰称富春江，闻堰至杭州闸口称之江，闸口以下称钱塘江。此外，兰江、金华江、浦阳江、曹娥江、分水江、乌溪江、江山港、练江、横江等水系，都是钱塘江支流。钱塘江有北、南两源，均发源于安徽省休宁县。流经安徽、浙江，入海口位置为浙江省海盐县澉浦至对岸余姚市西山闸一线，进杭州湾，入东海。全长668千米。钱塘江流域涉及浙江省内杭州、衢州、金华、绍兴、丽水5个设区市，共20多个县（市、区）。

南朝梁文学家吴均的《与朱元思书》是最早描绘钱塘江山水之美的文学作品，记载了：

风烟俱净，天山共色，从流飘荡，任意东西。自富阳至桐庐一百许里，奇山异水，天下独绝。水皆缥碧，千丈见底；游鱼细石，直视无碍。急湍甚箭，猛浪若奔。夹岸高山，皆生寒树。负势竞上，互相轩邈，争高直指，千百成峰。泉水激石，泠泠作响；好鸟相鸣，嘤嘤成韵。蝉则千转不穷，猿则百叫无绝。鸢飞戾天者，望峰息心；经纶世务者，窥谷忘反。横柯上蔽，在昼犹昏；疏条交映，有时见日。[①]

吴均（469—520），字叔庠，吴兴故鄣（今浙江安吉）人。南朝梁时期的文学家。诗文自成一家，常描写山水景物，称为"吴均体"，其诗文深受沈约的称赞，开创一代诗风。被梁武帝天监初年任命为奉朝，后因触怒梁武帝而被免职。该文应是吴钧被免职后，游览富春江所作。诗中称富阳至桐庐的山水风光"天下独绝"。

富春江最美的一段名为七里滩，全长约22千米，又名七里泷、严陵濑，

---

① 林俊荣：《魏晋南北朝文学作品选》，吉林人民出版社1980年版，第234页。

或严滩、子陵滩,《后汉书·卷八十三·逸民列传第七十三》:"严光,字子陵,一名遵,会稽余姚人也。少有高名,与光武同游学。及光武即位,乃变名姓,隐身不见……除为谏议大夫,不屈,乃耕于富春山,后人名其钓处为严陵濑焉。"如今严子陵钓台的碑刻中还刻着范仲淹对严光的评价:"云山苍苍,江水泱泱。先生之风,山高水长。"严光是一名真正的隐士,不为求仕不得而隐,不为庙堂纷争而隐。王莽乱政时他隐,光武中兴时他亦隐。他是范晔在《逸民传序》里所描写的"疵物以激其清"此类隐士,视财务为病疵而激扬自身高洁。因此,严子陵和富春江成为中国隐逸文化的一个标志,这里是山水情趣和归隐之乐完美的结合处,是古往今来"隐士"们的朝圣之地。南朝时便有关于严子陵滩的诗作5首,分别是谢灵运的《七里濑》《富春渚》,沈约的《新安江水至清浅深见底贻京邑同好》,任昉的《严陵濑》,王筠的《东阳还经严陵濑赠萧大夫》。唐诗中有关严子陵滩的诗歌作品一共101首,宋诗中有565首,宋词中有55首。[1]南朝宋永初三年(422),山水诗鼻祖谢灵运赴任永嘉太守,他从京城建康(今南京)至钱塘(今杭州),折向东从浙东运河回故乡会稽郡始宁县逗留数日。后又从渔浦出发,沿富春江乘舟沿着富春江至建德县(今建德市)梅城,再沿兰江经兰溪至东阳郡长山县(今金华),然后陆行抵达青田溪(今大溪),再乘船走青田溪、永嘉江(今瓯江)至永嘉郡。其在富春江一路作诗《富春渚》《初往新安至桐庐口》《夜发石关亭》《七里濑》,成为钱塘江唐诗之路的先声。

南朝齐隆昌元年(494),沈约除吏部郎,出任东阳郡(金华)太守,从南朝齐的京城建康(南京)到东阳郡上任,携时高僧惠约同行。沈约(441—513),字休文,吴兴郡武康县(今浙江德清县)人。南朝著名政治

---

① 陈济川:《元前严子陵钓台的文学书写》,山东大学2019年硕士学位论文,第44页。

家、文学家、史学家。卒谥隐，人称"沈隐侯"。曾帮梁武帝连夜起草即位
诏书，是南朝梁的开国功臣。沈约在文学上也颇有造诣。钟嵘称"约于时
谢朓未遒，江淹才尽，范云名级故微，故约称独步。虽文不至其工丽，亦一
时之选也"。

南朝齐永明到隆昌年间，沈约受竟陵王萧子良始建影响，被郁林王萧
昭业任命为东阳郡太守。从京城建康到当时尚算偏远的东阳郡，沈约远离
了政治权力中心，实为暗贬，因此心情郁结，只能从山水之乐中寻求慰藉。
幸而东阳郡城位于三江交汇处，东阳江、武义江、婺江在此汇合，宋代的
李清照写"水通南国三千里，气压江城十四州"婺江畔的景色。郡城北郊
又有金华山，为三十六洞天之一，山上溶洞景观奇绝，风景优美。还有黄
大仙"叱石成羊"的传说故事。沈约陶醉在这山水之色兼具的东阳郡中。
他和与之同来东阳郡的高僧惠约经常同游金华山，并作诗《游金华山》《赤
松涧》。而惠约就在金华山结庵修行，之后梁武帝将此庵敕建为"智者寺"。
南宋陆游曾亲笔作《重修智者广福禅寺记》，后刻成石碑，存于智者寺，现
存太平天国侍王府纪念馆，为国家一级文物。沈约还在婺江之畔兴建阁楼，
名之"玄畅楼"，并作《登玄畅楼》。其诗云："危峰带北阜，高顶出南岑。
中有凌风榭，回望川之阴。岸险每增减，湍平互浅深。水流本三派，台高
乃四临。上有离群客，客有慕归心。落晖映长浦，焕景烛中浔。云生岭作
黑，日下溪半阴。信美非吾土，何事不抽簪？"[①]

建成后的八咏楼成为当时郡城中的制高点，登楼临风，楼下的婺江，
天边的远山，尽在眼底。之后沈约在玄畅楼上又作《八咏》诗咏之，《八
咏》诗，包括《登台望秋月》《会圃临春风》《岁暮悯衰草》《霜来悲落桐》

---

① 邬国平：《汉魏六朝诗选》，上海古籍出版社2005年版，第445页。

《夕行闻夜鹤》《晨征听晓鸿》《解佩去朝市》《被褐守山东》。《八咏诗》开创了玄畅楼作为诗楼的先河，因此玄畅楼又称八咏楼。沈约之后的1500年来，唐代的孟浩然、崔颢，宋代的李清照、唐仲友、吕祖谦，元代的赵孟頫等人都曾登楼赋诗。至今，已收集到关于八咏楼的诗歌140多首。八咏楼成为钱塘江诗路上诗歌总数最多的古迹，甚至多过严子陵滩。

（三）瓯江山水诗路

西晋末年的"永嘉南渡"，给浙南的瓯江流域带来了大量移民。为适应人口增加带来的社会政治经济发展，东晋太宁元年（323）分临海立永嘉郡，统永宁（今温州永嘉县瓯北镇）、安固（今温州瑞安县）、松阳（今丽水松阳）、横阳（今温州平阳县）四县，郡治永宁。永嘉建郡城时，由晋代著名博学家郭璞"为卜郡城"，郡城选址瓯江下游南岸，北据瓯江，南临会昌湖，东西两面依山。至南朝梁时，此地已是"控带山海，利兼水陆，实东南之沃壤，一都之巨会"了。永嘉建郡后，出任的官员大都是南下士族，最著名的就是王羲之、孙绰、谢灵运，他们在永嘉，不仅是为官一任，更是用自己的才学，书写了一个时代最绚丽的永嘉文化，同时也为瓯江的山水诗路奠定了坚实的基础。王羲之，原籍琅琊临沂（今山东临沂），官至右军将军，人称"王右军"，曾任永嘉太守。明嘉靖《温州府志》卷3："王羲之……为永嘉郡守……出乘五马，老幼仰慕，为立五马坊。"王羲之任永嘉太守时，每次出巡都是五马齐驱，北宋杨蟠任知州时，把温州街巷分为三十六坊，为了纪念王羲之，将其中一坊名为"五马坊"，并作《咏五坊马》。温州与王羲之有关的遗迹还有墨池，据《永嘉县志》记载："王右军临池作书，洗砚于此。"宋代书法家米芾曾亲题"墨池"两字。

"瓯江山水诗路"因山水诗而名。公元422年秋，山水诗鼻祖谢灵运任永嘉太守，此地虽还是滨海荒僻之地，但山水奇物幽美，让谢灵运流连忘返，诗兴大发，留下了许多传世名作。《宋书·本传》说谢灵运"出守既不得志，遂肆意邀游，遍历诸县，动愈旬朔，民间听讼，不复关怀。所至辄为诗咏"。谢灵运现今留存于世的山水诗共有 50 多首，其中写于永嘉的就有《晚出西射堂》《登永嘉绿嶂山》《游岭门山》《登池上楼》《种桑》《东山望海》《登上戍石鼓山》《石室山》《过白岸亭》《游赤石进帆海》《舟向仙岩寻三皇井仙迹》《游南亭》《登江中孤屿》《白石岩下径行田》《行田登海口盘屿山》等 20 多首，占总量的一半以上。他所著《游名山志》中，记录温州名山水的就有 12 处。谢灵运开创的山水诗派，对后世唐诗宋词产生了深远影响，无数盛唐诗人和两宋词人，追随谢灵运开创的山水诗风气，留下了一大批不朽诗作。从此，瓯江既是山水诗派的发源地，也成为山水诗的"圣地"。

东晋南朝曾任永嘉太守的还有孙绰、颜延之等，他们不仅在永嘉为官一任，更用自己的文学才华，为瓯江山水诗路拉开了南朝最绚丽的序幕。

二、唐宋盛兴

随着诗歌在唐朝达到鼎盛期，唐诗之路也在此时迎来她最辉煌的历史。隋朝结束了中国汉末以来几百年的动乱，唐代更是建立了稳固统一的王朝。特别是"安史之乱"之前，国家统一，天下太平，为出门游历提供了稳定的社会保障。杜甫在《忆昔》中写道"九州岛道路无豺虎，远行不劳吉日出"，辽阔的疆域又为漫游提供了丰富资源。从塞北到江南，从大漠戈壁到小桥流水，多样的自然风景和人文风光激发了文人的创作热情。所以有了王维的"大漠孤烟直，长河落日圆"，有了刘禹锡的"朱雀桥边野草花，乌衣巷口夕阳斜"，人们能够漫游江南塞北，又不需担心匪患兵灾。唐代的旅人"远适数千里，不持寸刃"。

　　隋唐时期，交通建设也发展到了高峰。为加强中央集权，巩固中央对地方的控制，以长安为中心，建立了四通八达的水陆交通网络，并设了完善的驿站系统。在鼎盛时期，唐代从长安"东至宋汴，西至岐州，夹路列店肆待客，酒馔丰溢。每店皆有驴赁客乘，倏忽数十里，谓之驿驴。南诣荆襄，北至太原、范阳，西至蜀川、凉府，皆有店肆，以供商旅"。隋炀帝利用了历代开凿的河道，开通了大运河，从北方的涿郡，经中原的洛阳，一路向南可达杭州。早在东晋时，会稽内史贺循便主持修建了钱塘江至曹娥江的西兴运河。在杭州的西兴渡口，向东可沿西兴运河，至越州、明州；向西可沿钱塘江的天然航道，至睦州、婺州、衢州。水路交通的发达，为更多、更远地区的人来游览提供了可能。

　　自西汉末年佛教传入中国和本土道教兴起，经过几百年的流传积淀，佛道两教至唐，也已经发展到了鼎盛时期。佛教讲求弘扬佛法，广结善缘；道教讲求云游四方，求仙问道。不论怎样，两者都促使人们走出去，去云游名山大川、去看大漠戈壁。于是在佛道两教的推动下，不仅僧人、居士出门云游，许多信徒和普通百姓也加入了漫游的行列，游历名山大川一时成为风尚。唐代著名道士吴筠，《唐才子传》记载："初，筠（吴筠）爱会稽山水，往来天台、剡中，与李白、孔巢父相遇酬唱，至是因荐于朝，帝即遣使召之。筠性高鲠，其待诏翰林时，恃承恩顾。高力士素奉佛，尝短筠于上前。筠故多著赋文，深诋释氏，颇为通人所讥云。后知天下将乱，苦求还嵩山，诏为立道观。"女道士李季兰时往来剡中，与山人陆羽、上人皎然意甚相得。皎然尝有诗云"天女来相试，将花欲染衣。禅心竟不起，还捧旧花归"。对仙游最为着迷的莫过于"诗仙"李白，曾道"云卧三十年，好闲复爱仙"，仙游几乎贯穿于李白的一生。李白曾游历浙东多次，留有《同友人舟行游台越作》《越中览古》《越中秋怀》《越女词五首》等。

　　闻一多说："一般人爱说唐诗，我却要讲'诗唐'，诗唐者，诗的唐朝也。"

唐代是诗歌的全盛时代。同时，这一时期也是唐诗之路全盛的时期。此时的唐诗之路，漫游诗人、宦游官员、僧人道人乃至普通百姓，往来不绝。在《全唐诗》收录的2200余位诗人中，曾有400多位诗人到过浙东唐诗之路，流传至今的唐诗有约2200首。而据朱睦卿先生选编的《浙西唐诗选》一文，唐代有120多位诗人，包括李白、孟浩然、刘长卿、杜牧、顾况、方干等到过钱塘江唐诗之路，留存诗歌480多首。瓯江山水诗路唐宋时期的诗歌总数也达400多首。

三、元来以衰

其兴也勃焉，其亡也忽焉。唐诗之路自东晋初起兴，至唐宋达到鼎盛，南宋之后却一蹶不振，再未复兴。

南宋以后，再也没有一个强有力的中央政府来维持全国统一稳定的社会局面。山河破碎，内忧外患之下，人们早已失去了游山玩水的兴致。

曾经，曹娥江流域是"洪涛满则曾石没，清澜减则沈沙显"。山浮水中，舟行水上。著名的谢公古道唐时行人旅客不断，是由越州至台州最方便的路线。南宋以后，鉴湖局部湮废，曹娥江的水文环境随之发生改变，水位见底，河道淤积。故浙东运河又增修了许多堰坝。"宁绍之间，地高下偏颇，水陡不成河。昔人筑三数坝蓄之，每坝高五六尺，舟过者俱系絙于尾，榜人以机轮曳而上下之，过干石以度，亦他处所无也。度剡川而西北，则河水平流。"山水相连的谢公古道逐渐冷落，徐霞客之道应运而生。

而钱塘江唐诗之路、瓯江山水诗路，虽未因地理水系发生改变，河道漕运依然繁忙。但在元代，汉人学子地位骤降，壮游风气不在。汉族文人地位低下，吟文作诗已不再风雅。游山玩水、壮游赋诗更是成为奢侈。延续近千年的唐诗之路，就这样淡出了历史的舞台。

第三章

诗路地理走向研究

第一节　浙东唐诗之路杭州至绍兴段

杭州前往绍兴最重要的道路是杭州至越州的古驿道。《元和郡县图志》记此段驿道长140里。驿道西起西兴，沿西兴运河（含古鉴湖）而行，东南经萧山、衙前，折而向南至钱清，入绍兴，经柯桥、东浦、灵芝，直通绍兴市区。全程古道与运河并行，舟行为主，陆行为辅。

此外，钱塘江杭州一侧还可以通过上游的定山渡（在西湖区转塘街道）渡江到达南岸的渔浦渡，经渔浦（在滨江区闻堰街道）进入萧山，之后转道西小江河道（即古浦阳江下游）在钱清一带与运河交汇。

一、干路（西兴、西兴运河、西鉴湖）

西陵，古名固陵，在春秋时期为越国的前沿军事要地。晋代疏凿浙东运河，以西陵为起点，确立了西陵的重要交通地位。唐代，钱塘江由南大门入海，西陵紧靠钱塘江岸，是渡江而来的众多诗人到浙东的第一站，为"浙东唐诗之路"的起点。"西陵遇风处，自古是通津。"[①]近30名唐代诗人专

---

① 皇甫冉：《西陵寄灵一上人》，《全唐诗》二百四十九卷，中华书局1979年版，第2794页。

门为西陵作诗近40首。五代吴越王钱镠改今名西兴。

由西陵往东，就是浙东运河西段，称"西兴运河"。晋代，会稽内史贺循主持疏凿漕渠，最初用于灌溉。唐中叶，曾多次对运河进行疏通、深挖和修筑，并整治两岸平原河渠，便利航运。其中，以元和十年（815）浙东观察使孟简修建的"运道塘"最为著名。运道塘实为运河堤岸，不仅可以保证运河本身的安全，也可用于船只牵引，习惯上称"纤道"。自钱清板桥始，至柯桥街道上谢桥止，现存有古纤道长7.7千米。运河沿岸还保存有清水亭、太平桥、钟山寺、融光寺、融光桥、柯亭等诸多历史遗存。

由西陵东南经运河可达萧山县城。萧山县（今萧山区），以萧然山得名，在唐初称永兴县，前身是建置于西汉时期的余暨县。唐代诗人在萧山留下的诗作并不多，说明只是途径，并没有长时间停留。

沿运河继续向东，进入钱清一带。沿西小江故道往东，有安昌古镇。古镇是绍兴有名的四大古镇之一，是浙江省第一批公布的历史文化名镇。镇内明清老街依河而建，始建于明成化、弘治年间。安昌一直为越北重要的水陆商埠，民国时曾有商号近千家，是绍兴府内仅次于绍兴城的市集。

由钱清往东南，则开始进入古鉴湖（唐代称"镜湖"）区域。汉顺帝永和五年（140），会稽郡太守马臻主持兴建鉴湖。当时的鉴湖范围非常广阔，呈东西狭长分布。湖堤西起广陵斗门（在今钱清镇虎象村），东至蒿口斗门（在蒿坝附近的山隅中），全长56.5千米，周155千米。鉴湖容纳了会稽山脉的"三十六源之水"，东接曹娥江，西连古浦阳江（西小江），形成了密集的河网和航道。唐代，古鉴湖在越州州治向南至大禹陵、会稽山麓有一条堤，堤之西称西鉴湖，属山阴县；堤之东为东鉴湖，属会稽县。本段线路行经的是西鉴湖，湖堤与西兴运河基本平行，两者共同组成了浙东水上主航线。

鉴湖历史文化底蕴深厚，是绍兴的"母亲湖"。至今在城西鉴湖岸边还保留有马臻墓。人们为纪念马臻筑鉴湖之功，建有大王庙（即马太守庙，又称利济王庙）。庙位于今钱清镇虎象村的半山腰上，始建于唐开元年间。

经柯桥一带，有柯山。柯山是座历史悠久的采石山，又名柯岩。因历代开山采石，形成了众多峭壁、岩洞、水塘等景观，最著名的是柯岩造像，其弥勒石佛是浙江最大石佛之一。柯山山麓的鉴湖畔曾设有高迁亭（柯亭）。[1]东汉著名文学家、书法家蔡邕在避祸会稽郡途中，曾在柯亭驿馆歇脚，并在此地留下"椽竹为笛"的千古佳话。

柯桥东，有东浦古镇。东汉围筑鉴湖时，这里成为鉴湖之北的积水之处。以地处"山阴之东"，故名东浦。东浦是南宋诗人陆游的故里，他晚年归居东浦，留下了"夜阑卧听风吹雨，铁马兵戈入梦来"[2]的不朽诗句。东浦还是绍兴老酒的发祥地。早在宋代，东浦就是绍兴酿酒业的中心。"越酒行天下，东浦酒最佳"，体现出了这座"酒香古镇"的独特风情。

盛唐诗人贺知章在晚年致仕后，返回故里，唐玄宗"赐镜湖剡川一曲"，他最后就住在鉴湖边的"千秋观"（在城东南3千米的五云门外道士庄），《回乡偶书》成为我们耳熟能详的唐诗之一。至今，在绍兴市越城区劳动路，仍有被认为是贺知章曾经生活过的行馆——贺秘监祠。[3]后人为纪念这位大诗人，又在鉴湖湖塘一带为他建祠。相传在掘土时，发现一根七尺长的腿骨，被认为是"防风氏"之骨，因而又有了"十里湖塘七尺庙，三山十堰廿眼桥"中的七尺庙。

到达西鉴湖的尽头就是唐代的越州城了。此城始建于越王勾践七年（前490），最初为"勾践小城"。城内至今保存有越王台（越城区府山公园内），是越王勾践宫台之所在地。

---

① 童志洪：《古柯亭位置及变迁考略》，《浙江水利水电学院学报》2018年第6期。

② 陆游：《十一月四日风雨大作》，《剑南诗稿》卷二十六，《四库全书》集部，第379页。

③ 张炎兴：《浙东两座贺秘监祠来历考证》，《绍兴文理学院学报》（哲学社会科学版）2016年第2期。

据《越绝书·记地传》载:"勾践小城,山阴城也。……今仓库是其宫台处也。周六百二十步,柱长三丈五尺三寸,溜高丈六尺。宫有百户、高丈二尺五寸。"至隋代,扩大罗城,周长达四十五里。元代进一步扩大,形成近代绍兴城的基本格局。绍兴古城为著名的"水城"。城内河道密布,桥梁众多。据清代统计,城内有河29条,桥梁229座。现存有八字桥、光相桥、广宁桥、泗龙桥、太平桥、谢公桥、题扇桥、迎恩桥、拜王桥、接渡桥、融光桥和泾口大桥等12座著名古桥,年代最早的是南宋时就已建桥的八字桥,以"两桥相对而斜,状如八字"得名。现存桥体为南宋宝祐四年(1256)时重建。

绍兴古城还有府山、塔山、蕺山这三座鼎足而立的名山。

越王台所在的为府山。因盘旋回绕,形若卧龙,原名龙山、卧龙山。又因越国大夫文种死后葬此,又称文种山。山上古迹众多。宋代原有72处楼台亭阁,今尚存山顶望海亭。李绅、元稹分别作有《新楼诗二十首·望海亭》《酬郑从事四年九月宴望海亭,次用旧韵》。亭北有唐、宋、明的名人摩崖刻石。

城东北为蕺山。相传"越王嗜蕺,采于此山",故名。东晋王羲之建立别业于山南麓,后又舍宅为戒珠寺,相继得名王家山、戒珠山。唐代文学家吴融《送广利大师东归》有"蕺山如重到,应老旧云根"的诗句。明末刘宗周于崇祯四年(1631)兴办蕺山书院,成为蕺山学派的发祥地。

城西南有塔山。传说山从琅琊东海中飞来,原名飞来山。后因山上建有应天塔而改名。应天塔始建于晋末,属于宝林寺。晋末,寺内沙门昙彦与许询一同造塔,塔未成,许询亡故。后由昙彦与他人建成该塔。唐乾符元年(874)重建,宝林寺改名应天寺,塔随寺名。

二、支路（渔浦、浦阳江）

历史上，钱塘江岸边由杭州进入浙东的要津还有渔浦。渔浦，在唐及以前为一处江面开阔的大河湾，有渔浦潭。早在晋代，渔浦一带的风景就已吸引谢灵运的注意，他在《富春渚》中提到："宵济渔浦潭，旦及富春郭。定山缅云雾，赤亭无淹薄。"①至唐代，元稹、朱庆余、常建、孟浩然等多名诗人曾经过渔浦。

历史上，渔浦也是人员往来的重要中转站。宋代曾设有渔浦寨和渔浦驿。从富春江方向（也有从钱塘江）来的大小客、货航船经渔浦渡转入古浦阳江河道，可以较为便捷地去往越州城方向。②有关浦阳江下游河道的走向历来有各种争论。据《宋书》载，会稽太守孔觊反时，将军吴喜进军柳浦，遣将从定山向渔浦进军。又南齐永明年，富阳人唐寓之反，溯浦阳江而上后，被峡口戍主汤休武打败。南朝江淹《谢法曹（惠连）赠别》有"昨发赤亭渚，今宿浦阳汭"的诗句，赤亭渚在富阳一带的富春江上。这都显示出当时的浦阳江就已经存在出渔浦的通道（同时有分道散漫北流至萧山），与钱塘江相通。唐末，浦阳江下游出水河道主要分为两派：一派是经碛堰口及木堰口西出渔浦，另一派是经西小江东折入绍兴三江口。③由此，形成了一条连贯的由渔浦至钱清的航道。

① 谢灵运：《富春渚》，见顾绍柏《谢灵运集校注》，里仁书局2004年版，第68页。

② 刘宪康：《"有诗为证"说渔浦——萧山渔浦是"浙东唐诗之路"又一源头考》，载中共杭州市萧山区委党史研究室、杭州市萧山区人民政府地方志办公室《萧山记忆（第十辑）》，浙江人民出版社2016年版，第65—72页。

③ 尹玲玲、黄强：《也论浦阳江下游的河道变迁》，《中国农史》2017年第5期。

第二节 浙东唐诗之路绍兴至嵊州段（另含绍兴至诸暨段）

绍兴至嵊州的古道大抵有三条：一条是唐代越州至台州古道的一段，为干路。《元和郡县图志》记越州至台州475里。结合唐宋时期的驿馆分布，此段古道由越州城东出，沿东鉴湖（含山阴故水道）北岸一直向东，经皋埠、陶堰、东关至曹娥。之后沿曹娥江西岸一直往南，经上浦、章镇、三界，由仙岩强口一带出山区，进入剡中，越艇湖山到达嵊州。这段路线也可全程走水路：乘船走东鉴湖（含山阴故水道），转曹娥江、剡溪到达嵊州城。

古时的越州一直是钱塘江以南的政治经济和交通中心，由越州通向各地的各类通道也相对较多。在驿道干路之外，还有两条山岭支路：一条由越州城东南出，沿若耶溪（今平水江）向南进入会稽山区，过宛委山，经上灶、梅园，越日铸岭古道进入小舜江流域，沿王化溪南下，过小舜江，上驻跸岭，经蒋镇到达三界镇，与第一条线路汇合，此路为后世平水茶的主要运输线。[1]一条是过宛委山继续沿若耶溪向南，过平水、经金渔吞上陶隐岭，经青坛、王坛、王城、谷来，进入嵊州崇仁镇，向东到达嵊州。

此外，由绍兴往西南山区可到达兰亭，这段道路为著名的"山阴道"，再往西南经谢家桥，越古博岭进入诸暨，最终通金华。唐代在此道沿线设有苦竹驿，为越州至婺州的古驿道。

一、干路（东鉴湖、山阴故水道、曹娥江、剡溪）

由越州城出发，向东进入东鉴湖湖区，东鉴湖的前身是山阴故水道。

---

[1] 罗关洲主编：《绍兴市交通志》，国际文化出版公司1996年版，第16页。

早在越王勾践建城的同时期，越国大夫范蠡主持修筑山阴故陆道与故水道。据《越绝书》载："山阴古故陆道，出东郭，随直渎阳春亭。山阴故水道，出东郭，从郡阳春亭。去县五十里。"这条古水道西起越州城东郭门，东至练塘（今上虞区东关镇练塘村），全长约20.7千米。

东汉马臻主持兴建鉴湖时，山阴故水道被围入古鉴湖，水道也随即向东延伸到曹娥江边。晚唐诗人方干在举试不第后，曾隐居于东鉴湖。在城东南五里的古鉴湖中有方干岛，为曾经的方干别墅所在地。"沙边贾客喧鱼市，岛上潜夫醉笋庄。"[①]方干岛曾吸引了李频、李山甫、罗隐、吴融等众多诗人的踏访。

自晋以后，西鉴湖航道渐为西兴运河所取代，而东鉴湖一直为主航道并延承至今。现在这段运河的航道为出绍兴城经东湖、皋埠、陶堰、东关、曹娥至曹娥江坝下。皋埠镇一带还断断续续有古纤道的痕迹。皋埠段纤道西起独树村，东至樊江村，全长5000余米，分布于该段运河北岸。

继续向东，在今绍兴、上虞交界的运河北部，有一山拔地而起，峭然孤立，是为称心山，又名称山。相传越王勾践称炭铸剑于此。山麓有称心寺，始建于南朝梁时期。唐代诗人如骆宾王、宋之问、孙逖曾专程前来拜访。

向东至东关一带，有峰山道场遗址。唐佛教密宗高僧顺晓大德阿阇梨曾在此修研佛理，设场弘法。后日本"传教大师"最澄也曾在此学法，是佛教天台宗往日本传播的重要场所。峰山之巅尚存有唐代石雕残佛一尊。

运河在曹娥一带转入曹娥江。曹娥为汉代一位孝女的名字。曹娥的父亲在一次江中迎神仪式中溺死。曹娥沿江号哭，投江而死。后人为纪念这位孝女，改舜江为曹娥江，并在其墓侧始建曹娥庙，以彰孝烈。曹娥庙经

---

① 方干：《越中言事二首（咸通八年琅琊公到任后作）》，《全唐诗》六百五十一卷，中华书局1979年版，第7475页。

过历代的重建，一直延续至今。整体建筑规模恢宏、布局严谨，以雕刻、楹联、壁画、书法（古碑）"四绝"饮誉海内外，被世人称作"江南第一庙"。历史上著名的曹娥碑（宋元祐八年由蔡卞根据东汉碑文重新书写）也保存至今。

从曹娥出发，沿曹娥江溯流而上是进入"剡中"（即嵊州、新昌盆地）的方向，延伸至天台、临海，总长约180千米。曹娥江，上承剡溪，下通杭州湾，贯穿今上虞全境。古曹娥江具有"潮汐之险"，唐人往往喜欢乘潮行舟而上，以增航速。萧颖士《越江秋曙》有"潋滟信潮上，苍茫孤屿分"[①]的诗句。沿江向南相继经过上浦、章镇，出上虞。此段沿江两岸的古窑址星罗棋布，自汉及唐，乃至宋元，烧窑的烟火在江边经久不息。最著名的是上浦境内的小仙坛窑址、凤凰山窑址群和窑寺前青瓷窑址。凤凰山窑址群烧造技术领先，制作手法创新，生产规模庞大，代表了三国西晋时期越窑烧瓷技术最高水平，是早期越窑鼎盛期的典型窑场。小仙坛窑址更是被许多专家学者认为是中国成熟瓷器诞生的主要发源地。

上浦上游不远，是小舜江和曹娥江的合流处，有小江村和小江渡。这里曾是谢安、王羲之、李白宦游寄寓、歇凉之地，是他们"出则渔弋山水，入则言咏属文"过小江渡口的必经之处。渡过小江渡，可以到达对岸的东山。

在上浦东山村横汀自然村的东山上，有后代新修葺的东晋名相谢安墓。墓旁的谢氏家庙已成佛寺，墓旁有始宁泉。据明万历《上虞县志》载："自东山西去一里，为始宁园……有泉曰始宁泉。"谢安曾在此隐居，东晋升平四年（360），谢安离开东山从政，取得著名的淝水之战大捷，成为著名政治家，成语"东山再起"即出于此。以后历代文人雅士也追寻魏晋遗风，

---

① 萧颖士：《越江秋曙》，《全唐诗》第一百五十四卷，中华书局1979年版，第1597页。

到东山寻古，诗仙李白就数次上东山，作《忆东山》一诗。东山深厚的历史文化底蕴遗留有不少胜迹，有指石弹琵琶、谢安钓鱼台、洗屐亭、蔷薇洞、国庆寺、始宁园、三公祠等。

南部的章镇一带有东汉著名唯物主义哲学家王充的墓。王充，会稽郡上虞县（今上虞区）人。幼年到洛阳太学读书，师从史学家班彪。后长期居家教授，专力著书，著有《论衡》八十五篇。现存王充墓为清代咸丰五年（1855）重修，后毁。1981年由文物部门在原址修复。墓冢呈圆形，坐南朝北，墓面竖立清咸丰"汉王仲任先生之墓"碑石一块。

出上虞，就到了嵊州的三界。三界，得名于其地处原会稽县（今属绍兴市）、上虞县（今绍兴市上虞区）和嵊县（今嵊州市）的三县交界处，在东汉至隋的一段时期曾为始宁县治，是始宁县的中心区域。虽然始宁县早已废置，但至今在三界镇北街村还保存有始宁城隍庙。据记载，始宁城隍庙创建于东汉永建元年（126）。唐贞元二十一年（805），洪水决堤，大坏民居，县治废而此庙幸存，成为古县的历史见证。

西晋末年的永嘉南渡之后，始宁被皇帝赐封为世家大族——谢家的封地。谢家在县治东南建立起庞大的庄园——始宁墅。享有盛名的山水派诗人谢灵运就出生在这里。一篇《山居赋》，详细描绘了千年前始宁墅的山水灵动，更写出了历代无数文人心中的隐居乐土。现始宁古迹尚有钟鼓楼、古桐亭楼、敕书岭、钓鱼台、坐石、将军潭、谢岩、强口、石门、谢仙君祠等，为后人留下了许多脍炙人口的美丽传说。

附近的车骑山，得名于车骑将军谢玄。从现在的钓鱼潭村上车骑山，有一条镶嵌精致的卵石路，俗称敕书岭。相传谢玄居住在岭上，朝廷文书凭借这条道路传送，故名。敕书岭顺坡而筑二里余，至岭顶对岸头自然村，卵石路至此毕。旧有路亭，相传此为车骑将军旧居。

在车骑山以东，还有覆卮山。传说谢灵运曾登此山饮酒赋诗，饮罢覆厄而得名。山上今存一石窍，大旱不涸，呼为龙眠窟。石上刻"覆厄"两字，笔迹奇异。

在始宁墅区域的对岸，为嵊浦，古称剡溪口，是剡溪古道上的一个重要节点。曹娥江由此以上称剡溪。嵊浦有山崖壁立水边，崖壁有宋人访胜留下的摩崖题刻。崖下为嵊浦潭，近水处有容一人之凹部，传为谢灵运昔时垂钓之处。崖顶有嵊浦庙，供奉传说中斩蛟除害的剡令陈长官。《水经注》云："庙甚灵验，行人及樵伐者，皆先敬焉，若相盗窃，必为蛇虎所伤。"庙成后，历元、明、清多次重修，现存为清晚期建筑。

嵊浦西南方向就是高大绵延的嵊山，与嵊山隔溪相对的有车骑山、嵊山。《水经注》载："北则嵊山与嵊山相接，二山虽曰异县，而峰岭相连。"相传嵊山原与嵊山相连，大禹治水至此，化作金牛，顶开两山，水得以泄。在晋代，嵊山、嵊山一带为始宁县和剡县的交界区域，二山分属两县。其中的嵊山为后来嵊州的得名之山。相传，南朝齐时张稷携眷上任，至此山下嵊亭稍息，忽然生子，亦取名嵊，号四山。嵊之为字，取四山相合，如乘马乘雁之义。

由嵊山往西南延伸，有石门山。石门山最早见载于谢灵运《游名山志》。在主峰风门岗山顶约百米的山腰上，有"嵊山"等摩崖石刻。

石门山东麓山脚一带有强口。据传东晋时，王、谢诸名人冬游至此，"见水石清妙，徘徊不能去"，曰"虽寒，犹当强饮一口"，即得名"强口"。在今强口村公路南侧路基下有强口井。井东侧百米有仙君殿祀谢仙君（即谢灵运）。

由强口而出，进入剡中地区，即今嵊州、新昌盆地。往南过禹溪村，就到了艇湖山。山下原为剡溪故道，形成湖泊。对岸的人来县城，须乘小艇，故有艇湖之称。艇湖山传为戴逵隐居之地。晋时，戴逵居剡，王徽之（字子猷）居山阴。有一次，子猷雪夜访戴，将至，兴尽而返。今"乘兴而来，兴尽而返"一语的出典就源于此。山下旧有"子猷桥""访戴亭"，传为王徽之访戴系艇处。今艇湖山巅还存有明代兴建的艇湖塔。

翻过艇湖山就到了剡山之阳的剡县城（今嵊州市区）。唐武德四年（621），剡县升置嵊州，并析置剡城县。武德八年（625），废嵊州及剡城县，复置剡县。唐代的剡县还包含今天的新昌县。唐代，裘甫起义军曾占据县城，据城墙之利，唐军攻城三日，凡八十三战，城坚不可破。

二、支路一（若耶溪、日铸岭、驻跸岭、三界）

由越州城东南出，有若耶溪汇入东鉴湖。若耶溪，又名耶溪，发源于绍兴市东南22.5千米的若耶山，为鉴湖三十六源水之最大水源。唐代诗人丘为、秦系曾隐居溪边。前来寻访者也是络绎不绝。李白云："遥闻会稽美，且度耶溪水。"[1]

由若耶溪溯流而上，首先到达会稽山区的宛委山。宛委山因大禹治水的传说而闻名，又称匮山、天柱山。据晋代孔灵符（孔晔）的《会稽记》载，大禹在治水尚未功成时，于此山石匮发现了"金简玉字"，得以知道山河体势、百川之理。司马迁《史记》所说大禹"上会稽、探禹穴"指的就是这里。附近有大禹陵。《史记·夏本纪》："禹会诸侯江南，计功而崩，因葬焉，命曰会稽。"陵墓建有碑亭，内立"大禹陵"三字石碑。附近有禹庙，内立岣嵝碑。在唐代，宛委山麓还有道教建筑——龙瑞宫。在龙瑞宫旁的飞来石上，至今还有诗人贺知章所题写的《龙瑞宫记》，共阴刻楷书142字。这是贺知章保存至今的唯一亲笔题记。

宛委山下的若耶溪东岸，有村落名上灶、中灶、下灶，传为欧冶子炼

---

① 李白：《送王屋山人魏万还王屋·并序》，《全唐诗》一百七十五卷，中华书局1979年版，第1789页。

剑之所。往南为日铸岭。宋吴处厚《青箱杂记》云："昔欧冶子铸剑它处不成，至此一日铸成。"唐人李绅《若耶溪》有："凿山良冶铸炉深。"[①]岭上有下马桥、议事坪、日铸云梯、太平井等古迹。历史上，日铸岭还以产"日铸茶"闻名，被誉为绍兴的"茶马古道"。日铸茶被陆羽《茶经》称为"珍贵仙茗"，延续至今有"平水茶"。

过日铸岭经王化，往南到达小舜江。小舜江流经之地多有舜的传说。俗传小舜江畔的上浦为舜的出生地。过小舜江，上驻跸岭。宋高宗避金兵幸台州、温州，回时驻跸于此。由驻跸岭而下，经蒋镇，就到达了三界，与越台干路汇合。

三、支路二（若耶溪、秦望山、陶隐岭、王坦、崇仁）

此支路由宛委山继续往南。沿途山区有石伞峰。唐德宗时宰相齐抗，入朝前曾在石伞峰下筑室隐居，名齐抗书堂（又名吕园精舍）。唐宪宗元和元年（806），浙东观察使杨于陵及其幕僚卫中行、路黄中、王承邺及在永贞革新中被贬的八司马之一陈谏，与齐抗之弟齐推在石伞峰同游赋诗，记登览之趣，有"石伞峰雅集"存录于《会稽掇英总集》。[②]

石伞峰往南，则是"众峰之杰"的秦望山。其山巍峨挺拔，为会稽山脉主峰之一，也是越地的标志。传说秦始皇东游时，上此山以望大海，山由此得名。秦始皇登此时，还派李斯刻石记功。这就是著名的《秦会稽山刻石铭》。秦望山南有嶕岘，岘里有大城，是越王无余时期的越国旧都。

---

① 李绅：《若耶溪（西施采莲、欧冶铸剑所）》，《全唐诗》四百八十一卷，中华书局1979年版，第5480页。

② 焦闽：《唐元和元年"石伞峰雅集"研究》，《文教资料》2008年第28期。

秦望山东麓山脚下的平江村有晋代大书法家王献之读书隐居的云门寺，寺原即王献之宅。东晋义熙三年（407），庭现五色祥云，晋安帝于是诏建云门寺。云门寺在历史上的规模曾非常宏大，辉煌比肩灵隐寺，一度成为浙东传播佛教的中心。历代主持都是当时著名僧人，如首任主持帛道猷为东晋一代名僧，随后还有法旷、竺道一、支遁、昙一等皆是一代高僧，支遁创"即色空"学说，昙一创"幻化宗"学说，对中国佛教的发展都产生过很大的影响。云门寺更是绍兴兰亭以外的一处著名书法胜地。在云门寺内曾有王献之洗砚池。王羲之第七代孙智永曾在这里修行，创"永字八法"。其苦练书法的"退笔冢"与"铁门槛"的故事也发生于此。王勃于此模仿兰亭雅集，举行修禊活动。宋代爱国诗人陆游年少时也曾在这里苦读，并留下"云门草堂"遗址。云门寺曾吸引了历代文人墨客的脚步，李白、杜甫、白居易、王勃、王维、苏东坡等数十位中国文学史上的重量级人物都涉足此地。

秦望山的西面有法华山。山有十峰高耸，双涧澄澈。李绅有诗："十峰排碧落，双涧合清涟。"[①]山的北麓（今秦望村天依寺水库一带）有法华寺。东晋义熙十三年（417），高僧昙翼在此结庵，诵《法华经》，多灵异。内史孟𫖮请建法华寺。南朝梁昭明太子赠金缕木兰袈裟等物，后改寺名为"天衣寺"。唐时来游者甚多，元稹、白居易、皇甫冉、陆亘、皎然等诗人先后来访。有白居易等题诗刻碑。唐开元十三年（725），李邕撰文并立《大唐秦望山法华寺碑》。

由秦望山脚折而往东，由金渔岙上陶隐岭。据传，南朝齐梁年间道教思想家、医学家陶弘景隐居于此，故名。现存的陶隐岭古道，北起平水镇

---

① 李绅：《题法华寺五言二十韵》，《全唐诗》四百八十一卷，中华书局1979年版，第5481页。

金渔村，南止该镇新联村，全长4千米，依山势盘旋而上，气势宏伟。

翻过陶隐岭往南，至小舜江北溪的山谷间，有冢斜村。据《绍兴府志》载："相传越之坟墓多在。所谓斜者如唐宋宫人斜之类耳。按冢者，大也。斜者，宫人之坟也。"村内百分之八十为余氏，相传是大禹的后裔。古村原有村落边界清晰，水系、街巷格局保存完好。村中存有不少古建筑，有始建于唐朝的永兴公祠，始建于明朝崇祯年间的余氏台门，有建于清乾隆年间的古石桥"永济桥"。有明、清官员祭奠禹妃和永兴神的驿站"上地道轿屋"，有闻名全国的余氏宗祠古戏台等。

过青坛往东，到达王坛镇。沿小舜江下游不远的双江溪有舜王庙。舜王庙坐落于舜王山之巅，坐北朝南，气势宏大。经过历代的修葺，总建筑面积达1625平方米。相传为舜受禅于尧后，为避尧之子丹朱之乱，来到双江溪舜王山一带，后又有庶子受封于此，留下许多传说和遗迹，后人遂建庙祭祀，世代相传。

过王坛镇溯南溪而上，经过谷来镇，翻过十亩岭，就由西北方向进入了嵊州、新昌盆地。往西南山区方向有峻极崔嵬的太白山（又名白石山，今名西白山）。三国吴时，葛玄入山炼丹。在东麓的葛英村，有葛仙翁丹井，为葛玄入剡修炼时所遗。丹井上有一方巨石，似一只俯伏的巨龟。巨石南侧可供人弯腰入内。石下东、西、北三侧各有巨石作壁。石室呈北高南低状。丹井井壁用自然块石垒砌，井水清澈甘洌。近旁还有葛仙翁庙。魏末，阳城人赵广信亦至此山修炼，炼九华丹而登仙。东晋末，名士褚伯玉由钱塘前来隐居，在山上精研道学，开辟溪涧，广种树木，广收门徒，传法授艺。齐高帝曾欲征召，不久，在山麓为他敕立太平馆居住，唐代诗人多有寻访。

由十亩岭脚往东为嵊州城方向，途中经过崇仁镇。崇仁古镇居民有裘、张、王、李、段、白六姓，以裘氏居多。据《裘氏宗谱》记述：先祖裘睿于晋建兴四年（316），随晋元帝南渡，隐居婺州。子尚义熙中徙会稽云门。

北宋熙宁间，裘氏分迁嵊西。裘氏家风，以崇尚仁义为本，崇仁也因此得名。镇内保存有从明至民国序列完整、类型丰富的古建筑群。特别重要的有：玉山公祠、五联台门、近代镇公所、法院等。

　　附近的廿八都村有纪念东晋高僧、诗人帛道猷的瞻山庙。据史料记载，庙始建于东晋孝武帝时期，几经搬迁，现存瞻山庙为民国初建筑，由辛亥革命志士张伯岐出资重建。庙坐东朝西，由前厅、戏台、厢房、正殿及偏殿组成，是嵊西民间影响较大的一处祠庙，其中的古戏台是嵊州一带演出最多的古戏台。

　　崇仁镇东部的逵溪村有纪念隐士戴逵的洗屐、砥流、招隐桥遗迹。戴逵，字安道，谯国铚县（今安徽宿州）人。中年定居剡县城，卒葬于剡山。戴逵少博学，善属文，能鼓琴，工书画，尤精雕塑，首创"夹纻"漆艺雕塑佛像，是我国美术史上第一位卓有成就的雕塑家。戴逵曾于逵溪之雨花山滴水岩筑有别业。后人为纪念戴公，将所在村庄和溪流均以逵溪命名，又于逵溪之上砌筑"招隐""洗屐"两石桥，以示对戴逵的怀念之情。

四、绍兴入诸暨支路

　　由越州城西南的常禧门（旱偏门）出，跨过鉴湖，往西南方向进入兰亭山区。此段道路称"山阴道"。王羲之作有"山阴道上行，如在镜中游"的名句。1985年，在这一带就发现了北宋时期的山阴道遗址。[①]走过山阴道，就来到了在中国书法史上有过浓墨重彩一笔的兰亭。兰亭以汉代驿亭所在而得名。东晋永和九年（353），王羲之与孙绰、谢安等四十一人修禊于此，诗酒唱和，留下了被后人誉为"天下第一行书"的《兰亭集序》，成千古美

---

① 罗关洲主编：《绍兴市交通志》，国际文化出版公司1996年版，第15页。

谈。到了唐代，兰亭成了诗人向往和聚会之地。孟浩然有："不及兰亭会，空吟被禊诗。"[1]唐代宗大历年间，鲍防、严维等三十五人仿永和故事，举行过一次大型联唱活动，存有《经兰亭故池联句》。现兰亭由流觞亭、御碑亭、王右军祠、兰亭碑亭等古建筑和碑刻组成，在明代旧址上清代重建。

由兰亭往东南行，越古博岭，就进入了诸暨县（今诸暨市）境内的枫桥镇。古镇以枫溪得名。隋朝时，曾在枫溪渡口建枫桥和枫桥驿。镇内现存有宋代的东化城寺塔、明代的小天竺及枫桥大庙、三贤故居、始皇刻石等七处珍贵的历史文化遗存。

由枫桥往西南即可到达诸暨县城（今诸暨市区）。诸暨为秦代古县，因"界有暨浦、诸山"而得名。唐代曾短暂改名为暨阳县。在诸暨城南隅的浦阳江畔，有苎萝山。相传为西施故里。此段浦阳江又名"浣江"或"浣纱溪"。苎萝山周围多西施古迹：山东江浒有浣纱石，传为西施浣纱处；濒江有"浣纱"二字的摩崖石刻，传为王羲之所书；石上方有浣纱亭；不远处有后人为纪念西施而建造的西施殿。李商隐曾写有"西子寻遗殿，昭君觅故村"。[2]

由诸暨县城（今诸暨市区）向西进入山区，有五泄山和五泄寺。"泄"指的是瀑布。瀑从五泄山巅的崇崖峻壁间飞流而下，折为五级，故称"五泄"。此外，五泄山还有七十二峰、三十六洞、二十五岩、十石等风景名胜。唐代五台山高僧灵默禅师慕名到此创建了五泄禅寺，佛教曹洞宗创始人良价在此出家。著名诗僧贯休曾在五泄寺住了九年。

由诸暨向南就进入了唐代的婺州（今金华市）境内，与钱塘江诗路的婺江相接。

---

① 孟浩然：《江上寄山阴崔少府国辅》，《全唐诗》一百六十卷，中华书局1979年版，第1635页。

② 李商隐：《蝶》，《全唐诗》五百三十九卷，中华书局1979年版，第6158页。

第三节　浙东唐诗之路嵊州至新昌段

由嵊州城出发，可分别由黄泽江和新昌江水路溯流而上，进入新昌。陆路大致沿江而行：一条由嵊州南门出，渡长乐江、澄潭江，向南沿新昌江经南桥、马桥、阮庙至黄泥桥入新昌，在塔山脚过桥至南岸，经上三溪来到新昌县城（新昌市区）。此道为越台古道的干路。另一条支路由嵊州东门经拱明桥（东桥）、下东渡至东郭，再东行沿黄泽江经黄泽、晋溪、华堂至陈公岭或王罕岭，入新昌沙溪镇，并可经剡界岭进入奉化（今宁波市奉化区）。

一、干路（新昌江）

由唐代的剡县城南出十里许，有阮庙。相传这里是"刘阮遇仙"传说主角之一的阮肇的故居。据南朝刘义庆《幽明录》载，汉明帝永平中，会稽郡剡县人刘晨、阮肇共入天台山采药，遇二仙女并各自结为夫妇。一段时间后，刘、阮二人思乡回家，发现山外早已时过境迁。当刘、阮再次返回天台山时，却不见了先前住处和仙妻的踪影。

由阮庙向东南行，一路与新昌江河道平行。新昌江，古称东溪。王绩《山中别李处士》："为向东溪道，人来路渐赊。"[1]多有诗人如李颀、钱起等选择泛舟东溪而行。

入新昌县境，溪南有南岩，世称"海迹神山"。山岩由赭色沙石积成，远远望去，宛如筑墙。传说《庄子》中的任公子曾在此钓东海巨鱼。南岩山麓有建于南朝宋时期的南岩寺。唐代寻访南岩的诗人不少。李白在一些

---

① 王绩：《山中别李处士》，《全唐诗》三十七卷，中华书局1979年版，第484页。

诗句中运用过任公子的神话，很可能也寻访过此处。

由东溪岸边往东望，不远就是石城山。山的北麓是新昌县城，唐代为石牛镇。新昌县原属于剡县。五代时期，吴越王以剡县东南13乡之地析置，新县的县治就设在了石牛镇。

在石城山区的峡谷中，坐落着著名的新昌大佛寺。大佛寺，初名隐岳寺，创建于东晋永和年间（345—356）初，僧昙光游江东，来此栖居，建隐岳寺。其后于法兰、支遁等续建元化、栖光两寺，至梁天监（503—519）间，三寺合并为一，定名石城寺。寺以石弥勒像、千佛岩石窟造像闻名。石弥勒像始凿于南朝齐永明四年（486），梁武帝时终成，前后历时30余年。千佛岩造像雕凿于南朝齐永明年间（483—493），由大小两窟组成。大窟壁面居中雕释迦坐像，像左侧列千佛四区，右侧列六区，共1020龛，1040尊像。这是我国江南地区现存时代较早、规模较大的石刻造像。大佛寺也成了唐代以来诗人访古的必至之地。

二、支路（黄泽江、王罕岭）

由黄泽江水路或沿江陆路向东约25千米，就到了王羲之墓及金庭观。史载，东晋永和十一年（355），王羲之称病弃官，带妻携子，入剡县金庭，慕此中山水秀丽，筑室隐居金庭安度晚年，卒后葬于就地。附近有王羲之旧宅——金庭观。王羲之晚年信奉道教。其五世孙王衡时，承其遗志，舍宅为观。初名金真馆，后被尊为道家第二十七洞天。观内曾有右军书楼、墨池、玩鹅亭、右军祠及右军塑像等建筑。唐代裴通云："越中山水奇丽剡中为最，剡中山水奇丽金庭为最。"[1]诗人李白、杜甫、孟浩然都曾游历此地。

---

[1] 裴通：《金庭观晋右军书楼墨池记》，《同治嵊县志》卷二十三，第1页。

在金庭观附近，有王羲之后裔世代聚族而居的华堂村。《金庭王氏族谱》记载：北宋宣和年间，第二十六世孙王弘基从金庭迁居卧猊山麓的岩头。宋末元初，子孙一派迁居路前，第三十三世孙王迈肇营广厦，华堂之名于是始。族人在此扎根繁衍，华堂村也成为当地王氏后裔最大的聚居地。现村内保留着宗祠、更楼、民居、水圳及老街等一系列文物建筑，其中王氏宗祠已为国保单位。

过金庭观向南，有炉峰庙。东晋名士许询（字玄度），慕剡之山水，自萧山北干山徙居剡东孝嘉乡济渡村，与好友王羲之、支遁相与为邻，其宅曰"知己寺"。后人为纪念许询，在知己寺东建许家庙，即今炉峰庙。李白诗句"此中久延伫，入剡寻王许"①，指的就是王羲之和许询。

由济渡村往南部山区，有两条重要的山岭古道。

一条是"王罕岭"。宋高似孙《剡录》载："去观二里曰再渡村。世传右军渡此，见山岭崇峻，以为罕有，故谓之'罕岭'。"后人为纪念王羲之命名之事，称王罕岭。罕岭发端于金庭观，是通向金庭南山龙潭岗的一条古道。此岭从金庭观发端，由济渡村入谷，经念宅村、岭脚村，登大湖山岭，入新昌县境，过龙潭岗外湾村、眠牛湾村、里湾村，通新昌县沙溪镇。

在王罕岭以北，有平行的陈公岭。陈公岭，本名城固岭。宋咸淳年间，嵊县令陈着深得民心。离任时，民众夹道相送至此岭，因更名。明宣德元年（1426）起，凿石修砌10千米，渐为坦道。由陈公岭和王罕岭进入新昌沙溪后，过剡界岭可通奉化，或过蔡岙可达宁海。

---

① 李白：《送王屋山人魏万还王屋·并序》，《全唐诗》一百七十五卷，中华书局1979年版，第1789页。

第四节 浙东唐诗之路新昌至天台山段

由新昌前往天台的陆路通道为越台古道的南段。一般认为，谢灵运开通的"剡中游道"的一段就是此道。历史上，这条古道长期是浙闽古驿道干道上的重要路段。此道由新昌县城东门出发，东南向经长丘田、柘溪铺、黄婆亭，至小石佛折向南，经赤土、班珠尔，上会墅岭，又经太平庵、横板桥，上冷水岭（黑风岭），经冷水坑、横渡街、横渡桥，上关岭，入天台县，出山区至白鹤镇，沿三茅溪而下，沿途东部山区经过桐柏山、赤城山，最后到达天台县城。因该道多山岭磴道，《新昌县志》载有"新昌自古无马递"之说。[1]该驿道与明州绕道至临海的道路并用，马行走明州、宁海，步行及轿走新昌、天台。[2]

天台山是浙东名山，"因山有八重，四面如一，顶对三辰，当牛女之分，上应台宿，故名天台"。山以"佛宗道源，山水神秀"闻名于世，于唐宋间达到高潮，是浙东唐宋文化的杰出代表。历代诗人进入天台县的目的地主要就是天台山区域。

前往天台山，陆路可以由越台古道上的横板桥，向东绕过冷水岭，经官元庙村、藤公山村、清凉寺，上牛牯岭，经西程（原有地藏寺）、高墙头，过万年山，至万年寺，继续沿山脊行，就可到达石梁飞瀑，与沿新昌江而上的水路路线交汇。或从天台县城一带，走佛陇山岗上的国清寺、高明寺，由南向北到达天台山华顶峰。

---

① 徐望法主编：《浙江古代道路交通史》，浙江古籍出版社1992年版，第78—79页。
② 罗关洲主编：《绍兴市交通志》，国际文化出版公司1996年版，第16页。

　　由水路上天台山，则无须经越台古道，而是从新昌县城由新昌江继续溯流而上，朝东南方向经央于、长诏、沃洲、百菊、茅洋，至天台县慈圣村。在此弃舟上岸，步行4千米即至石梁飞瀑，再步行9千米，就到达华顶峰。

一、干路（天姥古道、白鹤镇、桐柏山、赤城山、天台县城）

　　由石牛镇或新昌大佛寺往西，经小石佛转南，首先经过刘门山脚。刘阮遇仙的故事，相传就发生在刘门山。山区至今仍有惆怅溪、采药径、迎仙桥、桃源洞（刘阮洞）和弈棋岩等景点，当年的采药径依稀可辨。

　　过刘门山，就来到了著名的天姥山。据《后吴录》载，相传登山之人能听到"天姥歌谣之响"，以此得名。山上曾有建于五代后周广顺元年（951）的天姥寺。天姥山一带也是古时前往台州古道的必经之处，有"天姥古道"。唐代李敬方诗"天姥三重岭，危途绕峻溪"[①]，指的就是这段古道。古道由北向南依次经过会墅岭、冷水岭（黑风岭）和关岭。其中，会墅岭是天姥山的门户，古称稽岭。唐玄宗有诗："地道逾稽岭，天台接海滨。"[②]现存的天姥古道包括小石佛驿铺段、班珠尔段（落马桥/司马悔庙、班珠尔村章家祠堂）、会墅岭段、横板桥至天姥寺段（关爷殿、普济桥）、皇渡桥段（桥头庙）、关岭铺段（侯王庙、地藏殿），全长45千米。现保存较好的是小石佛驿铺段、斑竹段、皇渡桥段和关岭铺段等几处。古道沿线还布列众多的文物遗存，如古驿铺、古桥、古祠、古庙等。

　　在会墅岭和冷水岭（黑风岭）之间的儒岙镇儒一村口，有始建于明万历年间的彼苍庙。"彼苍"是"天"的意思。彼苍庙即天庙，是为纪念治水

---

① 李敬方：《登天姥》，孔延之《会稽掇英总集》卷四，《四库全书》集部，第27页。

② 李隆基：《王屋山送道士司马祯还天台》，《全唐诗》三卷，中华书局1979年版，第35页。

英雄大禹而建的。庙门上有两块"彼苍庙"匾额，分别出自书法家郭仲选、沈定庵。庙的主殿为禹王殿，侧有谢公殿、观音阁、魁星阁、文武殿、太白楼。该庙也是天姥山麓儒岙镇的八景之——古柏临清的所在地。

由儒岙往南，循关岭至虎狼关，即为越州和台州的交界处。据记载，唐代这里就据关设守，谓"关岭头"。至唐中叶，爆发了以袁晁为首的农民战争。起义军曾在此垒石筑寨抗击官军，名为"石垒寨"。宋时更名为"虎狼关"。至明代，才改隘为铺，是为"关岭铺"。清初称该驿道为"天台官路"。现存几段驿道，长数百米，宽两米左右。以大块乱石铺砌为石阶。在山顶分水岭还建有侯王庙、地藏殿和关岭铺。

过虎狼关，就进入了台州始丰县境。始丰县（今浙江天台），肃宗上元二年（761）改名唐兴县，也就是今天的天台县。出山区，首先进入天台盆地北端的白鹤镇。在其东南方的宝相村，有建于后周显德四年（957）的护国寺，旧名般若寺。清代天台文人齐国华《台岳天台山游记》载："入护国寺，内有阮鄂游记、石勒诗文，清朗可读，又有唐碑纪实塔放光事，嵌殿壁。出寺，前有塔、有石碑、字被风日所蚀。"今仅存遗址。

沿山区再往南，有桐柏山、琼台。桐柏山为道教名山，有丰富的摩崖石刻题记。现存有唐元和十四年、北宋元祐、南宋绍兴、明代嘉靖、清代及民国时期等20余处石刻。桐柏山相邻有琼台，在唐代就是文人求仙访胜必至之所。早在东晋时，孙绰就以"双阙云耸以夹路，琼台中天而悬居"[①]将桐柏、琼台一带当作"仙都"而倍加赞赏。李白在《琼台》诗中更留下"龙楼凤阙不肯住，飞腾直欲天台去"的诗句。此后，历代文人墨客纷至沓来，留下了大量的诗赋和摩崖石刻。景区内现存有唐至清代摩崖石刻10余

---

① 孙绰：《游天台山赋》，萧统《文选》卷十一，太白文艺出版社2010年版，第300页。

处，其中有唐柳泌题诗、唐元和年"台岳奇观"，宋史能"观止碑"，清雍正年"秀甲台山""蓬莱仙境"，康有为题"琼台""双阙"等摩崖石刻。

在桐柏山山坳中有桐柏宫。原名桐柏观、桐柏崇道观，为道教主流全真派南宗祖庭，被称为道教南宗最早的中心和圣地。早在东汉时，著名道教人物葛玄来此炼丹，建法轮院，创立了道教"葛真君天台派"。唐宋时发展至鼎盛。彼时，楼台争耸的宫观有36处，有千僧万道的规模。唐代高道司马承祯、冯惟良等亦居此修炼。

桐柏宫原址后因建造水库沉没水底，部分建筑和文物移往水库南部玉泉峰上的鸣鹤观。鸣鹤观为天台县仅存的数座道教宫观之一。三国吴赤乌二年（239），高道葛玄在此建王乔仙坛，称仙坛院，后改称为妙乐院。清光绪年重建时，根据王乔在此跨鹤飞升的神话，最终改为鸣鹤观。

由桐柏山脚往南就是赤城山。赤城山为丹霞地貌，因石色赤赭如火，望之如城堡雉堞而得名。旧时，台州称"赤城郡"，天台县称"赤城"，皆源于此山。故赤城山是台州和天台的标志性名山。东晋文学家孙绰有名句："赤城霞起以建标"。李白也曾在《天台晓望》中写有"门标赤城霞"。[①]

赤城山自古是仙佛双修的圣地，也是济公活佛故里。山上多岩洞，其中有名称的就有18个。这些岩洞均留有佛教、道教胜迹。山顶有梁妃塔，南朝梁大同四年（538）岳阳王萧察为其妃子所建。近山顶有玉京洞，为道教第六洞天，称上清玉平之天。葛玄及晋代葛洪、魏夫人都曾居此修炼丹。宋政和八年（1118）在此建赤城观。嘉熙元年（1237），朝廷遣使投金龙王简称御书"玉京观""拱辰殿"匾额。玉京洞附近有"金钱池""洗肠井""晒肠岩"诸胜。山麓还有紫云洞，依洞筑有三层楼房，供观音、地

---

① 李白：《天台晓望》，《全唐诗》一百八十卷，中华书局1979年版，第1834页。

藏像，洞上房有明万年间镌刻的"赤城霞"三字。紫云洞上为瑞霞洞，祀奉道济和尚，民间尊称其为济公，后改建为济公院。院上为中洞，洞壁镌"释签"两个篆字，为唐代国清寺僧清观法师书。

赤城山脚下两千米的始丰溪岸边，就是天台县城。县城始筑于三国吴永安年间。城内现存有临川桥（始建于宋）、孔庙大成殿（始建于宋）、明末工部侍郎张文郁故居"度予亭"和清乾隆年间礼部侍郎齐召南故居"学士第"等古建筑。

二、支路一（佛陇山岗）

由天台县城一直向北可以深入天台山区，来到著名的佛陇山岗。佛陇山岗是天台山一条南北走向的支脉，它自主峰华顶迤逦而下，蜿蜒起伏，到天台城边而止。这里是我国佛教天台宗创始人智顗的初修之地。在这处山岗上，自南向北分布有国清寺、高明寺、智者塔院等知名的佛教寺院。

国清寺，始建于隋开皇十八年（598）。由杨广命司马王弘按智顗遗意建造，初名天台寺。后杨广登基，亲赐寺额"国清"，遂名国清寺。唐代柳公权为书"大中国清之寺"匾额。寺前山坡上现存有宋代砖塔一座，塔北侧有唐代著名天文学家一行高僧的纪念墓。一行曾为修订《大衍历》至国清寺居留，向寺内法师求教算法。国清寺是中国佛教史上最早的宗派天台宗的发祥地，也是日本、韩国等佛教天台宗的祖庭。至今，寺内还保存着隋塔、丰干桥等古建筑和贝叶经、隋代线刻造像等众多文物，柳公权、米芾、朱熹等名家摩崖石刻，以及隋梅、唐樟等大量名树名木。

智者塔院，俗称塔头寺。隋开皇十七年（597），智顗圆寂葬于此，建肉身塔，名定慧真身塔院。宋大中祥符元年（1008）改真觉寺。清光绪十五年（1889）重建。智顗是中国佛教天台宗创始人，隋炀帝曾授予其"智者"之号，世称"智者大师"。院中天井内有唐碑《台州隋故智者大师修禅道场碑铭并序》，额篆"修禅道场碑铭"，元和六年（811）十一月十二日建。在塔院东约600米，有"智者大师说法处"摩崖题刻，位于原修禅寺遗址处，相传智者大师曾在此讲经说法。

附近还有高明寺，为智𫖮手创天台山十二古刹之一。南朝陈太建年间，智𫖮初入天台，讲《净名经》于佛陇，忽风吹经飘，翩翩不下。即随经所止，越五里，风息经坠。大师既感其事灵异，又爱其地清幽，决心在此建阿练若，修头陀行。于是，"诛茅为茨，编荆为户"，建起幽溪道场。至盛唐时规模始大，改称净名寺，寺内建翻经堂。五代初期，改称智者幽溪道场。后唐天祐七年（910），始称高明寺。清泰三年（936），改称幽溪道院。宋大中祥符元年（1008），称净名寺。后以所在的高明山最终定名高明寺。明代为天台宗中兴总道场。

三、支路二（清凉寺、地藏寺、万年寺）

本条支路被后世称为"霞客古道"。明崇祯五年（1632），徐霞客游天台山后，自天台万年寺至地藏寺入新昌县境，下牛牯岭，出会墅岭，夜宿斑竹（今班珠尔）小公馆。现司马悔桥至会墅岭脚茶亭桥（含小公馆遗址）、会墅岭、藤公山村清凉寺前至地藏寺三段，古道保存完整，是霞客古道新昌段的精华之地。

在地藏寺南部不远，有万马渡。在这处天姥山、天台山两座名山夹峙峡谷间的一条小溪里，浅黄色的花岗岩巨石沿谷块垒，绵延数里。暴雨季节，浪涛滚滚，山谷中犹如万马奔腾。明万历年间，新昌知县吴献辰在此一石上题写了"万马渡"三字。

再沿山脊向东部走，就来到了万年山下的万年寺。万年寺始建于东晋兴宁年间（363—365）。唐代建成为平田禅院，并逐渐发展成"农禅"的大道场，有五百罗汉殿。宋代改称万年寺，列为"五山十刹"。万年寺旧藏文物甚多。宋太平、天禧中，皇帝累赐朱衣宝盖及御袍曳履诸珍物。如宋仁宗赐"如朕亲到"衣。在中外文化交流史上，万年寺有着重要地位，日本佛教界认为万年寺是日本临济宗和曹洞宗的祖庭。日僧荣西于宋乾道四年（1168）、淳熙十四年（1187）两度来华，受学于虚庵怀敞（时在寺）。回国后，他在京都建立建仁寺，为日本临济宗始祖。

四、支路三（沃洲、石梁飞瀑、华顶峰、欢岙）

由石牛镇出，乘舟溯新昌江而上，经王泗洲、后岸、长诏，进入沃洲山区域。沃洲山山水奇绝，云烟万状。早在晋代，因山洞开，有罗汉僧西天竺人白道猷居住。此后有高僧支遁、竺道潜，名士戴逵、孙绰、王羲之等十八高僧、十八名士在沃洲雅集，与同时期的炉山白莲结社、山阴兰亭书会呼应唱和。唐大和二年（828），西天竺罗汉僧白寂然来游沃洲山，见支、竺遗迹尚在，立意建沃洲禅院，在浙东廉使元相国（元稹）资助下，三年后建起。白居易为此作有《沃洲山禅院记》。

古时，沃洲山与相邻的东岙互相涵盖，同为当时江东名僧栖游之地。东岙山的主峰为今水帘尖。山尖下有一洞天开，门悬飞瀑，名水帘洞。朱熹有诗云："一片水帘遮洞口，何人卷得上帘钩。"东晋高僧竺道潜（又名竺潜、竺法潜，号法深）曾隐居水帘洞侧三十余年，立寺行道，所建寺院在东晋隆和元年（362）赐号称"东岙寺"。之后，高僧支遁（字道林）钦慕竺道潜，"买山而隐"，在东岙山之侧的沃洲小岭建"沃洲精舍"（又名沃洲小岭寺）。支遁在此隐居养鹤，留有《世说新语·支公好鹤》的故事。

几位高僧的入住，吸引了大批追踪问道者纷至沓来。沃洲山、东岙山区域一时高僧星聚，佛教般若学大兴。当时，竺道潜所创大乘般若"本无宗"，与支遁在沃洲小岭寺所创"即色宗"同为大乘般若教义中心。唐代，众多诗人慕名而来。李白、刘长卿、刘禹锡等诗人留下了上百篇著作。至20世纪70年代，沃洲盆地建坝形成了沃洲湖（长诏水库），更添山水风韵。

在沃洲盆地东边的山麓上今有沃洲山真君殿。这是一处儒、道、佛合揉的清代寺庙建筑。相传为纪念北宋末抗金名将宗泽而建，因避金讳，故托名真君。南北轴线上依次为山门、戏台、中殿、大殿、后殿，还有千佛殿、财神殿。两侧有碑廊及附属用房。建筑集新昌古建筑之大成，其木雕、砖雕、石雕、彩绘、壁画无不精美。大殿檐口两只石制龙柱堪称石雕艺术中的精品。

继续沿溪而上，进入天台慈圣村，沿峡谷而行，两岸岩壁陡峭。穿过峡谷，就到达了石梁飞瀑。此处两崖峭壁对峙，一石如苍龙耸脊，横亘其间，即石梁。梁底空洞高逾两米，水的上游为金溪与大兴坑水合流并形成瀑群，主流三折穿梁而出，从高二十多米的峭壁上飞流而下，称"石梁雪瀑"。孟浩然"问我今何适？天台访石桥"[1]即此处。周围岩壁上保留有丰富的摩崖石刻题记，为江南地区极为罕见的文人官吏摩崖石刻群。附近原有石桥寺（方广寺）。

过石梁飞瀑而上，与其他支路汇合。稍往东，就到达了天台山的主峰——华顶峰。因登临山顶，可四顾"峰峦重叠，如千叶莲花，此为花（华）心之顶，故名"，被称为"台山第一峰"。李白在《天台晓望》描写到："云垂大鹏翻，波动巨鳌没。风涛争汹涌，神怪何翕忽。"[2]最高峰有拜

---

① 孟浩然：《舟中晓望》，《全唐诗》一百六十卷，中华书局1979年版，第1652页。

② 李白：《天台晓望》，《全唐诗》一百八十卷，中华书局1979年版，第1834页。

经台，因智者大师智颛曾在此虔诚拜读《楞严经》而名。其下原有"王右军墨池"，相传是晋代大书法家王羲之洗笔之处。复下四里，为华顶讲寺，旧传智颛曾宴坐于此。后晋天福元年（936）僧德韶建，初名华顶圆觉道场。宋治平三年（1066）改名善兴寺，民国以后改华顶讲寺。华顶寺后"归云洞"一带，相传为三国时葛玄的茶圃所在，所产华顶云雾茶，眉形细紧，水色清亮翠绿，芽香浓厚，滋味甜醇。唐时，日僧最澄来天台求法，随带茶种回国种植。宋代，又有日僧荣西考察茶叶生产，携茶种归国，又着《吃茶养生记》，被誉为"日本的陆羽"。

由华顶峰南麓而下，过大棚村，就进入了天台山区的欢岙。欢岙之名，得名于南朝著名高逸——顾欢。南朝宋孝建年间，顾欢不愿为仕，入天台山区隐居，开馆讲学，为天台学校教育之启蒙。后人为纪念顾欢对天台山文化的贡献，将其讲学的地方命名为欢岙，溪名欢溪，岭名顾儒岭。今欢岙大路吴村前有顾欢之墓。

第五节　浙东唐诗之路天台至临海、仙居段

由天台出发，向东南可前往台州州城临海，向西南经山岭路可至仙居、缙云。

东南前往临海，水路即沿始丰溪、灵江顺流而下。陆路大致分布于沿江一带。据记载，谢灵运"自始宁南山伐木开径，直至临海"。一般认为，天台至临海的路线就是谢灵运所开山道的最后一段。唐代，在今天台县东南的亭头村一带设有灵溪馆。当时的路线当由天台县东门出，沿始丰溪北岸经下路口、坡塘，至亭头村（灵溪馆），在此处与自华顶峰经欢岙南下的

线路、东北方向自宁海而来的路线汇合，溯灵溪向东，在灵溪村折向南部山谷，进入临海境内，越黄振岭，经岭下、后田、河头镇，至始丰溪岸边，越小石岭（约唐末宋初，此处有驿站名小石），沿始丰溪东岸而下，经八叠、许墅最终到达台州州城临海。[1]

由天台直接进入仙居主要走山路小道。出天台大西门（永清门），经清溪、玉湖、长洋、平桥镇、茅垟至街头镇，继续东南至寒山湖（原有花墙村），沿小溪坑向南，经茶园、新屋王，入仙居广度，翻山岭至孟溪，沿孟溪而下就到了仙居县城。由仙居县向东可至临海，向西经皤滩，可由苍岭古道最终进入丽水缙云。

一、天台至临海

由天台县城往东南，是前往台州州城临海的路线。在始丰溪岸边不远，在唐代有灵溪馆。驿馆曾见证了当年文人名士往来的盛况。唐郑巢从华顶峰而下后，经过此馆，作有《泊灵溪馆》："孤吟疏雨夜，荒馆乱峰前。晓鹭栖危石，秋萍满败船。溜从华顶落，树与赤城连。已有求闲意，相期在暮年。"[2]唐大和间（827—835）进士许浑有《发灵溪馆》诗："山多水不穷，一叶似渔翁。"[3]

由灵溪馆南下到达台州州城——临海。三国时，始置临海县。东吴太平二年（257），设临海郡。隋开皇十一年（591）置临海镇于大固山今址，移县于镇，是临海为县治之始。唐初，临海升为州治，州名定为台州。此

---

① 台州交通志编纂领导小组：《台州交通志》，团结出版社1993年版，第4—5页。

② 郑巢：《泊灵溪馆》，《全唐诗》五百零四卷，中华书局1979年版，第5734页。

③ 台州交通志编纂领导小组：《台州交通志》，团结出版社1993年版，第7—8页。

后，临海一直是台州郡、台州府治所。临海古城墙始建于东晋末年，迭经唐、宋、元、明、清诸朝不断修筑扩增，其主体部分保存至今，城门原有7门，现尚存4门，瓮城也保存完好。

唐代临海文化开蒙人郑虔的遗迹是临海唐诗史迹的主要代表。郑虔因首任广文馆博士，人称郑广文，有诗、书、画三绝之誉。晚年贬官台州司户，感叹台州文风未开，于是大阐文教，开设学馆，以地方官员身份首办官学，行教化之责，对台州文化教育事业的发展做出了极大的贡献。由此，台州学风日盛，士风渐振，成为浙东学术的策源地之一。于是后人尊郑虔为"台郡文教始祖"。郑虔在任时，居住于临海城内若齐巷，后改称户曹巷，以郑虔的官职户曹得名。唐时曾建有郑户曹祠。诗人李商隐曾作《过郑广文旧居》一诗凭吊。

州城东南隅有巾山，又名巾子山。西部两峰相连，以形如帢帻，故有帢帻峰之称。相传皇华真人得道升天时，巾帻下堕此山，故名。晋唐以来，巾山周围原建有明庆塔院、巾子山寺、龙兴寺、翠微阁、仰止亭、兜率宫等楼台寺庙38处。唐末诗人任翻《再游巾子山寺》："灵江江上帻峰寺，三十年来两度登。野鹤尚巢松树遍，竹房不见旧时僧。"[①]巾山以塔闻名，至今这一带还保留有"巾山塔群"。巾山两峰顶各屹立有一座古塔。东塔称大塔、西塔称小塔，合称大、小文峰塔。宋陈耆卿《嘉定赤城志》记："双峰如帢帻，其顶双塔差肩屹立。"耸立于巾山西麓的千佛塔，原名多宝塔，始建于唐天宝三年（744）。因塔的每面有模压烧制的佛像砖贴面，共有佛像1007躯，故得名千佛塔。现存塔系元大德三年（1299）二月修建。离千佛塔百余米的巾山西坡上，还有奉祀坚守睢阳城、保障江淮不遭安史之乱涂

---

① 任翻：《再游巾子山寺》，《全唐诗》七百二十七卷，中华书局1979年版，第8335页。

炭的唐朝名将张巡（民间称张元帅）的南山殿。

在巾山西麓，在唐代有始建于神龙元年（705）的龙兴寺（寺名多次更改，一度又名开元寺，今名天宁寺）。寺庙佛事之盛曾仅次于天台国清寺。鉴真和尚第四次东渡日本时，从明州经宁海入台州，巡视天台国清寺，转道章安去日本。与鉴真同行的弟子思托和尚就是龙兴寺的高僧。日本最澄大师、日本天台宗五祖圆珍等人入唐求法，亦曾驻锡、讲经于龙兴寺。

由临海城南泛舟灵江，或可出海，或前往上游的仙居。

二、天台至仙居

由天台县城往西南沿始丰溪而上，北岸有张思村。村以昔张、思（一说是施）两姓居住而得名。整个村庄的布局就如一艘扬帆起航的船。村的两座祠堂和10处民宅以"张思村乡土建筑"为名，被评为第六批省级文物保护单位。

过张思村，沿溪往西南就可到达寒岩和明岩。寒岩因唐代诗僧寒山子在此隐居70多年而得名，旧名"拊石洞"。宋米芾曾题"潜真"，故又称潜真洞，洞壁有"寒岩洞天""小清凉"等石刻。明岩是寒山子的另一处隐居地，与寒岩相背而处，寒山子诗中"重岩我卜居"即指此。此地两岗夹峙，巨岩危耸，洞窟幽邃。谷内原有明岩寺。后周显德四年（957），吴越昭仪孙氏始建"云光院"，号"暗岩"，后更名明岩。宋开宝七年（974）升格为寺。

过寒岩翻过西南山区，可以入仙居广度。旧有建于唐天宝元年（742）的广度寺。会昌中废，后晋天福年间重建，宋宣和中改今额，名取"广行度化"之意。

往南有青尖山，是仙居的风水山。山"雄踞邑后，若拥障然。其中一峰极峻而尖，又以远而长青"，故名。因"上有峰如圭，名曰圭峰。万山四合，此峰耸然特秀，若王侯秉圭而立，左右二小峰若辅弼然"，所以又名青圭山。

青尖山南麓十里即仙居县城。仙居旧名乐安、永安，宋真宗以其"洞天名山屏蔽周卫，而多神仙之宅"，下诏改县名"仙居"，意为仙人居住的地方。仙居在唐代培养出了台州第一位进士项斯，其文采和诗才一时无双，"逢人说项"的典故就来自于斯。

由仙居城沿永安溪而下，可与始丰溪交汇，前往临海。在县东南三十里有括苍山。唐代诗人刘昭禹曾作《括苍山》："尽日行方半，诸山直下看。白云随步起，危径极天盘。瀑顶桥形小，溪边店影寒。往来空太息，玄鬓改非难。"[1]括苍山麓有括苍洞。据记载，晋代的葛玄曾在此炼丹。唐代，唐玄宗下诏首建洞宫，榜名"成德隐元"。宋真宗时改题额赐名为"凝真宫"。此地曾被列为道教第十大洞天，是道教南宗修炼灵地之一。

从仙居城向西南，至白塔镇附近，有高迁村。高迁吴氏家族为当地望族，名人有南宋龙图阁直学士吴芾、南宋左丞相吴坚、明朝左都御史吴时来等。自明末至清乾隆咸丰年间，吴姓白岩、应岩兄弟及子孙仿照太和殿模式，兴建十三座六叶马头四开檐楼房宅院，形成了规模宏大的古建筑群。如今大多保存完好。

稍往西，就到了皤滩古镇，原名"白滩集"。古时，这里是著名以水陆交汇点为特征的盐、布等物资的集散地。镇内仍保存有三里长的鹅卵石"龙"型古商业街。街面两侧石板柜台密布，曾有"八方商贾聚龙街"的繁荣景象。

在皤滩附近有宋乾道年间（1165—1173）创建的桐江书院。主持集资

---

① 刘昭禹：《括苍山》，《全唐诗》七百六十二卷，中华书局1979年版，第8646页。

人是晚唐诗人方干第八代孙方斫。方斫曾潜心钻研儒家六部经典，以经学驰名于世，被称为"东南学者表正之师"。为传播儒学，教育乡间子弟，他个人出资创办了桐江书院。因其祖上方干系桐庐人，故以"桐江"为名。南宋朱熹曾数次莅临，为书院题名并遣子就学，使之名冠江南。乐清王十朋慕名来此求学，后得中状元，曾题赐"东南道学世家"匾额。

由墦滩往西，到达与括州缙云县交界的苍岭。越过此岭则进入瓯江山水诗路的范围。

第六节　浙东唐诗之路入宁波地区相关支路

入宁波地区的支路由曹娥一带分出。从曹娥向东渡过曹娥江，至对岸的江坎头村入"四十里河"，经梁湖，到上虞老县城（今丰惠镇）。由老县城出，或东南向经梁弄到达四明山，或东北向继续经运河入姚江，到达余姚县城。由余姚出，走东横河可通往东北山区的上林湖；或由姚江顺流而下，经丈亭、河姆渡、句章故城，直通宁波。由宁波三江口出发，或转道甬江，经镇海出海，前往舟山群岛；或向东经五乡、宝幢，前往阿育王寺，再往东亦可出海；或转道奉化江、剡江溯流而上，进入奉化。或直接沿剡江，经溪口至剡界岭，进入台州新昌。或由县江至奉化县城，由尚田、方门进入宁海，走沿海陆路至宁海城，最终通天台或临海。

一、上虞至宁波

由曹娥向东渡过曹娥江，北部有原百官镇。百官，与舜的传说息息相关。据《水经注》引《太康地记》载"舜避丹朱于此……百官从之，故县北有百官桥"。"百官"之名由此而来。镇上曾有三大著名古迹：舜井、舜庙、百官桥。百官曾是早期的上虞县（今绍兴市上虞区）治。在唐代，县治改设在现在的丰惠镇。

百官的南部，是与曹娥山阴故水道隔江相接的"四十里河"西端。晋代会稽内史贺循整治宁绍平原水道的同时，也一同疏凿了梁湖至通明的河道，与姚江相接。这段运河长约40里，故俗称"四十里河"。

由四十里河向东南行，经梁湖，就到达了唐代的上虞县城——丰惠镇。初无城墙，仅有县治衙城。元至正二十四年（1364）方国珍始筑城，"东南平衍，西北因山为隍，西南则跨长者山，周回十有三里"，至今仅存有部分遗址。

由县城往东南方向，经梁弄，可入四明山。四明山是天台山向北延伸的支脉，因山顶有"四窗岩"，日月星光可透过四个石窗照射进入，故名。唐刘长卿有《游四窗》诗："四明山绝奇，自古说登陆。苍崖倚天立，覆石如覆屋。玲珑开户牖，落落明四目。"[1]四明山也是道教洞天福地三十六小洞天中的第九洞天，为道家圣地。贺知章、李白、施肩吾、刘长卿、孟郊、李频、陆龟蒙、皮日休等都在此留下行踪和诗篇。

往东北方向行，则由四十里河入姚江。此段姚江古称菁江，因源出菁山而得名，是古时明、越两州舟楫往还经涉之水道。权德舆《送上虞丞》有："越郡佳山水，菁江接上虞。"[2]沿姚江往东，到达余姚城。余姚，相传是因"余姚舜后支庶所封之地，舜姚姓"而得名。余姚古城由南、北两城

---

① 刘长卿：《游四窗》，《全唐诗》一百五十一卷，中华书局1979年版，第1580页。
② 权德舆：《送上虞丞》，《全唐诗》三百二十四卷，中华书局1979年版，第3638页。

组成。在浙江省内是非常少见的"双城合璧"。其中，江北的北城年代较早，始建于东汉建安五年（200）。当时，吴将朱然为余姚长，于姚江北岸龙泉山以东筑城。后来在明嘉靖年间，因倭患深重，又在姚江南岸再筑一城。南北二城皆为月城，由横跨姚江的通济桥沟通南北，合二城为一。

北城龙泉山南麓有龙泉寺，始建于东晋咸康二年（336），唐大中五年（851）重建。两宋之际，寺毁于兵火。不久，宋高宗因躲避金兵追踪，途经余姚，登龙泉山，赐金重建龙泉寺。寺坐北朝南，背靠龙泉山，面临姚江，自南至北沿中轴线依次为山门、前殿、垂花门、正殿（大雄宝殿）、观音阁。整组建筑自龙泉山脚顺山坡逐渐升高。唐初著名书法家虞世南曾作有《唐大龙泉寺碑记》。

由余姚向东北山区，就到了唐宋时期越窑青瓷的中心窑场——上林湖。窑址广泛分布于上林湖、古银锭湖、杜湖、白洋湖、上岙湖、筑溪湖等湖泊沿岸的缓坡上。其中的后司岙窑址是窑场最核心的窑址，为晚唐五代时期秘色瓷的主要烧造地。窑址出土的秘色瓷比例高、质量精、种类丰富，多种器物器型与法门寺地宫及吴越国钱氏家族墓出土的器物一致，是当时的"贡窑"。唐代诗人陆龟蒙一首"九秋风露越窑开，夺得千峰翠色来"[①]，成为赞美秘色瓷的千古名句。

白洋湖畔坐落着鸣鹤古镇，其名因虞世南之孙虞九皋而得。虞九皋，唐元和年间人，字鸣鹤，第进士后不久死于长安，乡人为纪念他，称其故里为鸣鹤。宋咸平年间，鸣鹤置盐场，名鸣鹤场，系当时浙江三大盐场之一。镇内明清建筑，依水成市，长街廊棚相连，有著名的"二十四间走马楼"。

鸣鹤镇往东有方家河头村，是慈溪市唯一保存完整的千年历史文化古村

---

① 陆龟蒙：《秘色越器》，《全唐诗》六百二十九卷，中华书局1979年版，第7216页。

落。村中大宅老屋多建于明清时期。其中古建筑中规模最大，保存最完好的是始建于明弘治年间"刺史第"。村南面是沟通翠屏山南北的桃花岭古道。

由余姚沿姚江而下，至现在的城山、王家坝一带，就是句章故城遗址所在地。句章是宁波历史上有记载的最早城市，相传为春秋时期越王勾践所筑，以灭吴后"章伯功以示子孙，故曰句章"。东晋隆安四年（400），句章县城为孙恩起义军残破，逐渐湮没。唐开元二十六年（738），这一带新置慈溪县（今慈溪市），县名源于"汉名儒董仲舒六世孙董黯母患�疾，喜饮大隐溪水，奉母筑室以侍，担溪水供母饮，母病渐愈"的故事。新县治迁于句章故城以北、浮碧山脚的慈城镇。镇内保存有完整的街巷格局和大量的传统建筑，是目前江南地区保存最为完整的千年古县城。

姚江在三江口一带与奉化江汇合为甬江。在三江口的西岸，就是唐代的明州州治、鄞县城[1]，延续至今为宁波老市区。明州，唐开元二十六年（738）析越州置，以四明山得名。白居易《同诸客题于家公主旧宅》有："闻道至今萧史在，髭须雪白向明州。"[2]唐代的三江口也是著名的港口要塞，向东出海可连通朝鲜半岛、日本列岛。据考古发掘显示，三江口一带自东汉开始就有众多的民众聚居，六朝至隋唐时期还曾在此建有高规格的公共建筑。至唐代在此设明州州治以后，人员往来辐辏，灵应庙、开元宫、开元寺、天庆观等一系列的宫、寺、庙建筑兴建，文化和宗教繁荣兴盛。[3]特别是始建于唐太中五年（851）的天宁寺（寺已毁）内，至今还保存有浙江省现存唯一的唐代砖塔——咸通塔。塔原为寺前右塔（左塔崩于清代光绪年间，仅存塔基），因建于唐代咸通年间而得名。塔为方形五层楼阁形砖

---

① 陈丹正：《隋唐时期宁波地区州县城址沿革三题》，《中国历史地理论丛》2008年第2期。

② 白居易：《同诸客题于家公主旧宅》，《全唐诗》四百五十四卷，中华书局1979年版，第5141页。

③ 许超、张华琴、王结华：《唐代明州初治地望考辨》，《东南文化》2016年第1期。

塔，残高12米。塔外立面呈抛物线形，逐层收缩，每层用砖叠垒成檐，形制有别于北方唐塔，两层以上每层四面均有佛龛。咸通塔也是中国仅存的唐代寺前双塔形制。

二、宁波至舟山

由明州城入甬江出海，经望海镇。望海镇，即老镇海县城。唐元和十四年（819），浙东观察使薛戎以望海镇"俯临大海，与新罗、日本诸蕃接界，宜增戍守。"[①]唐代去朝鲜、日本的船舶，一般也先到明州港停泊，然后由望海镇出海，横渡东海，远航放洋。

由明州城往正东方向行，有鄞山。鄞山以海人持货贸易而得名。这里是宁波早期沿海贸易的见证。在鄞山之东的五乡、宝幢一带，有秦代沿用至隋代的古鄞县城遗址。

古县城往东南山区的太白山麓，有天童寺。天童寺历史悠久，为天下禅宗五山之一。西晋永康元年（300）由云游僧义兴结茅修建。至唐开元年间，僧人法璇于山东麓建太白精舍，日诵《法华经》，感天童进供，故以天童为名。唐至德二年（757）移至今址。乾元二年（759），唐肃宗赐名"天童玲珑寺"。咸通十年（869），唐懿宗敕赐"天寿寺"名。至明洪武十五年（1382），正式定名天童寺。南宋时期，曹洞宗第十三代祖如净禅师任住持。时日本僧人道元远道而来，在天童寺学习，回国后创立日本曹洞宗。现日本奉天童寺为日本曹洞宗祖庭。

古鄞县城往东有阿育王山，山麓有初建于西晋太康三年（282）年的阿育王寺。寺院依山构筑，主体建筑分布在一条南北中轴线上，以天王殿、

---

① 王溥：《唐会要》七十八卷，中华书局1960年版，第38页。

大雄宝殿、舍利殿、藏经楼为中心，由南而北，次第升高。东西两侧有始建于唐代的两塔。寺内舍利殿藏有"释迦牟尼真身舍利"。阿育王寺是中国国内现存唯一以印度阿育王命名的古寺，在我国佛教史及海外交往史上有相当地位，为宁波"海上丝绸之路"重要文化遗存。由寺往东翻过山岭到海边，亦可出海。

出海后，可登陆舟山群岛。这一带曾在唐开元二十六年（738）析鄮县之海中洲置翁山县。相传葛玄（葛仙翁）曾炼丹到天台，为访寻名山，"浮游蓬莱"，至翁洲炼丹修道，县由此得名。至广德元年（763），又因袁晁起义而废，重新并入鄮县。

舟山群岛东南部有洛伽山，即"海天佛国"普陀山。普陀山古称梅岑，相传汉隐士梅福曾来此炼药。唐中期，此地现观音菩萨灵迹，逐渐成为供奉观音的圣地，地名遂以梵语"补陀洛迦"称呼，梵语意译为"小白华"。唐咸通四年（863），日本僧慧锷在五台山请得观音像一尊，载归本国，舟至莲花洋，遇风涛，以为菩萨不愿东渡，留像于洞侧，居民张氏请像供奉于宅，称"不肯去观音"。至五代后梁时期建"不肯去观音院"。此后海内名衲，纷纷来山结庵焚修。至今有普陀山多宝塔、法雨寺、普济寺、惠济寺等众多寺庙建筑保存至今。

三、宁波（奉化、宁海）

由三江口转道奉化江，溯流而上，进入唐开元年间设立的奉化县（今宁波市奉化区）境内。奉化江的上游干流为剡江，以发源于古剡县而得名。溯剡江而上，至溪口，有雪窦寺。雪窦寺全称"雪窦资圣禅寺"，是著名禅宗寺庙，位列"禅宗十刹"，也是"布袋和尚"弥勒佛的道场。寺始建于晋代。相传晋时有尼结尘山顶，初名瀑布院。唐朝会昌元年（841）移至今址，名作"瀑布观音院"。唐朝景福元年（892）扩建，成为一座大规模的寺院。诗人方干曾作《游雪窦寺》等三首。

古寺附近有雪窦山。山上有宋理宗亲手书"应梦名山"的御书亭、飞瀑如雪的干丈岩、徐岛岩，峭壁万仞的妙高峰，石笋林立的三隐潭等名胜古迹。历代文化名人来此览胜者众多。唐代诗人崔道融有诗云："雪窦峰前一派悬，雪窦五月无炎天。"[①]

从雪窦山一带沿溪而上，可至剡源。此段溪流曲折逶迤，静流急湍，各呈异趣，有"剡源九曲"之称。"九曲"为六诏、跸驻、两湖（又名小盘谷）、柏溪、三石、茅渚、班溪、高岙、公棠。由剡源过剡界岭，进入新昌沙溪，与浙东唐诗之路汇合。

回到剡江沿岸的江口一带（今江口街道），古代的县溪（今县江）自南汇入。由县溪往南，通奉化县城（今奉化区）。奉化是唐代由越州与台州、温州的水陆中转交接点。唐代在县城大溪东（今惠政大桥附近）一带设有剡源驿。驿前设有航船码头。宝庆《四明志》载："温、台步来者即此而登舟，明、越舟来者至此而出陆。"

在县城东南2.5千米，有奉化山，又名南山。相传唐咸通年间，有从天台来的行脚僧在山上立寺（南山寺）、筑塔（瑞峰塔）。此后宋元明各朝名人题咏甚多，成为奉化一大胜景。宋楼钥于绍兴四年（1134）撰有碑记，并有南山广莫轩诗："广莫乘风隘九州。乱山无数点平畴。一千里外在吾目，三十年来无此游。地下天高俱历历，鸢飞鱼跃两悠悠。昌黎费尽南山句，旷远还能似此不？"[②]

继续向南，经方门，进入原台州宁海县的西店。沿海湾一路向南，前

---

① 崔道融：《雪窦禅师》，《全唐诗》七百一十四卷，中华书局1979年版，第8208页。

② 楼钥：《南山广莫轩》，《攻愧集》卷十，《四部丛刊》集部，第159页。

往宁海县城——缑城。宁海县建县于西晋太康初年。唐初，宁海县治设于海游一带（今三门县城）。武后永昌元年（689）迁于缑城今址。由缑城往西南，经黄坛，可到前童镇。前童古镇为童氏聚居。始祖是南宋时的士大夫童潢。经过760余年的发展，镇内留下了一大批以古祠、旧宅和老街为主体的明清古建筑群。镇南岙山麓有明初儒士童伯礼营建之石镜精舍，方孝孺曾在此讲学。明初兴建的童氏宗祠，为方孝孺所设计，仍大致完好。

由前童往南至岔路，或往西南经泳溪入天台县，通灵溪馆（亭头村）；或往正南到达桑洲。桑洲以南的驿道，历史上迂回阻滞，变动较多。唐宋以前的驿道，由桑洲向南入陈家岙，经上竹（今六峰）、越过竹岭至珠游溪岸，向东至唐初县城海游。向南入亭旁溪，经悬渚，到达亭旁镇。[①] 镇东南4里有丹山，以多赤色流沙土得名。南朝宋元嘉二年（425），梅盛以所居庵改建为寺院，是为丹丘寺。又因其诵经时丹凤聚集，宋文帝赐山名为丹丘灵凤山。著名学者郑虔可能曾暂避于丹丘寺，作有《丹丘寺思凤楼记诗》五首。[②]

过丹丘寺，往南经虎陇头，越过上模岭、陆家岭，最终由分水岭进入临海县境。下岭至康谷溪沿岸，有岭根村。村内有百岁坊、将军亭、连山桥、王文庆故居、王纶故居、古驿道等。村内先后出有清代百岁寿星王世芳、辛亥革命风云人物王文庆等14位志士、民国8位将军等著名人物。

又经康谷、车口、下童、横溪（古有横溪驿，今已淹没于溪口水库），出山区。往南至梓林九子山罗汉岭脚，有始建于南朝梁的栖道寺。南朝陈时期改名摄静寺。隋唐之际，天台宗五祖章安尊者灌顶大师7岁时在此寺出

---

① 台州交通志编纂领导小组：《台州交通志》，团结出版社1993年版，第3—4页。

② 金祖明：《有关丹丘寺遗址及郑虔佚诗考略》，载王晚霞、丁锡贤、郑瑛中主编《郑虔传略》，黄山书社1998年版，第38—43页。

家。之后，他前往天台山拜谒智者大师智颉，成为其门下高足，并长时间随侍记录结集智者大师的讲法理论，承继天台宗法系，对天台宗的建立和传播起到了关键性作用。灌顶曾多次回摄静寺讲经，寺内多有其灵迹留存。

由摄静寺往南，最终通向椒江岸边的古城章安。章安一带，早在西汉时即置有回浦县。东汉光武帝时，改回浦县为章安县。至唐武德八年（625）最终废除，并入临海县。章安设县期间，曾长期为临海郡（台州）的郡治所在。东晋著名诗人孙绰曾在征西将军庾亮的推荐下，出任章安县令，并很可能就在章安写下了著名的《游天台山赋》。[1]

第七节　钱塘江诗路走向研究

钱塘江，古名浙江、渐江，三国时始见"钱唐江"之名。长期以来，钱塘江仅指流经钱唐（塘）县境的河段，民国时期方作全江统称。[2]

在唐代，钱塘江是浙江境内最主要的自然航道，舟楫辐辏，望不见首尾。文人雅士乘舟往来频繁。溯钱塘江而上，河段相继为钱塘江、之江、富春江，西北有北源新安江，西南有南源兰江、衢江。沿途经今杭州（萧山、富阳、桐庐、建德、淳安），一直到金华、衢州。此外，兰江、金华江、浦阳江、曹娥江、分水江、乌溪江、江山港、练江、横江等水系，都是钱塘江支流。整个钱塘江流域涉及浙西、浙中和浙北，甚至还有浙东一部分。

---

① 高平：《孙绰〈游天台山赋〉之作赋缘由考》，载刘亮主编《第五届中国韵文学暨海南诗词文化国际研讨会论文集》，凤凰山出版社2014年版，第341—349页。

② 钱塘江志编纂委员会：《钱塘江志》，方志出版社1998年版，第1页。

一、钱塘江、之江段

入杭州湾溯流而上，首先就是杭州一带的钱塘江。钱塘江得名于钱塘县。钱塘县设于秦始皇时期，原名钱唐县。到了唐代，为避国号讳，改作钱塘县。唐代的钱塘县城，主要在今宝石山东麓、西湖东北方向的位置。县城西临西湖，西湖旧名钱塘湖。白居易在杭州任刺史时，曾大规模治理西湖，写有很多吟咏西湖和杭州的诗词，大大提高了两者在全国的声誉。一首《钱塘湖春行》"乱花渐欲迷人眼，浅草才能没马蹄。最爱湖东行不足，绿杨阴里白沙堤"，更是脍炙人口。在唐代，西湖一带还有白沙堤（今白堤）、孤山寺、贾公亭等古迹。

在西湖西岸的山麓，有我国著名的禅宗十刹之一——灵隐寺。寺创建于东晋咸和三年（328），又名云林禅寺。在寺前的飞来峰上，有雕凿于五代至宋、元的佛教造像。诗人宋之问曾在前往浙东唐诗之路前，先行拜访了灵隐寺，作《灵隐寺》一首。灵隐寺南约500米，还有东晋咸和五年（330）天竺名僧慧理创建的法镜寺。初名幡经院，又称下天竺寺。

隋开皇九年（589），始设杭州。唐代的289年间，杭州曾交替为余杭郡城（共16年）和杭州州城（共273年），习惯上都称杭州。州治在置州不久即迁入钱塘县，次年（591）又迁至柳浦西，依山筑城，周回三十六里九十步。城址在今杭州市南凤凰山东麓。由此，唐代杭州出现了县城在湖畔、州城在山麓的"双城"之势。白居易《余杭形胜》有"余杭形胜四方无，州傍青山县枕湖"一句，正是当时双城并列的写照。[①]

州治所在的凤凰山区（将台山与凤凰山之间）有圣果寺，又名胜果寺，

---

① 陈志坚：《辨隋杭州城为子城而非大城》，《杭州文博》2017年第1期；茹静文：《论隋唐五代时期的杭州城》，浙江大学2015年硕士学位论文，第26—28页。

由无着文喜禅师创建于唐乾宁年间。圣果寺遗址现存有多处古迹。有"三佛石"，即西方三圣，高约10米，为杭州最大的佛像。唐代诗人处默有《圣果寺》一诗。

州治往东的江岸一带名柳浦，大致在南星桥一带。此处接钱塘江傍山陆道，又与沙洲相连面临大江，具有水陆交通之便。唐代在这里设有樟亭驿。这个驿站不仅能为官员、士大夫、诗人、客商们提供较好的食宿，还能观赏著名的钱塘江大潮。白居易《宿樟亭驿》："夜半樟亭驿，愁人起望乡。月明何所见，潮水白茫茫。"①唐代，还有李白、张祜、孟浩然、姚合、罗隐等多名诗人在此留下足迹和诗篇。

由樟亭驿前向江边，有浙江渡，可登船行舟溯钱塘江，也可渡至对岸的西陵渡进入浙东唐诗之路。

杭州所处的钱塘江口一带，历史上因潮强流急，沿岸时坍时淤。历朝历代为了捍御海潮，纷纷修筑沿江的"海塘"。钱塘江海塘最早见于《水经注》引《钱唐记》文："防海大塘，在县（钱唐县）东一里许。"唐开元元年（713）重筑有盐官（今海宁）捍海塘124里。唐大中年间（847—859），钱塘县一带也因"大涛坏人居"，筑沿江长堤。经过历代的修筑，北岸仍有杭州海塘广泛分布在杭州市西湖区、上城区、江干区和余杭区，全长37.8千米。坚固的海塘，保障了江岸人民的农业生产和生命财产的安全，也确保了水路航行的安全和稳定。

不过，在当时柳浦一带的江中（南星桥三郎庙一带②），还有一处航运之大患——罗刹石。此石在《越绝书》中被称为"岑石"。"大石崔嵬，横

① 白居易：《宿樟亭驿》，《全唐诗》四百三十六卷，中华书局1979年版，第4840页。

② 李志庭：《"罗刹石"考》，《浙江学刊》1995年第1期。

截江涛，商船海舶经此，多为风浪倾覆，因呼为罗刹。"尽管如此，罗刹石却是一处观潮胜地。唐代多名诗人曾将其写入诗作之中。元稹有诗云："为问西州罗刹岸，涛头冲突近何如。"[1]白居易则有："嵌空石面标罗刹，压捺潮头敌子胥。"[2]

由柳浦往上游到白塔山岸边，在山岭脚有白塔，白塔始建于五代吴越国末期。塔体全部以湖石雕刻砌筑而成，为仿木构楼阁式塔。该塔曾位于一座名为白塔寺的寺庙之内，但寺庙已无存。由于白塔附近有钱塘江进入杭州城北通江南河的主要水门之一——龙山闸，长期以来，白塔是指引钱塘江和运河行船的航标塔。

与白塔遥遥相望的六和塔，矗立于月轮山上，同样是钱塘江边的重要地标。北宋开宝三年（970），吴越王钱弘俶就南果园建开化寺，造六和宝塔。当时还专门在塔顶安装灯塔，为往来船舶导航。宋代诗人朱继芳曾以"铃隔山僧呗，灯通海客船"来描述这一景象。现存为南宋绍兴年间重建时的砖结构塔身，塔内还有宋代重修时的碑记。

由闸口以上河段，先在九溪一带由西南折向东南，后又在萧山闻堰小砾山以上折向西南，形成两个急转折，加上离江不远的西湖水域为"一点"，形状若反"之"字，故这段又称"之江"。但在唐代，之江的这两处急转折尚不明显，今天周浦至梵村河段原江道比现江道为西，且较顺直。[3]梵村一带古名范浦。崔国辅有《宿范浦》一诗。诗中的"路转定山绕，塘

---

① 元稹：《重夸州宅旦暮景色，兼酬前篇末句》，《全唐诗》四百一十七卷，中华书局1979年版，第4599页。

② 白居易：《微之重夸州居其落句有西州罗刹之谑因嘲兹石聊以寄怀》，《全唐诗》四百四十六卷，中华书局1979年版，第5000页。

③ 周潮生：《试论之江的形成》，《浙江水利水电专科学校学报》2001年第1期。

连范浦横",成为今天"转塘"一名的来源。[①]再往上游有定山(今狮子山)和包山(今浮山)。唐代,二山峙立于江中,较强的钱塘江潮水尚能到达。《水经注》载:"县东有定、包诸山,皆西临浙江,水流于两山之间。"《太平御览》:"定山,突出浙江中,渡涛所冲,行旅为阻。"《太平寰宇记》引《郡国志》:"江涛至此辄抑声,过此便雷吼霆怒,上有可避涛处,行者赖之。"定山,以能"定"江涛而得名。定山西麓有定山寺和帅台古迹,相传为吴越习水战处。

定山江边有定山渡,乘舟渡过宽阔的渔浦潭可以到达对岸的渔浦渡,进入浙东。南朝时,谢灵运在"宵济渔浦潭"时,就能看到"定山缅云雾"的景象。[②]

二、富春江段

由渔浦对岸的今东江嘴一带往上游,就进入了富春江河段。富春江沿岸是著名的山水形胜之处。元代著名画家黄公望就以富春江山水绘成《富春山居图》,成为中国十大传世名画之一。早在唐代,这一带就已吸引了众多文人墨客。

由渔浦潭而上,在现在的东洲一带江北有赤亭渚和赤亭山。南朝诗人江淹有《赤亭渚》诗。谢灵运《富春渚》有"赤亭无淹薄"一句。丘迟《旦发渔浦潭》:"渔潭雾未开,赤亭风已飔。"[③]赤亭山是杭州进入富阳的第一座标志性山峰,相传与神农时代的雨师赤松子有关。据《咸淳临安志》

---

① 崔国辅:《宿范浦》,《全唐诗》一百一十九卷,中华书局1979年版,第1201页。

② 谢灵运:《富春渚》,见顾绍柏《谢灵运集校注》,里仁书局2004年版,第68页。

③ 丘迟:《旦发渔浦潭》,《六臣注文选》卷二十七,第10页。

载："赤松子山，在（富阳）县东九里。……赤松子驾鹤时憩此，因得名。一曰赤亭山。"今名鸡笼山。在山脚的沿江一带应即古时的赤亭渚所在。

过东洲，不远就能看到江畔一座深入江面的小山。这座小山古称石头山，今名鹳山。相传孙氏曾建道观于山顶，因名"观山"。宋时为官府，又辟为游览处，文人墨客慕名而来，观其形酷似迎江俯立鹳鸟，改名"鹳山"。鹳山三面环水，最高点仅海拔42.9米。原有吉祥寺、玉灵殿、观涛所、观音阁、待月桥以及逸云、耕春、澄江、灵泉四亭等胜迹。在鹳山的东、南麓，在宋嘉定六年（1213）曾建有会江驿。以富春据闽、广、江、浙交通之会，而名会江。至今，在鹳山南麓还保存有完好的古驿道。

鹳山的西部沿江一带就是富阳县（今杭州市富阳区）城了。富阳，古称富春，始置于秦代。东晋年间，因避简文宣太后郑阿春讳，或谓避宣穆皇后春华讳，改称富阳。由于县城位于江水的冲击岸，自唐万岁登封元年（696）就筑起了东连鹳山、西接苋浦的护城防洪堤，名春江堤。

在县城北五里的今虎山村一带，有始建于隋代的普照寺。唐代李白游历至此，作《游普照寺》，将此寺与天台国清寺齐名。宋代苏轼也前来拜访，作《独游普照寺》。寺于宋治平二年（1065）改名净明寺。

南部不远有宋代著名诗人谢绛曾隐居的小隐山。谢绛子景初、景温曾于山腰筑双松亭，设小隐书室。范仲淹曾来此，作《题小隐书室》。山中石壁间，刻有"小隐山"三字，系宋皇祐年间所勒。

在富阳县（今杭州市富阳区）城西，有新桥江（苋浦）汇入富春江。沿新桥江往北19千米，在今高桥镇坑西一带，有西岩山。山上有岩洞，内原有十八罗汉像，相传葛仙曾炼丹于此。附近有唐乾宁元年（894）建的西岩寺。唐代白居易曾游此，作《游西岩山》一诗。

由富春江继续往上游而南，在东岸有龙门古镇。东汉名士严子陵曾以"此地山清水秀，胜似吕梁龙门"来胜赞古镇的山水，古镇也因此得名。据

《孙氏宗谱》载，宋初，孙权二十六世孙迁居龙门，逐渐发展成为镇中第一大姓。这里是目前江南地区明清古建筑群中保存最为完整且较为罕见的山乡古镇。

行至大桐洲一带，南岸有桐庐著名的江南古村——深澳。村以下筑引泉暗渠（俗称澳），澳深水洌而得名。村内现存保存完好的古建筑群有16万平方米，有40多幢堂楼屋。古建筑的雕刻十分精美，内容丰富，工艺精湛，堪称"明清古建筑博物馆"。

过大桐洲就到了渌渚江河口。沿渌渚江而上，到现在的渌渚镇杨袁村，有著名的碧沼寺遗址。据传，晋郭文举尝隐于此。隆安五年（401）兴建佛寺，原名"碧流"，吴越王改称"碧沼"。唐代牛仙客曾作《碧沼寺》："步步穿篱入境幽，松高柏老几人游？花开花落非僧事，自有清风对碧流？"[①]后代又有方干、杜荀鹤、杜棱、潘阆、晁端友等诗人相继拜访。

沿渌渚江继续往上，就到了老新登县城。新登县原名新城县（今高碑店市），三国吴黄武五年（226）由富春县（今杭州市富阳区）析置。此后与富阳时分时合，至1958年最终并入富阳。县城原有城墙，称"杜公城""东安城"，为唐大顺二年（891）吴越王钱镠部将杜棱领兵镇东安时所筑。城墙外有护城河。至今，西门一带的护城河仍保持原状。河两岸水泥栏杆基本完整，并设多处踏跺。诗人罗隐于乾宁五年（898）撰写的《东安镇新筑城记碑》中对其有确切记载。罗隐，是晚唐时期新登本地出现的著名诗人。据记载，他少有诗名，因好议论时政，讥刺公卿，十二年内十次应试不第，三十八岁时一愤改名为"隐"。新登城东三里鸡鸣山下的钦贤罗家是其故里。他少年时曾在鸡鸣山麓闻鸡起读。晚年投奔吴越王钱镠，

---

① 牛仙客：《碧沼寺》，《咸淳临安志》卷八十五，第3—4页。

历任钱塘令、节度判官、吴越国给事中、盐铁发运使等职。后人为纪念他，在其读书的鸡鸣山麓建有"罗隐读书处"。在新登的城北还有罗隐后裔所建的罗家祠堂。

在新登城南的贤明山有始建于北宋淳化二年（991）的广福禅寺。与苏轼、曾巩同榜进士的许广渊有《广福院》诗："溪光山色照天晴，开豁襟怀远眼明。每日风清生竹韵，有时雨过沸滩声。夷犹水上渔舟逸，奋迅檐前燕羽旌。珍重老僧无个事，坐观群动竞经营。"[①]

渌渚江由县城以上为葛溪。沿葛溪而上，至胥口镇。附近曾有始建于唐上元二年（675）的灵苑寺，又名宝乘寺。建寺之初，寺内供奉有一尊著名的铜铸佛像，一度被称为圣像寺。五代时，吴越王曾迎其像入城。附近有蜕龙洞、濯龙池、嘘云亭、妙香堂、指月堂等胜迹。其中的蜕龙洞，相传最早是周太王长子泰伯"断发文身，读书习武"之所。洞内外石壁上刻有北宋至明的题记约20处。

由胥口镇继续往葛溪上游，来到今岩石岭水库岸边的中堂畈。这一带在唐代称东林。五代时建有隐居院，后改净严寺，明清时改建中堂寺。唐代诗人施肩吾曾与同乡诗友徐凝在此结成东林诗社，有《同徐凝游东林》一诗。据东林东南方向不远的贤德村（原属分水县），就是施肩吾的家乡。施肩吾是唐宪宗元和十五年（820）进士，因目睹世事混乱，未待授官即回乡潜居，深究六经。唐末大乱，施肩吾率族人渡海潜居台湾澎湖，被后人誉为民间开发澎湖的先驱者。

回到富春江，过渌渚江口一带，就进入了桐庐县境。继续往西南，在北岸山脉延伸至江岸的位置，就是著名的桐君山。桐君山原名小金山，亦

---

① 许广渊:《广福院》,《咸淳临安志》卷八十五，第3页。

称峨眉一角。桐君是传说中黄帝时期的医师，他受命与巫彭采药求道，行医济世，在山侧大桐树下结庐栖身，人问其姓名，指桐树下茅庐以示，时人就尊称他为桐君。山与县亦因此得名。山有桐君祠、桐君塔。在山顶及山南侧临江的山石、石崖上还有大量的摩崖石刻。其中以唐大历八年（773）桐庐县令独孤勉等题名的摩崖为最早。

翻过桐君山往北到九峰山的北麓，有阆仙洞。阆仙洞自宋元以来就为桐庐一胜景。北宋神宗时的礼部尚书黄裳，微时在此读书十余载，多有诗文称赞。此后历代诗人探访。阆仙洞壁上也留下了宋、元以来的大量题刻。

在桐君山南部山脚有分水江（古名桐溪）汇入富春江。分水江的南岸古名江口，也就是现在的桐庐县城。桐庐县于三国吴黄武四年（225）析富春县桐溪乡始置。县治最早在漏港滩沿岸的古城里一带。至唐开元二十六年（738）最终迁至今址。县城城南一带，在唐会昌年间建有圣德寺，又名潮音寺。至宋代由宋真宗赐名圆通寺。

由城北分水江而上，经瑶琳镇一带，在北岸有幽深的垂云洞，南岸则有被称为"神仙游集之所"的瑶琳洞。瑶琳洞历史悠久，洞内至今还保存有隋唐至元明的石刻、墨迹多处。有唐代的"瑶琳仙境"题刻。元末，诗人徐舫曾避居于此，著《瑶林集》。由瑶琳再往上游就是老分水县城。在附近的分水江北岸，有柏山村。这里是施肩吾好友徐凝的家乡。徐凝与施肩吾为同榜进士，其诗朴实无华、意境高远，深受白居易的赞美。

富春江在分水江口以上的河段又称桐江。沿桐江往南，过溜江滩、唐家洲，就到了今富春江水库大坝下。在大坝建设前，上游不远有芦茨埠。芦茨埠古名白云村，村旁的芦茨溪古称白云源。这里是诗人方干的故里。方干原为睦州清溪（一作青溪，今淳安县）人，擅长律诗，在江南一带颇有诗名。桐庐诗人章八元爱其才，招为婿，遂居于白云源。方干自身唇缺貌丑，以致一生累举进士不第，晚年最终客死会稽鉴湖。有《方干诗集》

传世。后人赞叹他："身无一寸禄，名扬千万里。"宋代范仲淹曾寻访方干旧居遗址，作《留提方干处士旧居》《赠方秀才》凭吊之。

旧时，芦茨埠是富春江上的一个重要客货码头。因其上游是著名的七里险滩，行船到此都要作停靠，文人骚客则要停留以游览严子陵钓台。1968年，因富春江水库蓄水，芦茨埠古村沉入水底，村内墙基码头、街道、纤道等仍完整地保存在水下。由芦茨溪往上游，有茆坪古村，建村于宋元之际，最初民居以茅屋为特色，原名茅坪。它于2019年入选第七批中国历史文化名村。现保存完好的有县级文保单位"文安楼""胡氏宗祠"及一大批明清时代的古民居建筑。

由芦茨埠往上游就进入了七里泷峡谷区。七里泷，又名七里滩、七里濑、严子濑、子陵濑，位于富春江上段建德县（今建德市）乌石滩至桐庐县泷口（今富春江水电站大坝处）间，全长23千米。两岸高山绵延不绝，或绝壁削立，或危石欲堕，旧有"有风七里，无风七十里"之谚，又有"小三峡"之誉。历代文人墨客如谢灵运、李白、杜牧、孟浩然、范仲淹、陆游等，都曾泛舟七里泷，欣赏两岸胜景。

据芦茨埠上游不远，就到了富春江上最耀眼的地方——严子陵钓台。严子陵，原名严光，是两汉之际的著名隐士。他少有高名，与东汉光武帝刘秀同学，亦为好友，曾积极帮助刘秀起兵。事成后，他却不慕富贵，隐名换姓，隐居于桐庐富春江畔，每日垂钓。后世对严光不慕权贵、不贪荣禄的"高风亮节"称誉不绝。再加上此地山清水秀，风光清丽奇绝，历代诗人纷至沓来，登钓台、谒古迹，留下大量怀古诗。据粗略统计，与此地相关的唐诗有近五十多首。李白作有《古风五十九首》，诗云："昭昭严子陵，垂钓沧波间。身将客星隐，心与浮云闲。长揖万乘君，还归富春山。

清风洒六合，邈然不可攀。"①

由钓台往南不远，就进入了建德县（今建德市）境内。此段江畔青山连绵不绝，鲜有人烟。向上游行，有胥溪自西汇入。溪口有胥口村和子胥渡，传为伍子胥逃奔吴国时在此渡江得名，渡口悬崖上刻有"子胥渡"三个醒目大字。

过胥口往南约5千米，到达乌石滩，自此出七里泷峡谷。乌石山北靠高耸的乌龙山。乌龙山为建德梅城的镇山，因逶迤雄伟、矫若游龙、岩石乌黑而得名，又名乌山、乌石山。山的南坡有玉泉寺，又名玉泉庵，始建于唐德宗贞元十年（794），为净土宗七祖少康大师创建。寺中有保存完好的阿弥陀佛石像和一批早期摩崖石刻。玉泉寺东南的山脚不远还有始建于唐贞观年间的乌龙庙一座。

由乌石滩而上约7千米，过原梅城镇东关一带，就到达了三江口。此处，新安江自西向东来，兰江自南而来，形似"丁"字。杜牧《正初奉酬歙州刺史邢群》"越嶂远分丁字水，腊梅迟见二年花"，称此处为"丁字水"。②

三、新安江段

在"丁字水"处往西，就是新安江。在江的两岸山头上各建有一座高塔，这就是古严陵八景之一——双塔凌云。其中，北边立于高峰山上的叫北峰塔，又名卯塔，相传始建于隋唐，现存为明代重建。塔为六面七级密檐式砖塔，通高八丈。南岸立于巽峰（即南山）上的为南峰塔，始建年代不详，宋时已存，现存古塔同样为明嘉靖年间重建。塔为八面七级密檐式

---

① 李白：《古风五十九首》，《全唐诗》一百六十一卷，中华书局1979年版，第1672页。

② 杜牧：《正初奉酬歙州刺史邢群》，《全唐诗》五百二十三卷，中华书局1979年版，第5987页。

塔砖塔，塔身通高35米。北峰塔和南峰塔，隔江相望，上下相伴，是钱塘江上的重要地标。

北峰塔南面山麓有圆通殿，原名圆通庵，又称高峰院。《严州图经》云："高峰院在东津山上，距城五里，唐善导和尚之道场院。有灵感观音像，遇旱祷雨有应。"寺院始建于唐初贞观年间。唐德宗贞元年间，净土宗少康大师化缘至此地，开辟净土宗道场，从此净土宗由洛阳东传入浙。现圆通殿仅存遗址。殿址东南侧有一口双眼古井，名为灵池。

高峰山脚往西行，到梅城城墙脚下有蛇浦桥。诗人刘长卿曾在此处送别友人，作《蛇浦桥下重送严维》一诗。该桥在宋代以后作"畲浦桥"，俗名"老虎桥"，富春江水库建成后，桥址淹入水中。

过蛇浦桥，就进入了唐代的睦州城——梅城了。睦州，原为新定郡、遂安郡。隋末以俗阜人和、内外辑睦为义，改称睦州。在中晚唐时期，睦州曾出现了一个著名的地域性诗歌流派——睦州诗派。其中有文辞怪涩的皇甫湜、马异，文辞浅俗的徐凝、章孝标，超然物外的施肩吾，意境深远的崔涂，俊逸生新的方干、李频，等等，见诸《全唐诗》的共有16人[1]，展现出当时睦州生机勃发的文坛风貌。

睦州原治雉山县（今淳安县）。武周万岁通天二年（697），移州治于建德梅城。此后历经1200余年，梅城一直是睦州（后改严州）的州城。唐中和四年（884），始筑城墙。城墙临江一段，城堞为半朵梅花形状，梅城因此得名。城内"井"字形的道路基本格局及府衙、县衙、府学、县学等大量的重要建置遗址仍保存至今。

---

① 朱睦卿：《睦州诗派》，《文教资料》2000年第4期。

　　梅城南面新安江。新安江是传统认为的钱塘江正源①，发源于安徽休宁，由街口附近入浙江境内，经淳安、建德两县，至梅城东与兰江汇合，全长359千米。新安江也是古代南下浙江的一条重要水上通道。在唐代，多位诗人就是南下江南、入徽州，经新安江水道顺流而下进入浙江至杭州、绍兴等地的。新安江两岸多为山区峡谷，水质清澈，有"奇山异水，天下独绝"之誉。早在南朝沈括就有《新安江至清浅深见底贻京邑同好》"洞澈随清浅，皎镜无冬春"之诗句。②唐代多名诗人曾乘舟新安江。权德舆有《新安江路》："深潭与浅滩，万转出新安。"③新安江在建德境内又名建德江。诗人孟浩然曾在旅途中留宿江边，写下了著名的《宿建德江》："移舟泊烟渚，日暮客愁新。野旷天低树，江清月近人。"④

　　沿新安江由梅城向西十余千米，可到达洋溪（古名杨溪）。这里有西汉重臣朱买臣的遗迹。朱买臣，字翁子，家贫，打柴为生，行歌诵书。汉武帝时，得庄助的推荐，拜为中大夫，复拜会稽太守，官至丞相长史。后因诬陷张汤之罪，被武帝诛杀。据唐代诗人李频撰写的《朱买臣祠记》载，朱买臣在早年的"七王之乱"时，曾逃难至建德洋溪朱池一带。至今，朱池村还保存朱公寺和古朱池。在朱池不远的幽径村，有相传的朱买臣墓。

　　洋溪上游的白沙（今建德市区）一带，有寿昌江（古名艾溪）汇入，其上游属老寿昌县。三国吴黄武四年（225），分富春置建德县和新昌县。晋太康元年（280），新昌县更名寿昌县，寿昌之名自此始。1958年，寿昌全县并入建德县。

---

① 钱塘江志编纂委员会：《钱塘江志》，方志出版社1998年版，第67页。

② 沈括：《新安江至清浅深见底贻京邑同好》，冯集梧《樊川诗集注》卷四，第6页。

③ 权德舆：《新安江路》，《全唐诗》三百二十五卷，中华书局1979年版，第3651页。

④ 孟浩然：《宿建德江》，《全唐诗》一百六十卷，中华书局1979年版，第1668页。

在老寿昌县城西北，有"仙灵栖止"的灵栖洞。早在唐代就有人来此游览，灵栖洞石壁上有永隆二年（681）游人的题词。唐大中初年（847），诗人李频来此游览，曾写过"石上生灵笋，泉中落异花"的诗句，极状洞中景色。

由老县城往西南山谷越过梅岭，就是进入龙游的陆路要道。唐宋时期一度是睦州（严州）进入衢州的驿道。在过境龙游北部的驿道上曾设有熙宁驿（今龙游西垣西南）。在驿道行经的建德、龙游、兰溪交界的山区分布着众多的历史文化名村，有建德大慈岩镇的新叶村、上吴方村、李村，龙游的石佛乡三门源村和塔石镇泽随村等。

由白沙而上，进入铜官峡谷。20世纪50年代，在此兴建了新安江大坝，在上游形成了现在风景秀丽的千岛湖。由铜官往上，就进入了淳安县境内。淳安县在唐代曾先后用过四个县名：雉山县、新安县、还淳县、清溪县（一作青溪县）。淳安县境内的新安江又名清溪。李白《清溪行》"清溪清我心，水色异诸水"，描述的就是这段河道。[①]

由原新安江河道而上，过茶园古镇，有合洋溪（太平源）自北汇入。其上游不远的羡山西麓有合洋村。唐初，皇甫氏家族因任睦州刺史（时睦州州治在淳安）而入籍淳安，居住于合洋村。[②]唐中期，皇甫氏家族接连出了两名文学家——皇甫湜、皇甫松父子。皇甫湜早年求贤拜师，得以师从韩愈。至唐元和元年（806）进士及第。三年，登贤良方正科。后入山南东道节度使李逢吉幕，仕至工部郎中。因性情卞急，屡忤同僚，乃请分司东都，东都留守裴度辟为判官。有《皇甫持正文集》六卷存世，《全唐诗》录

① 李白：《清溪行》，《全唐诗》一百六十七卷，中华书局1979年版，第1727—1728页。

② 余利归：《皇甫湜真的是淳安人》，《今日千岛湖》2018年6月23日第3版。

其诗三首。其子皇甫松，同样为文学家，善诗词、小说，尤擅竹枝小令，《全唐诗》存其诗词十三首，在晚唐词史上也有重要地位。

往上游过姥山（今姥山岛）往西，到达港口古镇，有武强溪（遂安港）自西汇入。由武强溪而上，入原遂安县境，有东亭溪自北汇入。二溪交汇处的西侧，有九势山（大致在今溪口岛西部一带）。山脚有萝蔓塘（原沈家村附近）。唐天宝年间，有余大康由京口迁居于此，成为淳安及四方多地的余氏始祖。萝蔓塘的西边不远，有许由山和朱墩山（原十里铺村北部一带）。南宋大理学家朱熹曾访友经过此二山，并题有《过许由山》诗："许由山下过，川水映明珠。洗耳怀高洁，抛筇墩上娱。"[①]朱墩山上还曾有朱熹休憩的庵，山名也由此而来。

沿武强溪继续往西5千米，至北岸的五狮山麓，就是遂安县城——狮城。唐武德四年（621），遂安县治由木连村溪北（今淳安县汾口镇区域）迁此，直至1959年因新安江水库（千岛湖）蓄水被淹没，古城一直沿用了1339年。至今，狮城仍较为完好地保存在三四十米的水下。宋代朱熹曾讲学于城西的无碍寺，民国时寺内仍存有朱熹遗像。

狮城城南不远，有支流郁川汇入武强溪。沿郁川往西北方向而上，在今姜家镇北的康塘村，有游戏塘遗址。朱熹曾多次到康塘来讲学、抚琴。康塘村洪志曾公曾建造一幢"百琴楼"给朱熹与自己的三个儿子守成、守引、守泽，商榷古今、抚琴吟唱。附近还建了座面积有7亩多大的游戏塘，池塘内置画舫，供朱熹等课余游玩，故称"游戏塘"。

在康塘以西，有芹川溪汇入郁川。小溪的上游沿岸有芹川古村。这是一座有着750余年历史的王氏大村落。村内有大量保存完好的明清古民居。继

---

① 朱熹：《过许由山》，《康熙遂安县志》卷一，第11页。

续沿郁川向北，到达郭村。附近有瀛山。这里坐落着著名的古书院——瀛山书院。书院始建于南宋熙宁年间。朱熹曾多次到瀛山书院讲学，授徒开课，一时成为文人学士云集之所。附近有方塘。朱熹《咏方塘》"半亩方塘一鉴开，天光云影共徘徊。问渠那得清如许，为有源头活水来"即源出于此。[①]今存大观、得源二亭、登瀛桥、"半亩方塘"及朱熹《咏方塘》诗碑。

回到新安江，由港口而上，有三望潭（今三潭岛西部水域）。潭以"曲折三回"而得名，南宋吕人龙有《三望潭》诗："归怀却似雨思晴，自昔何曾报得春。三望潭中空着眼，如今无复倚门人。"[②]

由三望潭而上，又有风潭。潭上有宋代状元方逢辰之弟方逢振（方山房）的故居。宋郡守方回访方逢辰，曾作有"朝窥石峡峡中石，暮宿风潭潭上风"之句。风潭附近有一巨大的沙洲——风潭洲。在洲头就能看到临江的淳安老县城了。在武周万岁通天二年（697）以前，这里是睦州州城。老县城南的江对岸，有山如凤立雉蹲，名雉山。隋末曾以此山改县名为"雉山县"。在城东北方向，有孤峰耸立的龙山（今龙山岛），又名蛟峰。方逢辰曾居住其山下。在龙山西北山麓，有方逢辰曾经就读的石峡书院，至今仍在水下完好地保存着。

在淳安老县城后，有迈山。相传晋代与王羲之有世外之交的许迈曾采药过此，后羽化而去，由此得名迈山。迈山有江南方氏始祖方纮之墓。

县城西，在唐代设有清溪馆。唐代诗人谈戭曾行经寄宿此处，作有《清溪馆作》："指途清溪里，左右唯深林。云蔽望乡处，雨愁为客心。遇人多物役，听鸟时幽音。何必沧浪水，庶兹浣尘襟。"[③]

---

① 朱熹：《咏方塘》，《朱子文集》卷八，第52页。

② 吕人龙：《三望潭》，《乾隆淳安县志》卷一，第33页。

③ 谈戭：《清溪馆作》，《全唐诗》一百一十四，中华书局1979年版，第1162页。

西出老县城，沿新安江往西北行约5千米，过小金山（附近今有小金山大桥）之后，有响山和响山潭。《淳安县志》载："响山潭，在响山下，往来舟行歌呼与响声相答。"来来往往的舟人常在这里大声唱歌呼喊，听山的回响。崔颢有《响山潭》："轻舟去何疾，已到云林境。起坐鱼鸟间，动摇山水影。岩中响自答，溪里言弥静。事事令人幽，停桡向余景。"①

在响山上游不远的江对岸，有沙滩名"养材滩"，在滩边为古锦沙村。村以林木森耸、波流澄澈、映石如锦而得名锦沙。附近有锦溪（今二都源）汇入。崔颢作有《发锦沙村》一诗："北上途未半，南行岁已阑。孤舟下建德，江水入新安。海近山常雨，溪深地早寒。行行泊不可，须及子陵滩。"②

由新安江继续往西北，有万年镇（又称永平镇，后称威坪镇），是东汉建安十三年（208）淳安县建县时的县治（时为始新县）所在地。同年，新置的新都郡亦设治于此。但不久，县治、郡治即双双迁往下游的淳安老县城一带。③过老威坪镇不远，北岸有蜀溪汇入。往蜀溪上游不远，有蜀阜山"岈岬排峤，山下流水如三峡"。宋代大儒钱时曾居住于此，有诗云："无竞心源妥，幽居气象生。相呼林鸟下，穿隙野狐行。且复从吾好，初非避世荣。向来莘野地，知有几人耕。"附近曾有蜀阜书院，为钱时聚徒讲学之所。

沿新安江继续往威坪西北而上，过黄光潭、鸠坑口，由街口最终进入唐代的歙州（后名徽州）境内。

---

① 崔颢：《响山潭》，《乾隆淳安县志》卷一，第32页。

② 崔颢：《发锦沙村》，《全唐诗》一百三十卷，中华书局1979年版，第1328页。

③ 淳安县志编纂委员会：《淳安县志》，汉语大词典出版社1990年版，第842—844页。

四、兰江、衢江段

由"丁字水"往正南,就是兰江,古称兰溪。唐代诗人戴叔伦曾作《兰溪棹歌》描述兰江上的美景:"凉月如眉挂柳湾,越中山色镜中看。兰溪三日桃花雨,半夜鲤鱼来上滩。"[1]

沿兰江往南25千米,至三河一带,在唐代设有三河戍。此处是通往兰溪、婺州水路的"南大门"。由三河往南,就进入了兰溪县(今兰溪市)境。乘舟一路往南至女埠,在东岸江中有女儿滩。据传,三国吴时期,新任东阳郡守丁潭,舟经女埠,适见江浦有群浣纱少女,遂得名。唐代,诗人权德舆乘舟自桐庐至兰溪,经过女儿滩,作《自桐庐如兰溪有寄》一诗:"新妇山头云半敛,女儿滩上月初明。"[2]

往南不远,有东晋名仙黄初平、黄初起兄弟的出生地——黄湓村。传说黄初平与黄初起两兄弟自幼勤耕善牧,与人为善,助人为乐,二人最终得道成仙。至今在黄湓村内尚存纪念兄弟二人的二仙井、牧羊台等遗迹,还有许多黄大仙的传说流传于当地民间。

由黄湓往南不远就到了兰溪县城。兰溪县于唐咸亨五年(674)新置,县以"兰溪"水名而得名。而"兰溪"之名又源于县城对岸不远的兰阴山。古时,婺江与衢江交汇于兰阴东麓山脚(今二江交汇处已移至北)[3]。因崖岸多兰茝,由此得名兰溪。这里也成为古代兰江河段的起点。

---

[1] 戴叔伦:《兰溪棹歌》,《全唐诗》二百七十四卷,中华书局1979年版,第3105页。

[2] 权德舆:《自桐庐如兰溪有寄》,《全唐诗》三百二十九卷,中华书局1979年版,第3677页。

[3] 宋以前,兰溪县城上游江中的中洲为县城西门外西市所在,与东岸相连。兰江河道在中洲西侧。同时,兰溪城南之马公滩原为四面环水的沙洲。其南面当为早期的婺江河道。见兰溪市志编纂委员会:《兰溪市志》,浙江人民出版社1988年版,第69页。

山的北麓有始建于元代的兰阴寺。寺前有摩崖石刻"兰荫深处"。山的东麓江边有横山殿（因兰阴山有横截大江之状，又名横山），即灵源积庆侯庙。殿始建于南朝刘宋泰始二年（466）。相传，刺史徐灿偕夫人安氏赴任，经此遇风暴覆舟淹溺而面不改色，异香袭人，众以为神，后建庙迎奉于此。现存建筑为清同治六年（1867）重建。

在兰阴山西南方向的就是衢江，古名瀫水、瀫溪、信安江。唐初于信安置衢州后始称衢江。唐代的衢江部分河段水急河险，多有险滩。唐元和四年（809），文学家李翱自杭州沿钱塘江逆流而上至衢州、常山，"逆流，多惊滩，以竹索引船，乃可上"。

沿衢江而上，进入唐代的龙丘县境内。唐初曾名"太末县"，贞观八年（634）以县东有龙丘山而更名"龙丘县"。至五代吴越国时期改今名"龙游"。龙丘山，即今金华境内的九峰山，唐代在龙丘县境内。西汉末年的著名隐士、严子陵的好友龙丘苌曾隐居于此，故名。半山腰有岩洞，名九峰仙洞，洞内有仙水、仙椅、仙床、仙牢等景。唐尚书徐安贞、五代名僧贯休曾在洞中居住、读书。仙洞有始建于梁天监年间的九峰禅寺。

在龙丘山北部山脚的莘畈溪沿岸，有寺平村。据《兰源戴氏宗谱》载，村落位于古安乐寺南，号约溪东寺坪，后演变为寺平。村中现保存有古民居60多座，较完整的厅堂有百顺堂、土库厅、其顺堂等8座，村内还有一条贯通南北的"石六"古街。

再往东，就到了龙游县的县东门户——湖镇。唐名湖镇里，宋名白革湖镇，清以后始称湖镇，俗称湖头街。唐咸通八年（867），贯休在镇北对面衢江北岸建石壁寺。镇内有始建于宋代并保存至今的湖镇舍利塔。衢州名人赵抃曾为之撰有《大宋衢州龙游县白革湖新修舍利塔院记》。宋代范成大、陆游、王守仁等先后夜宿舍利塔寺，留下诗文传世。

湖镇往东15千米，至灵山江的西岸，就是龙游县城。在县城周边一带，有春秋时期的姑蔑城遗址。诗人孟郊曾寻访姑蔑古迹，作有《姑蔑城》凭吊诗。

由龙游城溯灵山江往南17.5千米，有白石山。唐武德年间曾在龙游县南境短暂置有白石县，县治就在白石山麓。白石山往南不远是灵山。唐代徐洪任衢州太守，定居于此，是为灵山徐氏始祖，后又在香炉峰下立徐偃王祠。有一年大旱，村民祈雨于偃王祠有灵，由此名为灵山，沿用至今。元和九年（814）衢州刺史徐放重修徐偃王祠，他盛情邀请了著名散文家、诗人韩愈亲撰《徐偃王庙碑记》一文并刻碑，至今仍有"半截碑"留存。过灵山继续往南，经溪口、沐尘、上塘，最终进入处州（今丽水）的遂昌县境内，入瓯江山水诗路。

回到衢江，在龙游城东北的江北岸一带曾有著名的"翠光岩"，宋元之时，为诗人常来的吟咏之地。有《翠光岩》诗："千年尽露波涛迹，万古犹存斧凿痕。"①

过翠光岩，衢江转为正西，直行至河道拐弯处，有盈川村。唐代曾在今衢江区和龙游县中间置有盈川县，历120年，县治就在盈川村一带。《旧唐书·地理志三》："县西有刑溪，陈时土人留异恶'刑'字，改名盈川，因以为县名。"唐初著名文学家、初唐四杰之一杨炯曾在武后时期任盈川县令，最终卒于任上，世人称为"杨盈川"。当地建有杨盈川亭（又名盈川亭）。文学家李翱来衢州时，曾到访此亭。相传杨炯在任时，爱民如子，为百姓祷雨不成，跳入盈川潭殉职。至今，当地民众还建有杨炯祠供奉他。

过盈川往东，在今高家镇松旺村一带，有洋村滩（洋又作杨）。这里曾有南宋诗人杨万里多次行经的杨村，有《过杨村》一诗："石桥两畔好人

---

① 张正道：《翠光岩》，《康熙龙游县志》卷五，第27页。

烟，匹似诸村别一川。杨柳阴中新酒店，葡萄架下小渔船。"①

过古杨村往西，江南岸有起伏的红砂岩小山。在现在的金仙岩村附近有一洞口宽25米、深22.3米、高5米的巨大洞穴，是为仙岩洞。洞壁上留有50余块摩崖题刻，现存39块留有文字，有的字迹漫漶剥蚀，大都清晰可辨。洞内题记大部分有确切纪年，唐、宋、明、清各代均有，年代最早的是唐建中年间（780—783）所书，数量最多的题刻是在南宋绍兴年间。题记内容丰富，大多是当朝官员和著名文人的笔迹。最为珍贵的是记载北宋朝廷官兵镇压以方腊为首的农民起义的题记。古时有住僧以岩为寺，后移址于洞外。至北宋熙宁元年（1068）御赐"寿圣仙岩院"匾额（又名石岩寺），山门景况盛极一时。

继续沿江往西过樟潭，有乌溪江自南汇入。溯乌溪江往南约12千米，就是围棋仙地——烂柯山。山体为一巨大石梁凌空于山崖，石梁下主洞高10米，东西宽30米，南北深20米，古称悬室坂、石室山、石桥山。唐元和初，刘禹锡在《衢州徐员外使君遗以纤纻兼竹书箱因成一篇用答佳贶》诗中有"烂柯山下旧仙郎，列宿来添婺女光"，山名正式以"烂柯山"闻于世。"烂柯"一名源自著名的"王质遇仙"传说。据成书于东晋时期的虞喜《志林》载："信安山有石室，王质入其室，见二童子方对棋。看之，局末终，视其所执伐薪柯已烂朽。遂归乡里，已非矣。"诗人孟郊作《烂柯山石桥》诗："仙界一日内，人间千载穷。双棋未遍局，万物皆为空。樵客返归路，斧柯烂从风。唯余石桥在，犹自凌丹虹。"烂柯的故事由此广为流传，烂柯山也被称为"围棋仙地"。此外，又有"洞天福地"之称。据五代著名道士杜光庭在《洞天福地记》中写道："西安县烂柯山，为神州七十二

---

① 杨万里：《过杨村》，《诚斋集》卷二十四，第11页。

福地之一"，故名之。山上老林幽邃，谷深岭峻，园田相织，亭寺隐约，有
"四景"（石梁、一线天、雁塔、日迟亭）、"二寺"（宝石寺、柯山石桥寺）、
"一观"（集仙观）等。

　　回到衢江，过乌溪江口，有衢江分汊而流，滩险流急，航者视为畏途，
古称地黄滩。杨万里有："未到地黄滩，十里先闻声。樯竿已震掉，未敢与
渠争。舟人各整篙，有如大敌临。"[①]过地黄滩，有浮石潭，一般认为即《水
经注》记载的"苏姥布"。潭中"有石高可丈余，水大至亦不没"。白居易
曾轻舟过此，作有"浮石潭边停五马，望涛楼上得双鱼"[②]。在浮石潭向东几
步的南岸，有沙湾村（古名孝弟里）。北宋时，在这里出了一名与包拯齐名
的"铁面御史"——赵抃。史载，赵抃弹劾不避权势，为官上任却只有"一
琴一鹤"自随。后人为纪念赵抃，在城中建有赵抃祠。

　　过浮石潭后折向南，不远就到了衢州城。现存衢州城的城墙始建于唐
武德四年（621），历经1300余年，唐、宋、明、清各朝相继修缮、坚固非
凡，民间素有"铜金华、铁衢州"之称。现有6座城门和2800余米的城墙
遗址不同程度地保存下来，还有格局完整的护城河和古钟楼。衢州最初的
城墙"成于龟山、峥嵘岭上"，在今府山周围。早在西汉末年，就有柴宏屯
兵于府山。三国时，吴遣征虏将军郑平以千人守峥嵘。唐景龙元年（707），
太宗李世民之曾孙琨之子李祎，封信安郡王，在府山上筑起了郡王府。因
一直为州、路、道、府衙门所在，故称府山。

　　两宋之际，孔氏大宗随宋高宗南渡。孔子第48代孙、衍圣公孔端友携
族人离开山东曲阜，南迁至衢州。后敕建孔氏家庙，是为孔氏南宗家庙。

---

① 杨万里：《将至地黄滩》，《诚斋集》卷二十四，第15页。
② 白居易：《岁暮枉衢州张使君书并诗，因以长句报之》，《全唐诗》四百四十三卷，中华书局1979
　　年版，第4956页。

南宋时，又在衢州东门沿江一带，建有纪念南宋孝子周雄（富阳渌渚人）的周宣灵王庙。

在衢州城西南不远，有常山港和江山港汇合。由常山港向西，可经过唐代的常山县城（今招贤镇古县畈一带）。县以城南的常山（今湖山）得名。县城西有招贤渡。宋代诗人陆游、杨万里曾多次在此渡船。继续往上游，过枡楮（今阁底、江家一带）、查濑（今渣濑湾），由今常山城区折往西北七里，江畔有叠石（今湖东叶家村溪北一带）。宋代范冲、樊清寓居于此。叠石北部有贤良峰。宋进士王介早年曾在此山结庐读书。北宋嘉祐六年（1061），王介与苏轼、苏辙同考贤良方正科策试，三人名列前三（王介第二）。此山也因此得名。由叠石而上，到今常山开化交界的何家乡一带。南岸有黄冈山、容车山，山麓有始建于唐大中十年（856）的容车寺。宋代改称永年寺，又名黄冈寺。南宋名臣赵鼎、魏矼、范冲曾避地南来，寓居此寺，互相作诗酬唱。北岸的三冈（钱塘村、上金一带）有常山县前身——定阳县城的遗址。三冈以北有三衢山、严谷山、灵真洞等风景名胜。三衢山以"昔有洪水暴出，派兹山为三道"而得名，"峰岩奇秀，甲于一郡"，是衢州的母亲山。《元和郡县图志》载："（衢州）以州有三衢山，因取为名。"在常山港河段，经水路转陆路，最终进入江西。

由江山港往西南方向，则进入唐代的须江县（今江山市）。唐武德四年（621），析信安县之南川置须江县，以城南有须江为名。至吴越王钱镠时，又以县有江郎山而改为江山县（今江山市）。

县城北与常山县交界地带有汪氏聚居的大陈村。该村四面山围隐然，坚若城郭。村内共有79幢明清至民国时期的建筑，现已公布为省级文物保护单位1处，市级文物保护单位19处。

江山县城南不远有突星山（宋代改名景星山），虎岩雄踞，古塔耸立，为城南之胜景。山有烟萝洞，相传古代有自称烟萝子者在此隐居而得名。洞内有宋代题刻七方，现存三方，其一为赵抃题刻。继续往南约25千米，就是巍峨矗立的江郎山。古名金纯山、玉郎山、须郎山，俗称三爿石。《隋书·地理志》："信安县有江山。"山体似被天工神斧直剖为三。相传，昔有江氏兄弟三人，登巅神化于此。唐代诗人张九龄曾攀登游览，作《游江郎山访祝东山遗迹》。辛弃疾有诗云："三峰一一青如削，卓立千寻不可干，正直相扶无依傍，撑持天地与人看。"[①]山上还曾有"江郎庙""江郎书院""霄岩庵""江郎庵"等建筑。

江郎山北麓的山脚下有江南毛氏发源地的清漾村。南朝梁时，始迁祖毛元琼由衢州迁入清漾村，在此繁衍，在近1600年的历史中清漾毛氏家族耕读传家，人文荟萃，出了8个尚书、83个进士和不少知名人物。

过江郎山，由陆路走进南部山区，进入仙霞岭。唐乾符五年（878），黄巢起义军在此"刊山开道七百里"。翻过仙霞岭，来到一山谷盆地，就是浙闽交界附近的廿八都古镇。古镇地势险要，四方关隘拱列，东有安民关，南有枫岭关，西有六石关，北有仙霞关，易守难攻。三省边界的地理位置和历史上的频繁战争、屯兵、移民，使廿八都成为"方言王国"和名副其实的"百姓古镇"，至今还保存有完整的古建筑群。由廿八都往南越枫岭关可直驱福建的建州。

五、婺江段

在兰阴山东麓，往东南，是钱塘江最大的支流——婺江，又名金华江，干流长194.5千米，流域面积6781.6平方千米。这一区域绝大部分就是古婺州的范围。

---

① 辛弃疾：《江郎山和韵》，《同治江山县志》卷之一上，第8页。

　　由婺江口而上不远，有金华山的余脉由东北方向而来。其中有六洞山，一名灵洞山或岩洞山，以涌雪、紫霞、白云、呵呵、无底、漏斗这个六个溶洞而得名。六洞山山幽景奇，洞怪泉洌，早在唐、宋时期已开发。宋濂曾在此筑室讲学。明代旅行家徐霞客曾专程前来游览。

　　由六洞山往东，就是高耸于金华城正北方的金华山，俗称北山，古称长山。据《处州府志》引《东阳记》云："仙都山，孤石撑云，高六百余丈。世传轩辕游此飞升，辙迹尚存。石顶有湖，生莲花，尝有花一瓣飘落至东阳境，于是山名金华，置金华县。"金华山上，峰峦连绵，多溶洞异穴，有"五洞十景"之胜，其中尤以双龙、冰壶、朝真三洞名闻遐迩。双龙洞以洞口顶部有钟乳石似龙头仰昂得名。附近还有鹿田书院、智者寺及卧羊山等名胜。沈约、孟浩然、陆游、朱熹、徐霞客等都曾前往游览，并有佳作传世。

　　由婺江继续往东南，至武义江和东阳江的交汇处，就是金华城了。金华城古有"铜城"之称，素为兵家争衡之地。唐天复三年（903）四月，武肃王钱镠始建城墙。有唐一代，该城曾交替为东阳郡和婺州的治所。当时，金华城内有一座与岳阳楼、滕王阁并称为"江南三大名楼"的八咏楼。八咏楼，原名玄畅楼，在金华城南的婺江北岸，高数丈，为金华城旧时最高建筑。南朝齐隆昌元年（494），郡守沈约始建该楼，赋有《八咏》诗。自沈约始，唐代的孟浩然、崔颢，宋代的李清照、唐仲友、吕祖谦，元代的赵孟頫等人都曾登楼赋诗。八咏楼也因此成为一处人文胜地。

　　在金华城赤松门（即梅花门）东北城楼上，在宋宣和中又建有明月楼。登楼四临，可北望芙蓉山峰，南眺双溪之水。与八咏楼一样，这里也成了历代文人游览题咏之处。宋王柏作《和曹西溆明月楼韵》："宣和栋宇镇东城，平野苍然一眺明。叠嶂有情宜晚对，两溪无奈向西倾。"[1]清乾隆初移建于城北城隍庙后城楼今址。

在城的沿江处，有始建于北宋大中祥符年间的天宁寺。旧名大藏院，政和年间赐名天宁万寿禅寺。现存大殿基本上为元延祐五年（1318）重建时的遗物，是中国南方三座典型的元代木结构的建筑之一，非常珍贵。

城南面朝双溪，因南面的武义江和北面的义乌江在此汇合为婺江而得名。

由支流东阳江往东北方向而上，在今曹宅一带有梁武帝大同六年（540）始建的大佛寺，又名赤松岩寺、西岩禅寺。有大佛依山岩雕凿而成，头长约1米、肩宽3米多，身躯高约20米，趺坐俨然。寺内曾有铁罗汉518尊，系宋元丰年间铸造。

继续往东北，在与义乌县（今义乌市）的交界处，有山头下村。据该村的沈氏家谱记载，村内沈姓村民都是始建"八咏楼"的沈约的后裔。村落布局独特，"开"字形格局接近古代州府城市的"井"字形，周围旧有典塘、横塘、湾塘、安塘、经塘、破塘等八口池塘，组成"外八卦"图形。村中保存有沈氏宗祠、三益堂、西溪殿等明清时期的重点文保单位28幢，另有一般文保单位50多幢。

进入义乌县境内，在东阳江南岸有佛堂镇。古镇以"渡盘寺"（即"古佛堂"）而得名，有"千年古镇、清风商埠、佛教圣地"的美誉。明清时期是金华一带的主要通商口岸，保存有完好的古街、古村落、古码头，留存着一大批明、清、民国时期的古建筑。镇东的稽亭（古名嵇亭）一带有始建于南朝梁时期的双林寺。由高僧傅大士开创、梁武帝敕建。历史上以规模宏大、高僧辈出而名扬中外，被誉为"震旦国中，庄严第一"，又有"天

---

[1] 王柏：《和曹西淑明月楼韵》，《鲁斋集》卷三，民国续金华丛书本，第25页。

下第三，江浙第一"的美称。南宋时推为天下禅院十刹之一。宋以来，甚至有多名日本高僧前来求学，为中日佛教文化的交流做出过重要贡献。佛堂镇西南不远还有义乌现存最完整的明清商业古村落倍磊村。

由佛堂镇继续往上游，就是义乌县城。义乌县的前身是乌伤县，为秦代古县。《元和郡县图志》载："义乌，本秦乌伤县也。孝子颜乌将葬，群乌衔土助之，乌口皆伤。时以纯孝所感，乃于其处立县曰乌伤。"至唐武德七年（624），最终改今名"义乌"。由义乌往东北则进入诸暨，通往绍兴；往东沿东阳江而上，则进入东阳，通往嵊州。两个方向均与浙东唐诗之路相通。

由支流武义江而上，则进入武义县。在三江村（丁前村）一带，为熟溪（自西南来）和永康江（自东南来）的交汇处。沿熟溪而上不远，就是壶山脚下的武义县城。据《通典》《太平寰宇记》，武义县（或武成县）始置于三国吴赤乌八年（245），隋代废除。至唐天授二年（691）复置，延续至今。

沿熟溪往南，东岸山区有郭洞村。因山环如郭、幽邃如洞而得名。村内古建筑众多，其中有建立于明代万历年间的何氏宗祠，建于清代乾隆年间的鳌峰塔等。再往熟溪上游还有俞源村。古村落布局奇异，有"太极星象村"之名。相传为明朝开国谋士刘伯温按"天体星象"布局进行排列设置的。村内名胜古迹甚多，有始建于南宋的洞主庙、建于元代的"利涉桥"等。郭洞村、俞源村均为全国第一批历史文化名村。

由永康江往东，就到了永康县（今永康市）城。永康县于三国吴赤乌元年（238）三月廿八日[1]由乌伤县上浦乡地析置。唐武德年间，永康县一

---

[1]　杨林聪、吕纯儿：《一件唐代石幢或改写永康建县史？》，《金华晚报》2018年11月26日第5版。

度擢升为丽州，后复称永康县，属婺州。

由永康城往南，溯永康江南溪可经前仓镇可进入缙云，与瓯江山水诗路相连。途中的两县交界地带有厚吴古村。村源于南宋嘉定十年（1217），为吴氏世代聚居。村内古屋白墙，连绵成片，保留有永康最完整的古建筑群。

往东北有芝英镇。旧名大田，后以子孙繁衍更名诸应。明嘉靖初年应奎《孝墓记》云："诸应因紧依村旁的应氏祖山莹产芝草，人乃更名其里曰芝英。"镇内有东西向长一里的街道，是永康县农村最大集镇。镇东有建于南朝梁大同二年（536）的紫霄观。宋状元陈亮曾读书于此，并写有《重修紫霄观记》，其碑刻尚存观内。

由芝英镇往东进入山区，不远可到达方岩。山岩以四壁如削，雄伟险峻，体形近方而得名。岩上有建于唐大中四年（850）的"广慈寺"。寺原名大悲寺，属天台国清寺系。寺内有胡公殿，祀北宋兵部侍郎胡则。岩顶还有读书堂、听泉楼、千人坑、金鼓洞、龟雀亭、眼睛睁等胜迹。

方岩北部紧邻寿山。傍山曾筑有寿山寺、丽泽祠、三贤堂、学易斋和五峰书院等遗址。宋代著名学者朱熹、陈亮、吕东莱和明代应石门、程方峰、程松溪等曾在此讲学。朱熹在"重楼"摩崖亲笔丹书的"兜率台"三字，至今依稀可辨。

方岩南部有灵岩。山半腰有一天然石洞，南北相通，轩敞如广厦。洞内壁砥平，无洼突。俨若神功斧削而成，故名。灵岩一带有始建于后唐长兴四年（933）的福善禅寺和南宋吏部侍郎少师应孟明所建的"文会堂"，又名"灵岩书院"。

由方岩继续走山路往东，过新渥，可途经榉溪村。榉溪为两宋之际孔氏大宗迁入浙江境内的又一处聚居地。始祖孔端躬，为衍圣公孔端友之族弟，道经榉溪时，值父病逝，遂隐居于此，建山庄南宗阙里。南宋宝祐二年（1254），宋理宗追念孔端躬功德，以衢州孔庙例建榉溪南宗阙里孔氏家庙，赐有万世师表金匾一块。家庙至今保存完好，为全国重点文物保护单位。

由榉溪往东经后阁，直接进入仙居县，最终通往浙东唐诗之路。

第八节 瓯江山水诗路走向研究

一、丽水地区

瓯江，为浙江省第二大江，干流全长388千米，是温州港连接内陆腹地、横贯浙南的大动脉。瓯江的源头为庆元、龙泉交界的锅冒尖西北麓。其上游河段，最主要的为龙泉溪。瓯江山水诗路的起点就从龙泉溪开始。

龙泉之名，源自今龙泉老城区西南江对岸的剑池湖。据《大清一统志》载："剑池湖，在龙泉县南五里，周三十亩，相传欧冶子铸剑于此，号为龙渊。唐讳渊，改曰龙泉。宋宣和中，改曰剑池湖，邑名本此。"现存有剑池湖遗址。东晋太宁元年（323），这一带以剑池湖的古名"龙渊"而设龙渊乡，属松阳县。唐避高祖李渊讳，改为龙泉乡。至唐肃宗乾元二年（759）正式设立龙泉县。

在剑池湖和龙泉老城区之间的龙泉溪中，有留槎洲。相传，古有仙乘槎泛水因留于洲，故名。洲上有亭阁高耸，名曰留槎阁。北宋文学大家苏轼曾首览留槎阁，并书《留槎阁》。诗人陈舜俞曾为此阁题诗一首，其中"凭谁为问乘槎客，未必无人犯斗牛"，被后代文人誉为警拔之诗句。[①]后人

---

① 陈舜俞：《留槎阁》，《都官集》卷十三，《四库全书》集部，第114页。

称苏东坡榜书之遒劲，陈舜俞题诗之警拔，留槎阁之雄伟为三绝。

在龙泉溪支流锦溪的上游，有昴山。山体青壁嵯峨，削入天际，四时云气冥晦。山顶有石平如几，方丈余，上有古刻"云台"两字。相传，南宋著名理学家真德秀曾在这里设教，使当地的文风得以改善。

由龙泉顺龙泉溪而下，河道进入山区峡谷，曲折蜿蜒。20世纪80年代，在此段河道上兴建了紧水滩水库。由狭长的库区往东，进入丽水县的浮云乡和元和乡。明代在二乡基础上析置云和县。唐代，今云和县境内有始建于唐开成元年（836）的妙严寺和唐大中二年（848）的大庆寺。

继续沿龙泉溪而下，相继经过现在的石塘水库和玉溪水库，在大港头一带，豁然开朗，是为丽水南端的碧湖平原。在此处，有西北方向而来的松阴溪汇入。

松阴溪，古时名松川，又名松溪、松阳溪、松阳港，发源于遂昌县埯口乡贵义岭黄峰洞山麓，干流全长109.4千米，相继流经遂昌、松阳、丽水3县。王维有《送缙云苗太守》诗云："按节下松阳，清江响铙吹。"[1]历史上，松阴溪流域开发较早。松阳县建置于东汉建安四年（199），是丽水地区最早有建置的县。县治初在今古市镇。唐贞元间，因屡值水患，改设于紫荆村，是为今西屏镇。东汉献帝建安二十三年（218），孙权又在上游分太末县（龙游县的前身）南部地始置遂昌县。县治设于今址（原妙高镇）。

松阴溪与龙泉溪汇合后，下游河道称"大溪"。在二溪交汇处，有通济堰。堰始建于南朝梁天监四年（505）。南宋时期，著名诗人范成大就任处州知州。他察访通济堰故迹，组织民力垒石筑防，进行整修，还订立堰规20条，成为日后历代维修水坝的定式。

---

① 王维：《送缙云苗太守》，《全唐诗》一百二十五卷，中华书局1979年版，第1242—1243页。

顺大溪沿碧湖盆地东缘往东北，相继有宣平溪和小安溪汇入，进入丽水盆地。隋开皇九年（589），废临海、永嘉郡，始建处州，因处士星见于分野而得名。州治在丽水市区偏东3.2千米的古城村，因地处括苍山麓，称括州城。开皇十二年（592），又以州治所在的括苍山而改名括州。至大历十四年(779)，为避唐德宗讳，又由括州改回了处州。处州之名一直延续至清末。现在使用的丽水之名，源于曾附郭的丽水县，以县北有丽阳山而得名。

唐中和年间（881—885）徙州治于西边的小括苍山，与万象山岗阜相连，即今丽水老城区。因众山环簇，状如莲花，又雅称莲城。今处州府城墙建于元至元二十七年（1290），系割旧城之半，以万象山南麓为界重新修筑。唐宣宗大中九年（855），《酉阳杂俎》的作者、诗人段成式出任处州刺史。好友方干曾作《赠处州段郎中》诗描述了段成式在处州的生活："幸见仙才领郡初，郡城孤峭似仙居。杉萝色里游亭榭，瀑布声中阅簿书。德重自将天子合，情高元与世人疏。寒潭是处清连底，宾席何心望食鱼。"[①]

在城西的万象山上，有唐贞元年左右兴建的南园。南园地势甚高敞，背靠旧州治，又可俯临瓯江，吸引了历代骚人墨客前来踏访观赏、吟诗填词。在晚唐、五代时期，南园已成为名园。到了宋代，北宋的词手秦观、南宋的爱国诗人陆游、南宋知州范成大等官宦文人先后前来，使这里真正成为名贤胜迹。

万象山西北约1千米处有三岩寺，这里"白云""朝曦""清虚"三岩鼎足而立，又有飞瀑、清潭、暗泉。在岩壁和洞穴之间，有唐至民国的摩崖题刻37处，其中时代最早、价值最高的是唐代著名书法家李邕的正书"雨崖"题刻。

---

① 方干：《赠处州段郎中》，《全唐诗》六百五十卷，中华书局1979年版，第7468—7469页。

在丽水城的江对岸，有南明山与古城相望。南明山始于东晋葛洪在上结庐炼丹，以幽林飞瀑与摩崖石刻名世，素有"括苍之胜推南明"之称誉。南明山摩崖石刻分布于石梁、高阳洞、云阁崖三个地段，共有58处。历代题刻中，以东晋葛洪所书"灵崇"两字和北宋书画家米芾题刻"南明山"三字最为名贵。历代文人书家以求留书南明而名垂千古。有诗云："好借南明一片石，同垂名字照千春。"山中还有石梁、高阳洞、丹井、仁寿寺、献花岩、弥勒龛等名胜。

在古括州城北，有支流好溪汇入大溪，好溪原名恶溪。李白有诗云："却思恶溪去，宁惧恶溪恶。咆哮七十滩，水石相喷薄。"《元和郡县图志》："丽水本名恶溪，以其湍流阻险，九十里间五十六濑，名为大恶。"段成式在任时，曾致力于整治水患、兴修水利。在他的善政下，"水怪潜去"，恶溪变成了今天的好溪。

好溪上游为缙云县。唐武德四年（621）始置，不久即废。万岁登封元年（696），分括州括苍县东北界及婺州永康县南界再置缙云县，以境内缙云山而得名。缙云山在缙云县城东11.5千米，一名仙都山。相传黄帝炼丹于此。南朝宋景平元年（423），谢灵运辞永嘉郡回乡时就曾行经此地，所作《归途赋》有"搜缙云之遗迹""见千仞之孤石"之句。其时，有著名道士陆修静、孙游岳等活动其间。天宝七年（748），缙云山有"彩云、仙乐之瑞"，被敕封为"仙都山"。北宋改建为"玉虚宫"，逐渐形成道教宫观建筑群，是道教三十六小洞天之第二十九洞天。缙云山区有鼎湖峰。南朝谢灵运《游名山记》载："缙云山旁，孤石屹立，高二百丈，顶有湖，生莲花。"相传轩辕黄帝置鼎于峰顶炼丹，丹成，跨赤龙升天。唐徐凝有《题缙云山鼎池二首》咏之。宋王十朋有"皇都归客入仙都，厌看西湖看鼎湖"

的诗句。①此外，山区还有初阳山、仙水洞、小赤壁、忘归洞等景点。唐宋以降，缙云山游人不绝，摩崖题记遍布，现存共有125处。其中最早的是唐缙云县令、著名小篆书法家李阳冰所题写的篆书。

唐肃宗乾元元年（758），李阳冰前来就任缙云县令。在任上，李阳冰崇文重教，大兴孔孟之风，首建县学。同时，他还为缙云留下了众多亲自书写的摩崖石刻，有孔子庙碑、城隍庙碑、忘归台铭、黄帝祠宇，又有吏隐山、阮客洞、倪翁洞等篆勒之石。

缙云城南的东渡镇石马岸村有康乐岩，又名谢公岩。谢灵运曾在返乡途中游此，岩后建有康乐庙，庙后有小穴，内深广不可测，左洞名"仪云"，右洞名"蹲蝠"，庙下有巨石四五，名石马岸。李白《赠王屋山人魏万还王屋》诗有云："路创李北海，岩开谢康乐。""岩开谢康乐"即指此康乐岩。②

由缙云城往北经黄碧而上，为进入永康的交通要道。途中的新建镇一带有朱氏居住的河阳村。村始建于五代时期，元代规划重建。现存水系、街巷基本延续了元代重建时的布局，保存有明、清、民国时期的建筑1500余间、完整的古民居30多处、祠堂10多处。其乡土建筑被列入第七批全国重点文物保护单位。

往缙云城东北30千米的好溪上游，在宋代就有胡陈镇，今名壶镇。由壶镇往东，有苍岭古道，是古代婺州、处州通往台州的交通要道，史称"婺括孔道"。苍岭古道西起缙云县壶镇的苍岭脚村，经槐花树、冷水、黄泥岭、南田等村，出风门后，下岭2.5千米多，直到仙居县的苍岭坑村，全

---

① 王十朋：《游仙都》，《梅溪集》后集卷七，四部丛刊景明正统刻本，第278页。

② 李白：《送王屋山人魏万还王屋·并序》，《全唐诗》一百七十五卷，中华书局1979年版，第1789页。

长约25千米。古道两侧大山夹峙，山岭峻险，山道蜿蜒，被誉为"浙江西南第一岭"。历史上，苍岭古道也是仙居走往内地的重要盐道。

大溪北纳好溪后，折向东南流入叠嶂山谷区，随即入青田县境内。此段河道又名清溪、青田溪。沿着蜿蜒的河道而下，在今高市乡一带有石门洞。洞北濒大溪，洞口左右两峰壁立，高数十丈，对峙如门，故名石门洞。唐代曾在此设立石门馆，是驿道上重要的节点。[①] 早在南朝时，辞官返乡的谢灵运首游石门洞，赋诗赞美，从此声名远播。唐时，石门洞成为我国著名的三十六洞天之一，称第十二洞天。元朝廉访副使王侯于洞西建造石门书院和谢客堂。明朝开国功臣刘基曾在石门书院读书、著作。从南朝至近代，众多文人学士慕名来此观赏游览、挥毫留墨，共有遗墨碑碣78块。其中最珍贵的是谢灵运留下的《石门新营》《石门最高顶》两诗石刻，以及唐开元二十一年（733）润州刺史徐峤的《游石门山》石刻。

由石门洞沿江而下，瓯江最大的支流——小溪自西部汇入。大、小溪汇合后，河道开始正式称为瓯江。由瓯江往下游约7千米，就到了青田县城。青田县，建县于唐睿宗景云二年（711），因县治设在青田山之麓，故名。青田山在城北500米，以田产青芝、山长竹青而得名。后因有白鹤常栖，又名太鹤山（县城由此得名"鹤城"）。早在南朝梁萧绎的《鸳鸯赋》就有"青田之鹤，昼夜俱飞"之句。青田山也是一处道教名山。相传唐显庆年间（656—661）括州道士叶法善以山有青芝在此炼丹，丹成之日，试剑断石。至今，有试剑石遗迹屹立于山顶。道书称此山为第三十六洞天之一的第十三洞天。

过青田县城而下约12千米，在温溪镇一带进入了温州地区。

---

① 唐代此段驿道主要是今金华（婺州水馆）至温州的支路驿道。详见华林甫：《唐代两浙驿路考》，《浙江社会科学》1999年第5期。

二、温州地区

唐高宗上元元年（674），析括州之永嘉、安固二县置温州，州以温峤岭得名。这是"温州"得名之始。自此，瓯江上下游分属于处州、温州，一直维持至今。

由瓯江出梅岙，河道进入河口平原区，江面迅速变宽，江名又称永嘉江。江下游，有源出括苍山、自北而来的第二大支流——楠溪江汇入。楠溪江以水秀、岩奇、瀑多、村古、滩美而著称。流域内有风景名胜800多处，还有苍坡、芙蓉等典型古村落，至今保留着大量古建筑和文化遗迹。

溯楠溪江而上，在今永嘉县城东北有绿嶂山。据记载，谢灵运游温州西山未久，复于深秋，驾舟登陆，游览瓯江北岸，登览永嘉绿嶂山，作有《登永嘉绿嶂山》一诗。

过今沙头镇而上，有小楠溪汇入。在小楠溪中游的溪畔，有大若岩。大若岩以飞瀑、奇峰、异洞和宗教文化著称。岩北不远有一巨大石洞——陶公洞。相传南朝齐梁时道教思想家、医药学家陶弘景曾隐居修炼于此，在此洞内纂《真诰》。唐代于此建石室。后人为纪念陶弘景，将石室取名陶公洞，被誉为是道家"天下第十二福地"。洞内建有真诰寺，殿堂中供胡公大帝和如来佛。

楠溪江流域开发很早。自东晋永嘉南渡以来，一直是中原士族择地安居的桃花源。在上游有金氏聚居的岩头镇，古称上芙蓉。据岩头《金氏宗谱》载：金氏祖居河南，几经迁居。传至十二代金安福公时，慕芙蓉三岩之胜，遂定居于此，以位于三岩之首，故名岩头。自宋末建村，经元、明、清三代不断建设，至今镇内还保存有长达三百多米的丽水古街。

岩头往北的东皋一带，有蓬溪村，是谢灵运后裔的聚居地。宋代的朱熹，在浙江东路常平盐茶公事任上时，曾专程前来拜访。村内有纪念谢灵运的康乐宗祠和康乐亭。

继续往北的岩坦镇一带，有屿北村。村始建于唐代，原名菰田。相传南宋时，吏部尚书汪应辰、汪应龙两兄弟为避秦桧奸党迫害，从江西玉山迁来隐居于此。其周围有金山、昔山、屿山、阳山、和尚山等五座山酷似瓣瓣莲花簇拥着被称为"莲花芯"的整个村寨。村落四周还有护寨墙、护寨路、护寨河围绕，成为楠溪江唯一有环状护寨河的古村落。

在楠溪江与瓯江的交汇的南岸就是温州城了。温州城，又称永嘉城。东晋明帝太宁元年（323），析临海郡南部四县置永嘉郡，建郡治于瓯江南岸（今鹿城区）。相传城址为堪舆鼻祖郭璞选定。选址时，郭璞登西郭山观看地形，望周围诸山错立似北斗星座。华盖、海坛、松台、西郭四山似斗魁，积谷、巽山、仁王三山似斗杓，认为"若城绕山外，当骤富盛，但不免兵戈水火，城于山则寇不入斗，可长保安逸"。于是北据瓯江，东西依山，南临河（唐时称会昌湖），兴建郡城，名"斗城"。

南朝宋永初三年（422），山水诗人谢灵运任永嘉太守，携眷来郡。在任之时，谢灵运寄情山水，诗兴大发，留下了许多传世名作。其所作山水诗有过半是在永嘉郡任上所作，使瓯江成为山水诗派的发源地之一。

城北瓯江江中，古时有孤屿两座，后以人力合为一座小岛，为江心屿。谢灵运曾当年曾多次登上孤屿，写有"乱流趋正绝，孤屿媚中川。云日相辉映，空水共澄鲜"的名句。[1]相传谢灵运遥望处即今谢公亭一带。附近还有后代纪念谢灵运所建的"澄鲜阁"。谢公之后，历代诗人慕名前来。唐朝的李白、杜甫、孟浩然、韩愈到宋朝的文天祥等人都在此留下过名篇佳作。江心屿也因此有了"瓯江蓬莱"之称。唐代以后，屿上逐渐建成梵宇和浮

---

[1] 谢灵运：《登江中孤屿》，《谢康乐集》卷三，第17页。

屠。咸通七年（866），于西山东麓建净信禅寺。宋代建有江心寺。两座孤屿的峰顶，相继建有东西两塔，对峙挺拔，有凌云之势。岛上还有浩然楼，有传说是因唐朝山水诗人孟浩然曾游江心屿，为纪念他而建。

江心屿对岸的温州城西北角，有郭公山。郭璞当年选定城址时所登的西郭山即此山。后人为纪念郭璞，故改名。唐刺史张又新作诗云："昔贤登步立神州，气象千年始一浮。南望群州如列宿，北观江水似虬龙。"[①]在城的西南角有松台山与郭公山共同组成城的西部屏障。松台山，又名净光山。山下有古西射堂遗址。谢灵运曾在此处写下了在永嘉的第一首山水诗《晚出西射堂》："步出西城门，遥望城西岑。连鄣叠巘崿，青翠杳深沉。"[②]出西门一路向西，在瞿溪山中有始建于东晋时期的肇山寺。谢灵运曾在寺中留宿，并作有《过瞿溪石室饭僧》。

在城东，由北至南有海坛山、慈山、华盖山、积谷山连成一条直线。此数座小山原先连为一体，屏列城东，称东山。谢灵运曾在东山作有《郡东山望溟海》诗，并在其中的最高峰华盖山上建亭，名江山一览亭，后改为大观亭。张又新有《华盖山》一诗："一岫坡陀凝绿草，千重虚翠透红霞。愁来始上消归思，见尽江城数百家。"[③]

最南端的积谷山，位于城的东南角。山下有谢池巷，为刘宋时"谢村"，亦为谢氏寓居处。张义新《谢池》诗："郡郭东南积谷山，谢公曾是此跻攀。"[④]后人于此地另建"池上楼"纪念。

在温州城的中心地带，为旧温州官署的治所，也是谢灵运任永嘉太守

---

① 张又新：《永嘉百咏郭公山》，《乾隆温州府志》卷五，第2页。

② 谢灵运：《晚出西射堂》，见顾绍柏《谢灵运集校注》，里仁书局2004年版，第82页。

③ 张又新：《华盖山》，《全唐诗》四百七十九卷，中华书局1979年版，第5453页。

④ 张又新：《谢池》，《全唐诗》四百七十九卷，中华书局1979年版，第5453页。

时的郡治所在，这一带有读书堂（在旧郡治，谢灵运读书处）、梦草堂（旧郡治之西堂，谢灵运梦惠连之处）等有关谢灵运的古迹。谢灵运也正是在此地留下了"池塘生春草，园柳变鸣禽"的传世佳句。后人为纪念他和这首诗，建有春草池、池上楼（在原丰暇堂北，今东公廨一带）。①

在温州城南500米许，有南亭。谢灵运写有《游南亭》一诗。由南亭出发，可南游帆游、仙岩、平阳等地。

往城南15千米，到帆游山。宋郑缉之《永嘉郡记》："帆游山，地皆为海，多过舟，故山以帆名。"六朝时帆游山下为一片潟湖，可与江海通道。谢灵运《游赤石进帆海》诗云："扬帆采石华，挂席拾海月，溟涨无端倪，虚舟有超越。"

继续往南，到瑞安县的交界地带，有仙岩。谢灵运曾游过仙岩，写下《舟向仙岩寻三皇井仙迹》诗。唐代杜光庭所撰《洞天福地记》称它为"天下第二十六福地"。内有一寺三潭（圣寿禅寺、梅雨潭、雷响潭、龙须潭）之胜，还有星罗棋布的寺院亭桥等古迹20多处。历代文人曾在此游览并留下题刻。现存唐至清的摩崖石刻共29处，以翠微岭上唐代姚揆的《仙岩铭》诗刻时代最早，最珍贵。仙岩往东为派岩，有罗隐洞。相传晚唐诗人刘冲因屡试不第，遂愤而浪迹林泉山水间，后来此洞隐居，自号罗隐秀才，此洞因之得名。

由仙岩、派岩往东，深入大罗山区，至东麓天柱寺，有石室山。光绪《永嘉县志》："石室山，在城东七十里。上有石夫人及古碑。在天柱寺后，其巅有瀑百丈许。"谢灵运也曾游此，写下《石室山》一诗，有"石室冠林

---

① 潘猛补：《谢灵运山水诗所涉永嘉地名辨正》，《温州职业技术学院学报》2015年第4期。

陂，飞泉发山椒。虚泛径千载，峥嵘非一朝"之句，描绘其景色风光。[①]

温州城北临瓯江。由北门沿岸登船，顺瓯江往东而下，即可扬帆出海；或渡江至北岸，走沿海陆路，经乐清前往台州；或溯瓯江往上游，经缙云，取山岭陆路北上。南朝宋景平元年（423），谢灵运称病离职，在"在州（治）北五里，枕永嘉江"的北亭，与相送的百姓和官吏道别，写下了《北亭与吏民别》一诗："行久怀丘窟，景昃感秋曼。曼秋有归棹，昃景无淹津。前期眇已往，后会邈未因。贫者阙所赠，风寒护尔身。"[②]迎着秋凉飒飒的江风，伴随着忧伤愁苦的心情，仅仅任职了一年的谢灵运，在留下了一篇篇不朽的山水诗作之后，登船离开了永嘉。纵横八百里的"瓯江山水诗路"也至此结束。

---

① 谢灵运诗中的"石室山"多有认为在楠溪江大若岩，今据《光绪永嘉县志》。论证同上文。

② 谢灵运：《北亭与吏民别》，《光绪永嘉县志》卷二十一，第7页。

第四章

诗路沿线文物古迹资源情况

第一节　浙东唐诗之路沿线文物古迹资源情况

现存的反映唐诗之路相关的沿线文物古迹主要有以下五大类别。

1.反映诗路古代交通遗存。主要包括运河、古驿道及交通线路上的桥梁、古纤道，以及沿线摩崖题记等，如：古纤道、敕书岭古道、王罕岭古道、天姥古道、霞客古道、苍岭古道等。

2.反映唐诗的山水自然景观。主要包括浙东运河、鉴湖遗址、会稽山、曹娥江、剡溪、奉化江、天姥山、天台山等山水自然景观。

3.反映古代儒家隐逸文化。主要包括晋时期的名人雅士、隐士遗迹等，如：艇湖塔、王羲之墓及金庭观、唐宋摩崖刻石、谢安墓、洗屐、砥流、炉峰庙、寒岩—明岩、崿浦庙、崿浦潭摩崖题刻、彼苍庙（祀大禹）、强口井及仙君殿（祀谢灵运）等。

4.反映浙东佛宗道源的遗迹。主要包括寺院道观遗址及现存的摩崖题记和碑刻，大佛寺石弥勒像和千佛岩造像、国清寺、贺知章《龙瑞宫记》摩崖刻石、沃州山真君殿大殿及配殿、峰山道场遗址、高明寺、万年寺、华顶讲寺、鸣鹤观、赤城山文物古迹、葛英葛仙翁丹井、云门寺遗址等。

5.反映古代民俗、生产的相关遗存。主要包括反映沿线孝文化的曹娥庙，以及小仙坛窑址、凤凰山窑址群、窑寺前青瓷窑址等。

一、浙东唐诗之路相关文物资源研究

通过统计分析可以看到，浙东唐诗之路沿线文物古迹在保护级别、分布地域、始建年代、文物类别和价值内涵上呈现一定的规律。本统计截止到第七批国保和第七批省保。

（一）保护级别

浙东唐诗之路沿线的文物等级从世界文化遗产到三普登录点，各保护级别均有，文物数量关系基本符合正态分布的规律。还有2条重要古道未公布为文物保护单位（点），未纳入文物保护相关法规的保护范畴。通过此次唐诗之路的调研，建议应将这条沿线散落着的断断续续的诗路文物古迹确立为文物保护单位或文物保护点，将有助于理顺诗路的线性关系，更好地保护好这条文化廊道。（图4.1）

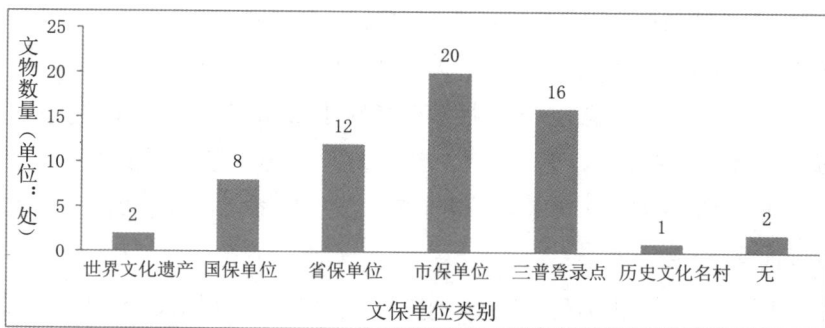

图4.1　浙东唐诗之路相关文物级别情况统计

（二）分布区域

从地域分布来看，唐诗之路相关文物数量较多的区县是台州市天台县、绍兴市嵊州市和绍兴市上虞区。其中嵊州市和天台县数量最多，凸显出其浙东唐诗之路核心区的定位。新昌县虽看似文物数量不多，但拥有一处国保单位和两处省保单位，整体级别较高。其中作为省保单位的天姥古道，中间包含了多座古桥、多段驿道，还有驿站、关隘等相关文物，内涵丰富，是目前浙东唐诗之路里面唯一一条列入省级文物保护单位的古道。上虞区虽然文物数量较多，但是级别普遍偏低，很多文物资源其实内涵价值颇高，有待于充分研究后进行合理开发利用。宁波舟山地区以余姚市唐诗相关文物资源最多。（图4.2）

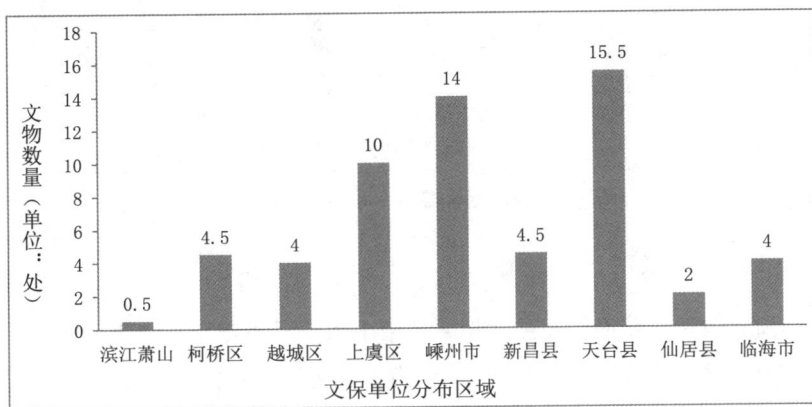

图4.2　浙东唐诗之路相关文物地区分布情况统计

（三）年代分析

从文物初始年代的统计结果来看，始创于两晋南北朝与隋唐两代的文物数量较多，说明本次挑选出来的唐诗文物基本凸显出了时代主题，也证明了浙东地区拥有足够丰富的文物资源来支撑浙东唐诗之路的相关研究和利用工作。宋代和明代的浙东地区属于政治和经济中心，文化昌明，清代和民国不仅经济发达，而且距今年代较近，大量文物得以保留。自东晋以来，浙东地区的唐诗之路相关文物一直保持着整体增长的趋势，也是文脉持续传承的印证。（图4.3）

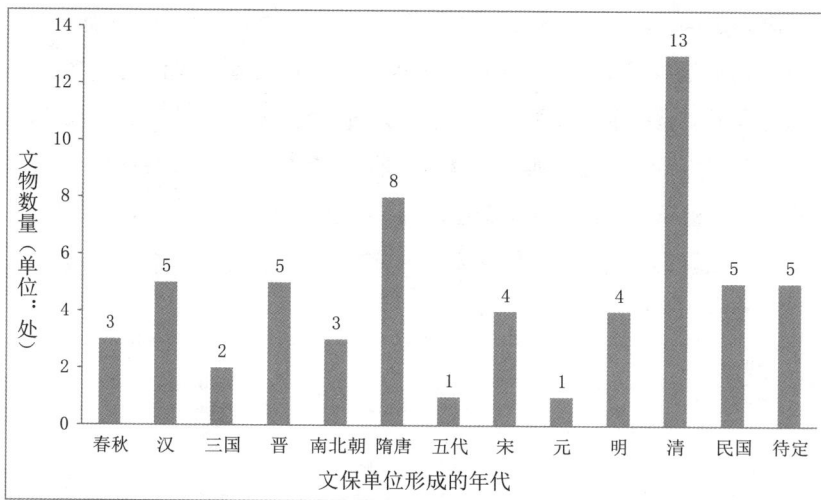

图4.3 浙东唐诗之路相关文物年代情况统计

（四）文物类别

　　浙东唐诗之路沿线相关文物的类型丰富，能够充分反映其文化内涵。驿道及沿线文人留下的摩崖题记、河道相关文物，都能够反映出当时的交通往来线路。寺院道观类文物，体现的是当时浙东地区极大的文化魅力。墓葬文物是以谢安、王羲之、寒山、顾欢等一大批文人逸士来此定居，是终老于此且甘心长眠于这片土地的印证。（图4.4）

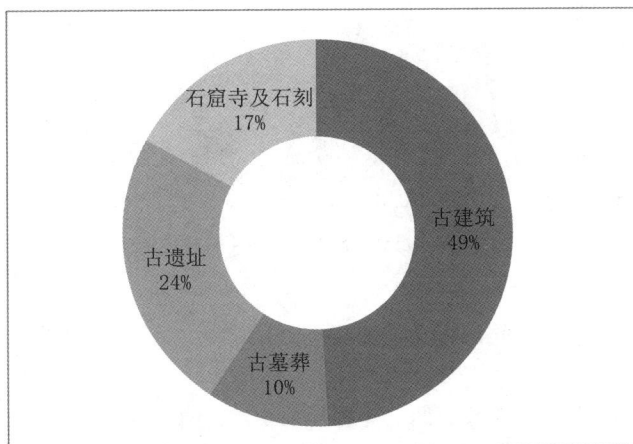

图4.4　浙东唐诗之路相关文物类别比重情况统计

（五）价值内涵

浙东唐诗之路丰富的文化价值和内涵通过沿线文物得以充分彰显。大量佛宗道源史迹，正是当时浙东地区文化兴起的源头：最初来此寻访隐居者，大多都是求仙问道而来。儒家隐逸文化，则是浙东地区开始具备文化吸引力的标志：统治者不断派遣能人志士入浙东开化启蒙，仕途烟涛微茫的失意士人陆续来此隐居修性，徜徉于此地云霞明灭的山水间。有开发者和隐居客的往来，浙东地区的水陆交通不断发展，这也使当地保持持续文化吸引力的物质保障。浙东的越州和台州，在两晋以前，是古越文化的发源地。越文化作为当地的文化源头，一直是浙东地区文化的重要组成部分，也是唐诗吟咏的主要题材之一。自唐以后，随着地区经济文化的不断发展，浙东唐诗之路的文化形态越来越丰富，佛、道、儒三家不断融合发展，是唐诗之路文化线路持续性和扩展性的最好表现。（图4.5）

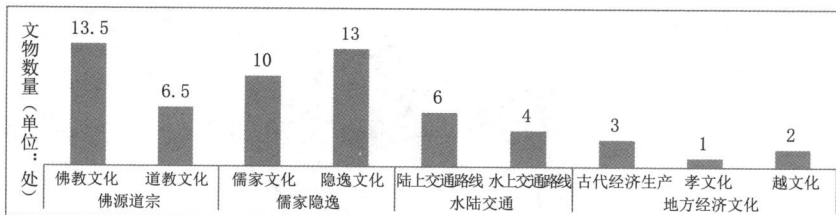

图4.5 浙东唐诗之路相关文物内涵情况统计

二、浙东唐诗之路沿线文物资源整体情况

根据统计，浙东唐诗之路沿线各区县共有全国重点文物保护单位60处，其中古遗址10处、古墓葬5处、古建筑31处、石窟寺及石刻3处、近现代重要史迹及代表性建筑物11处；共有省级重点文物保护单位159处，其中古遗址13处、古墓葬10处、古建筑74处、石窟寺及石刻13处、近现代重要史迹及代表性建筑物45处、其他4处。（图4.6）

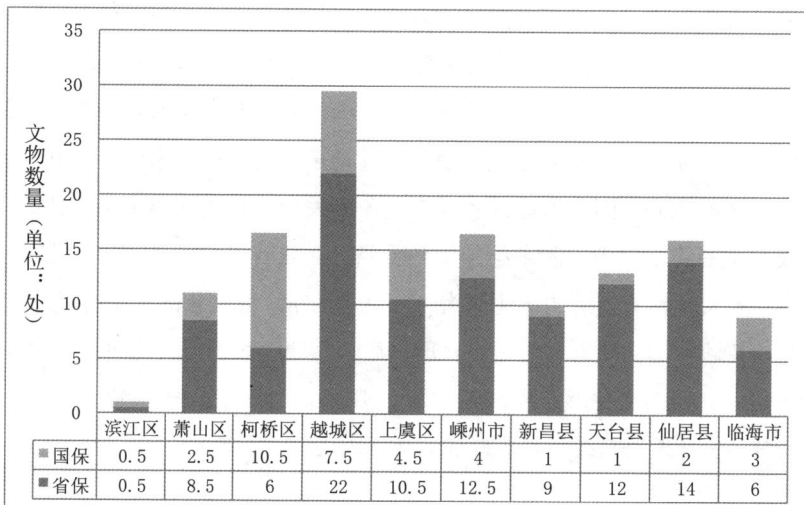

	滨江区	萧山区	柯桥区	越城区	上虞区	嵊州市	新昌县	天台县	仙居县	临海市
■国保	0.5	2.5	10.5	7.5	4.5	4	1	1	2	3
■省保	0.5	8.5	6	22	10.5	12.5	9	12	14	6

图4.6 浙东唐诗之路沿线各区县省级以上文物保护单位数量统计

　　浙东唐诗之路沿线各区县，除柯桥区外，都符合省保数量不少于国保的规律。从地域关系上看，绍兴市的柯桥区和越城区组团、嵊州市和新昌县组团、台州市的天台县和仙居县组团、宁波和余姚组团，存在四个明显的数量高峰。海曙区、余姚市、上虞区和临海市单独存在较为完整的文化脉络，仍有不少文物保护单位留存。

　　浙东唐诗之路沿线的多个区县，如新昌、天台、临海等，都在南北朝至唐以后逐步开蒙，经济文化得到了快速发展。通过统计可以看出，唐以后的文物数量总体呈现逐渐增长的趋势；在宋代，由于政治中心倾斜浙江，达到第一次高峰；元代对于浙东地区的打压和破坏使得经济文化发展速度趋缓；明清时期浙东地区文物数量呈现井喷式增长。因此可以得出结论，浙东唐诗之路沿线文物的数量和历史发展规律是正相关的。（图4.7）

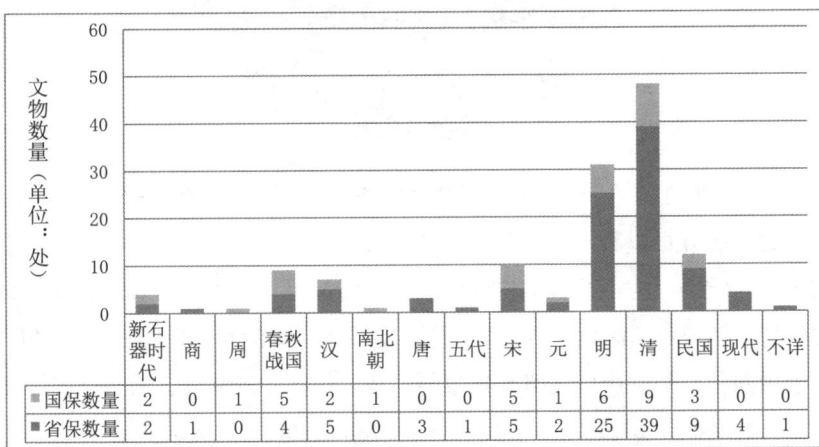

	新石器时代	商	周	春秋战国	汉	南北朝	唐	五代	宋	元	明	清	民国	现代	不详
■ 国保数量	2	0	1	5	2	1	0	0	5	1	6	9	3	0	0
■ 省保数量	2	1	0	4	5	0	3	1	5	2	25	39	9	4	1

图4.7　浙东唐诗之路沿线各区县省级以上文物保护单位年代统计

　　从类型上看，古建筑约占浙东唐诗之路沿线省级以上文物保护单位总数的一半，其中古桥数量不少，间接证明了水上和陆上交通并行是浙东地区历史上最常见的交通形式。浙东地区作为近现代历史文化的一片热土，留下了大量近现代重要史迹及代表性建筑。石窟寺及石刻数量虽不多，但多能反映唐代以来浙东地区的经济文化发展，是唐诗之路上重要的文化符号和历史遗迹。（图4.8）

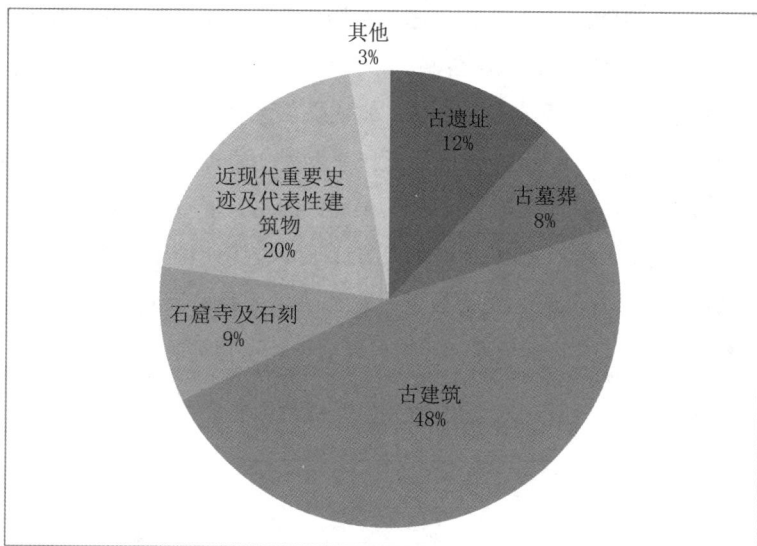

图4.8　浙东唐诗之路沿线各区县省级以上文物保护单位类型比重

通过统计可以看出，浙东唐诗之路沿线公布国保和省保文物数量持续增长。这既是因为全社会文物保护意识不断加强，又是因为对浙东地区文化价值的认识不断深化，浙东唐诗之路沿线各区县的文化影响力不断扩大。有理由相信，随着唐诗之路文化旅游路线工作的持续开展，浙东地区的文物研究与保护、文化旅游业的发展会走上新的台阶。（图4.9、4.10）

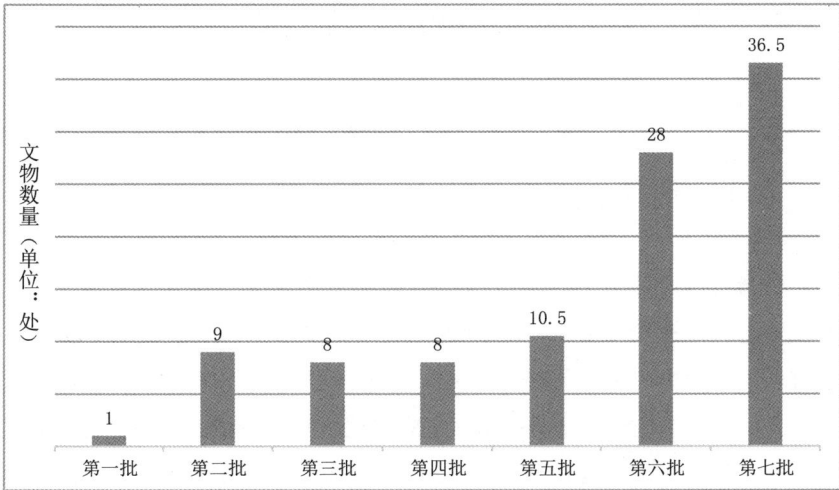

图 4.9　浙东唐诗之路沿线各区县全国重点文物保护单位公布批次统计

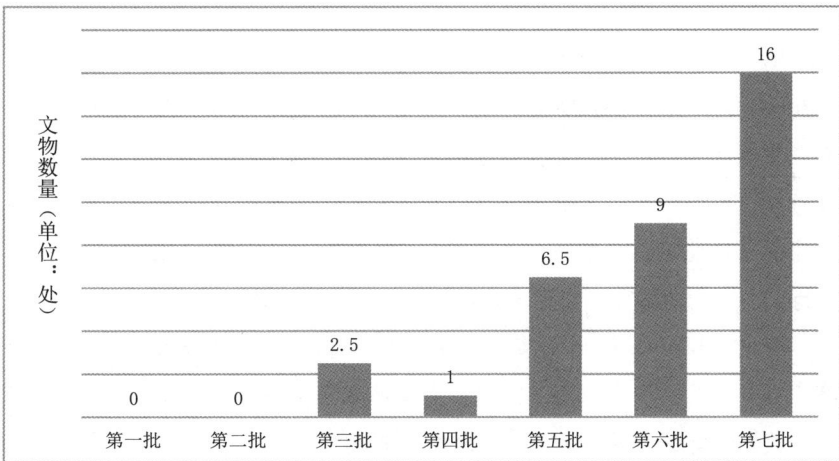

图 4.10　浙东唐诗之路沿线各区县省级文物保护单位公布批次统计

第二节　钱塘江诗路沿线文物古迹资源情况

一、钱塘江诗路相关文物资源介绍

衢州自古便是连通浙西道和江南西道（今江西省）的交通要地，出于开发政治、经济和文化开蒙的需要，唐代统治阶级开始派遣能人志士来此为官。比如初唐四杰中的杨炯，就来此赴任盈川县令，度过了他坎坷仕途也是人生的最后两年。至今盈川村仍有古码头和水井遗迹。随着文化教育的不断发展，衢州也培养出了人才，通过科举，登上了政治舞台。比如曾在九仙岩寺苦读过的徐安贞，高中进士后入朝为官，并留下诗名，《全唐诗》收其诗作11篇。

属于兰江流域的金华，唐代最能吸引文人的便是以黄初平为代表的道教神仙文化。至今仍有黄大仙墓、黄大仙叱石成羊处和二仙井留存。南朝文学家沈约在任职东阳郡太守期间曾多次游历金华山，留有《游金华山》《炼丹山》《赤松涧》。婺江畔，为了纪念沈约八咏典故而得名的八咏楼，成为后世来到婺州必登之处，留下了大量的诗篇。金华地区出现的最著名本地诗人是义乌的骆宾王和兰溪的张志和，可惜相关文物遗迹已无存焉。

唐武德四年（621），遂安县治迁狮城。整个唐代，狮城都是遂安县（今淳安县）的县治所在。由于修建新安江水库，狮城带着无数与之相关的唐诗，被彻底淹没，成为一座寂静的水下古城。

区别于浙东唐诗之路和瓯江山水诗之路，随着地区文化的发展，钱塘江诗路产生了一大批本土文人，不仅活跃于政坛，更是留有不少诗文佳作传世。他们中最具代表性的便是"睦州诗派"。其中李频后人所建的李氏宗祠和主祀李频的梨山庙遗址至今仍可寻见。唐神功元年（697），睦州州治由雉山迁梅城。此后直至中华人民共和国成立后，梅城向为州、府、路、专署所在地。梅城在睦州重要的政治中心地位，使得经济昌盛、文化繁荣，佛教也传播至此。圆通殿和玉泉寺，是当时梅城佛教繁盛的最好证明。

隐与仕是困扰古代知识分子的艰难抉择，也是文人骚客吟咏叹和的重要题材。朱买臣中年入世却早早因祸丧命，严子陵坚辞不仕而得善终，隐逸文化与浩渺迷蒙的富春山水一样，始终吸引着唐代诗人们的目光。诗人们来到朱买臣墓和严子陵钓台，纷纷留下了借古咏怀的诗篇。

桐庐人方干和施肩吾也是睦州诗派的重要代表人物。至今在桐庐，仍保留着施肩吾读书处和作为水下遗址的方干家乡芦茨村。新城（今富阳区新登镇）人罗隐作为唐末文人的重要代表，虽并未考取功名，却以诗文传世。罗隐读书处和相关碑林至今可寻。

曾任杭州刺史的白居易为官清廉，曾以杭州黑龙潭（即乌龙井）为题，写诗讽刺贪官污吏。也是命运奇巧，今日乌龙井，就在中国财税博物馆内。古诗今读，意蕴深长。

描写钱塘江流域各地区的古诗中，涉及八咏楼的诗歌数量最多，有24首；其次分别为13首的富春山水及沿岸景色和10首的严子陵相关景色。尤其是同时提到富春山水和严子陵相关景色的诗歌，数量较多，有5首。

二、钱塘江诗路沿线文物资源整体情况

钱塘江诗路相关区县中，共有国保单位66处（详见附录一）。按类别可分为：古遗址10处，古墓葬4处，古建筑34处，石窟寺及石刻8处，近现代重要史迹及代表性建筑物9处，其他1处。

按公布批次分别为：第一批2处，第二批1处，第三批4处，第四批3

处，第五批11处，第六批14处，第七批31处。

按地域分布为：杭州市西湖区（11处）、杭州市上城区（10处）、金华市兰溪市（7处）、衢州市龙游县（7处）、金华市婺城区（6处）和杭州市余杭区（5处）。按年代分，以五代至宋，以及明清时期的最多。

钱塘江诗路相关市、县（市、区），共有省保单位149处（详见附录二）。按类别可分为：古遗址21处，古墓葬6处，古建筑75处，石窟寺及石刻10处，近现代重要史迹及代表性建筑物36处，其他1处。

按公布批次分别为：第一批5处，第二批4处，第三批19处，第四批15处，第五批28处，第六批80处，第七批31处。

按地域分布为：杭州市西湖区（19处）、杭州市上城区（12处）、嘉兴市海宁市（12处）、金华市兰溪市（15处）、衢州市龙游县（167处）、金华市婺城区（16处）和衢州市衢江区（10处）。按年代分，基本以明清时期和近现代的最多。

第三节　瓯江山水诗路沿线文物古迹资源情况

一、山水诗相关文物资源介绍

根据第三次全国文物普查资料统计，瓯江山水诗路相关文物资源共有61处，分布于瓯江流域丽水市和温州市的13个区县。

按照类别分，摩崖石刻类的数量最多，有11处，说明历朝历代文人墨客游历瓯江山水时，为景所动，不禁题刻留作纪念。文物资源数量较多，说明瓯江沿线从古到今都是一条黄金游线。寺观塔幢和寺院遗址分别有9处和5处，充分反映出游人来此求仙问道、求佛参禅也是重要目的之一。坛庙祠堂有9处，大多主祀谢灵运，还有一些主要供奉历代文人志士。这些坛庙祠堂恰是瓯江山水文化代代流传、持续影响的最好证据。桥涵码头和水利设施分别有5处和3处。作为以水利航运为主的文化线路，瓯江流域水系众多，地形复杂。坚持不懈的水利工程把恶溪变丽水，使得河流交通顺畅，且便于灌溉取水，不仅使游人能够更安全、快速地游览山水，更促进了农业和手工业的迅猛发展。亭台楼阙共5处，多位于临水高地之上，都成为当地地标，供游人登临远眺大好河山。学堂书院3处，都是南宋时程朱理学和永嘉学派传播封建礼教文化的重要象征。窑址虽只有统计2处，但其实在瓯江两岸的山间，遍布着大量窑址。瓯江之上，最多的船只都是运送青瓷的。本次研究作为资源统计，仅选出两处典型的窑址代表。瓯江流域，虽然多靠水运，但其实在山岭间，仍留有不少古道。本次统计中选择了最具有代表性的苍岭古道，便是缙云通往仙居的山间通道。这条道路，不仅联系了台州和处州，更将浙东唐诗之路和瓯江山水诗路，紧紧地联系了起来。正所谓：括苍逶迤，时闻吟咏声；古道蜿蜒，俱是谪仙人。

从地域看，相关文物数量最多的是丽水市莲都区。作为瓯江中游和古代处州至温州的交通枢纽，位于冲积平原的莲都区，其中种类众多的文物大多都与水相关。以制瓷和铸剑闻名天下的龙泉，一直是手工业发达的重镇。龙泉的相关文物，也大都与传统手工业有关。缙云作为浙东唐诗之路和瓯江山水诗路的交汇点，风景壮丽，山河毓秀，自古便是修行隐居之所。自汉至今，来此求仙问道者络绎不绝，也留下了无数的题记和诗篇。温州鹿城区作为温州地区最早有人定居的平原地区，文化发达，人杰地灵。江心屿作为瓯江出海口附近最负盛名的景点，迎接了历朝历代无数的游人，也留下了丰富的史迹。此外，松阴溪上游的松阳、拥有楠溪江的永嘉、温州入海港口的瓯海和因雁荡闻名的乐清，也都有数量不少山水诗相关的文化史迹。

最早从汉六朝起，在瓯江边的山谷中，就能望到为烧窑而燃起的青烟。探寻着谢灵运的故道，跟随着唐代诗人的脚步，宋人是在瓯江流域最为活跃的诗词创作者。始创于宋代的文物数量最多，有15处，占总量的四分之一。其次是距今较近的清代和明代。从杭州出发，或沿海岸线，或顺剡溪而下的唐代诗人来到瓯江边，来到永嘉郡，去寻访谢氏遗迹的数量也十分可观。唐代文物有12处，占总量的五分之一，承载着后人对山水诗的厚爱和敬仰，这些文物保存至今，着实不易。直到民国，还有乡贤筹措资金，自发修缮祭祀谢灵运的寺庙。

二、山水诗沿线文物资源整体情况

瓯江山水诗路相关区县中，共有国保单位29处。

按类别分，古遗址4处，古墓葬2处，古建筑17处，石窟寺及石刻3处，近现代重要史迹及代表性建筑物3处。

从公布批次看，第一、二批0处，第三批1处，第四批1处，第五批7处，第六批5处，第七批15处。

从地域分布看，国保数量较多的是温州市瑞安市（6处），温州市乐清市（4处），温州市永嘉县（4处），丽水市龙泉市（3处）。

按年代分，以宋代和明代最多。

瓯江山水诗路相关区县中，共有省保单位133处。

按类别分，古遗址8处，古墓葬5处，古建筑77处，石窟寺及石刻6处，近现代重要史迹及代表性建筑物31处，其他6处。

从公布批次看，第一批0处，第二批1处，第三批8处，第四批15处，第五批17处，第六批66处，第七批26处。

从地域分布看，省保数量较多的是温州市鹿城区（22处），温州市永嘉县（16处），温州市瑞安市（14处），丽水市莲都区（13处），丽水市缙云县（12处），丽水市遂昌县（10处）。

按年代分，基本以明清时期和近代的最多，年代基本较晚。

第五章

诗路文化的价值与申遗可行性研究

第一节　"世界遗产"基本问题说明

一、"世界遗产"的概念

"世界遗产"（World Heritage）是由联合国支持，联合国教科文组织（UNESCO）下世界遗产委员会负责执行的国际公约建制，是最高级别的保护单位，主要分为"文化遗产""自然遗产""文化与自然双重遗产"三大类。世界遗产并不仅仅在于将遗产地申报登记入名录当中，它的使命还在于加强对遗产地的保护、管理、发展、利用等方面的工作，并会提供一定的资金或技术支持，也可以看作将遗产地合成一个平台，吸纳更为广泛的技术力量来形成保护体系。

因此申报文化遗产，将会对"唐诗之路"的保护、利用带来极大的积极作用。一方面，入选世界文化遗产名录，将会为"唐诗之路"相关的各项工作提供直接的经济、技术力量；另一方面，世界文化遗产名录自身具备极高的知名度与公信力，为唐诗之路在公众中的推广、相关政策的确立，以及各项工作的开展都能提供帮助。

二、文化项目申报"世界遗产"的标准

关于申报"世界遗产"的评定标准，联合国教科文组织的《保护世界文化和自然遗产公约》中有着明确的阐述。包括以下六点：

ⅰ.代表一种独特的艺术成就，一种创造性的天才杰作；

ⅱ.能在一定时期内或世界某一文化区域内，对建筑艺术、纪念物艺术、城镇规划或景观设计方面的发展产生过大影响；

ⅲ.能为一种已消逝的文明或文化传统提供一种独特的或至少是特殊的见证；

ⅳ.可作为一种建筑或建筑群或景观的杰出范例，展示出人类历史上一个（或几个）重要阶段；

ⅴ.可作为传统的人类居住地或使用地的杰出范例，代表一种（或几种）文化，尤其在不可逆转之变化的影响下变得易于损坏；

ⅵ.与具有特殊普遍意义的事件或现行传统或思想或信仰或文学艺术作品有直接或实质的联系。（只有在某些特殊情况下或该此标准与其他标准一起作用时，此款才能成为列入《世界遗产名录》的理由。）

而申报"世界遗产"，主要步骤包括：遗产点的认定，申报文件的编撰，地方政府向国家文物局提出申请，缔约国再向联合国教科文组织提交。此后地方会在推进保护规划及环境整治等各项工作，并迎接世界遗产中心专家的考察。最后，会在世界遗产大会上进行协商投票，以确定是否列入世界遗产名录。

由于"世界遗产"名录是最高级别的保护单位，因此相关的审核非常严格。除了申报对象自身的价值符合标准外，还需要有深厚的研究成果以支持申报文件的撰写，开展全面的保护管理工作来应对世界遗产中心专家的考察，同时还需要有自上而下各级部门的支持。

三、两条诗路遗产的认定

"唐诗之路"的概念虽然提出了30余年，得到了社会各界的广泛重视，并且无论是在大众语境、学术语境、旅游学范畴、文学范畴下的"唐诗之路"，都有了较为明确的表述。但若以文化遗产保护为立足点，以申遗为目标，我们还需厘清遗产语境下的两条"唐诗之路"的概念，以利于进行更为专业的保护对象认定与价值评估工作。

两条"唐诗之路"所涉及的内容不仅包括文化遗产，还包括了一些自然环境或风景名胜，地域较广，同时影响时间也不仅限于唐代。因此，如果单纯从覆盖区域来讲，所涵盖文物古迹及自然风景分布点过多；而如果单纯以"唐代"出发，则相关文物点又过少。如何能够较为充分地进行文物保护对象的认定，也存在一定的挑战。

而本书将在唐诗，以及现有的研究成果，尤其是历史学和文学层面的研究中，梳理"唐诗之路"的历史背景。包括其所在区域的历史沿革，"唐诗之路"如何兴盛，如何衰落，"唐诗之路"所涉及的主要时代、人物、事件、社会经济现象等内容。通过对史料的梳理，将有助于判断"唐诗之路"的遗产概念，进行遗产认定，以及价值评估。

四、两条诗路遗产与其他线路类型遗产的对比分析

如果以申遗为目标，那么单纯对两条"唐诗之路"的历史价值进行阐释，便显得稍有不足，需要在更高的层面去提炼出其突出的价值，进行阐

释。从现有研究成果，以及两条线路周边遗产地的调研中，虽然能够总结出诗路自身广泛的价值，但是还需要通过对照分析，才能进一步明确诗路申遗的利弊，提炼出最为关键的价值。

因此，除了上述需要对"浙东和钱塘江唐诗之路"的史料及现状进行梳理评估外，还需要在横向上与一些文化遗产地进行对比分析。本书将选取两方面内容进行对比。

首先是与已经成功入选世界遗产名录的路线类文化遗产地进行对比分析。路线型世界遗产已经在世界遗产名录上具备一定的规模。通过了解它们的具体情况，一方面可以提取一些可以量化的指标，如长度、丰富度、符合的标准等，对照唐诗之路自身的条件，分析其可行性；另一方面也可以学习这些遗产地对其价值的提炼与阐释方法，并用在对唐诗之路的阐释中。

然后是与国内其他地区的"唐诗之路"进行对比分析。"唐诗之路"的概念虽然最早于浙江提出，但实际上在中国西部地区应当还存在一条"陇右唐诗之路"，并且也逐渐得到了学界的认可。由于申报"世界遗产"，需要国家层面的支持，因此这里还需要将浙地的诗路与西部的诗路进行对比分析，一方面能突出"浙东"与"钱塘江"两条唐诗之路自身独有的价值，另一方面也便于未来可能参与到申遗过程中的各级部门实际工作的开展。

在这两项对比研究的基础上，才能有助于提炼"浙东"和"钱塘江"唐诗之路的价值。

五、申遗可行性分析

在以上工作的基础上，本章研究最终将落脚于两条唐诗之路申遗工作的可行性。这里将重点针对文物的描述、价值阐述、符合的标准，以及整体策略等问题进行回答。这些内容将成为申遗可行性研究的结论部分。

第二节　"浙东唐诗之路"遗产的认定与价值梳理

"浙东唐诗之路"与"钱塘江唐诗之路",其概念虽诞生于文学界,但同时也是地理路线。唐诗自身是极为重要的文献资料,具有极高的历史、艺术等价值;唐诗之路上的实物遗存,则又是其价值的物质依托。这使唐诗之路有机会成为物质文化遗产,从而更多地体现其在文化遗产领域的价值。

但如果将"唐诗之路"作为文化遗产来看待,那么首先需要解决的问题就是其遗产的认定,以及价值的评估。本节便着重阐释这两个方面。本章的结论,也将落脚于三个方面,即两条诗路遗产的认定标准,价值内核的挖掘,以及两条诗路概念合并的可能性。而由于现有资料无法涉及全部相关的遗产点,所以具体的文物初步认定与价值初步阐释,都是试验性的,并非最终的结论。

"浙东唐诗之路"是最早提出的"唐诗之路"概念,因而存在更为丰富的研究材料。根据现有成果,本书将结合现有"浙东唐诗之路"的概念,地域历史,以及相关唐诗内容等方面来进行遗产的认定与价值的评估。

一、现有学科背景下"浙东唐诗之路"范畴

前文提到,"唐诗之路"的概念诞生于文学及文学史的学科领域,而非文化遗产领域。最早提出的"浙东唐诗之路"便是一例。上文提及,1991年5月,浙江新昌学者竺岳兵先生在首届中国唐宋诗词国际学术研讨会上,

发表了《剡溪——唐诗之路》①一文，首次提出了浙东地区唐诗之路的概念。

1993年8月，中国唐代文学学会对"浙东唐诗之路"予以正式认定。②
关于"浙东唐诗之路"的线路走向，如若以物质文化遗产标准来看，则学
界研究成果尚无确切定论。但综合各家，也能够得出一条相对明确的路线
描述。目前普遍认可的主体线路，是由杭州钱塘江始，经萧山西兴西陵渡
进入浙东运河，进一步到达越州（今绍兴市柯桥区和越城区）、上虞（今绍
兴市上虞区），再沿曹娥江，上溯至剡溪，经剡县（今嵊州市）、新昌，到
达天台山。此外还有些许支线，包括途径今余姚、宁波等地，直到海上舟
山群岛的线路。总体而言，可以描述为一条水路为主的文化线路，在水尽
处，则改行陆路。

而"浙东唐诗之路"的"浙东"一词，学界认为可以指钱塘江以东地
区。这片区域在唐代属于江南东道。当时江南东道的越州和台州（越州的
前身是会稽郡，台州的前身是临海郡）二州，则是浙东唐诗之路主要途径
之行政区划。

细究可知，如将"浙东唐诗之路"置于唐代区划中，其路线主要行经
有：越州的永兴县、山阴县、会稽县、上虞县、剡县、新昌县；台州的天
台县。

具体而言，晋唐时期的旅人们，在到达上虞之前，可从两处出发。其
一自是从定山（今西湖区转塘街道）出发，趁涨潮之便渡过钱塘，至鱼浦
（今滨江区闻堰街道），再溯浦阳江至西小江，到钱清则往南，便是湖塘，
柯山（今柯岩）在望，进而进入如今绍兴境内。其二也可从西陵渡（今杭

---

① 竺岳兵：《剡溪—唐诗之路》，《唐代文学研究（第六辑）——中国唐代文学学会第七届年会暨唐代
文学国际学术讨论会论文集》，1994年。

② 竺岳兵：《唐诗之路综论》，中国文史出版社2003年版。

州市滨江区），即唐代时属永兴县出发，过了西陵渡就沿着浙东运河（及古鉴湖航道）穿过永兴县、山阴县，一路向东南，即至越州州治所在的越王台（今越城区府山）。[①]

到了越州城，也可寻两路前进。一是出越州城东门，在会稽县境内再次向东借道浙东运河，过曹娥埭（在今绍兴市上虞区曹娥街道）进入曹娥江，水路到此地开始转向正南。二是出越州偏门，舟行风则江，过阳明洞天和禹陵，转到若耶溪上游，登岸访云门寺后便可翻越越州名山日铸岭，途径舜王庙和诸葛山，便至上浦，云缠雾绕的东山即将映入眼帘。

无论走哪条路，最后又会在上虞县（今上虞区）境内汇合。从上虞出发，便合为一路。沿曹娥江向南，两岸山势绵延起伏，进入汉时的始宁县（今嵊州市三界镇），此后就是剡县地界。剡县因水得名，剡溪便是唐诗之路向南的重要水上通道，水边有历代文人探寻留下的摩崖题记。沿线的群山巍峨壮丽，山间有敕书岭和王罕岭等东晋名流开山留下的古道遗迹。过了剡县向东南行，便可望见新昌大佛寺所在的石城山。最后再行南下，便进入台州天台县境内，水尽转陆路，最终到达天台山。

以上便是文学和文学史领域对"浙东唐诗之路"主线的梳理。除此之外，还有一些对其支线的梳理，如东至舟山，南到温岭等。

二、"浙东唐诗之路"的历史背景研究

"浙东唐诗之路"，自是唐代的线路。但究其如何兴衰，则不止于唐代之事，更不止于诗词文学之事。因而本书从现有研究中，摘取了浙东诗路所在区域的历史背景，并加以梳理。根据"唐诗之路"的概念，与之相关

---

① 竺岳兵：《唐诗之路综论》，中国文史出版社2003年版。

的浙东的历史可以大致分为三个阶段，分别是魏晋南北朝及其之前的时期，隋唐五代时期，以及宋代及以后的时期。

（一）上古至魏晋南北朝时期

浙东地区有着悠久的文明历史，既流传着上古诸多神话历史故事，又有不少重要的考古遗存。前者包括了大禹治水、并九州岛、葬于会稽的传说，越王勾践卧薪尝胆、灭吴兴国的故事；后者也包括了河姆渡、良渚等具有极高历史价值的遗址，其中出土了大量叹为观止的文物遗存。这些上古之事虽然久远，但也说明了浙东地区有着悠远的文明火种。这也从一定程度上解释了虽然中国古代政权中心在汉唐时期位于北方，江南浙地相对偏居一隅，但在大多时代，浙地都能孕育出独特而灿烂的文化。这应当是地缘因素决定的。

如果说上古时代的故事只是奠定了浙地的文化基因，那么魏晋南北朝时期，则确立了"唐诗之路"形成的最重要因素——南方士族。

《嘉泰会稽志·风俗卷》记载："自汉晋，奇伟光明硕大之士固已继出。东晋都建康，一时名胜，自王、谢诸人在会稽者为多，以会稽诸山为东山，以渡涛江而东为入东，居会稽为在东，去而复归为还东，文物可谓盛矣。"[①]文中所记汉晋之后，会稽杰出的人物相继而出，尤为东晋时期接王羲之、谢安之后，大批文人学士接踵而来，成为一种文化潮流。

此外列入史书和文献记载的还有《晋书》卷八十《王羲之传》："会稽有佳山水，名士多居之，谢安未仕时亦居焉，孙绰、李充、许询、支遁等皆以文冠世，并筑室东土。"[②]《全宋文》卷三十二谢灵运《与庐陵王义真

---

① 施宿：《嘉泰会稽志·风俗卷》，商务印书馆2013年版。
② 房玄龄：《晋书·王羲之传》，中华书局1974年版。

笺》:"会稽既丰山水,是以江左嘉遁,并多居之。"[1]唐越州太守李逊在《游妙喜寺记》中记载:"越州好山水,峰岭重叠,逦迤皆见。鉴湖平浅,微风有波。山转远转高,水转深转清,故谢安与许询、支道林、王羲之常为越中山水游侣。"从中我们可知,此处除了士族发达、人杰辈出外,游山玩水也是当地文人们重要的生活方式,这说明起码在魏晋时期,"唐诗之路"所在的区域就发生了人文与自然深度的关联。

公元307年"永嘉之乱"后,东晋新王朝被迫从洛阳迁都至建业(今南京),大批名士、高僧随之流亡江南。然而东晋虽已偏安一隅,与北方政权相比处于弱势,但它也并未团结一致对外。其103年间,东晋仍旧内耗不断,战乱不止。因而大批士族文人选择继续南下。他们沿南京的江南运河至浙东运河,进而栖居在浙东地区。故此后南朝数个政权的士族精英大多也集中于此,其中便有知名的谢氏家族。他们隐退于山水,在回归自然中寻找人性的自由与超脱。

随着北方士族的加入,不仅带来了北方先进的生产技术,也带来了黄河流域发达的中原文化。这种文化与浙东地区文化一经结合,就迸发出灿烂的火花,于是数百年间浙东成了文物之邦、人文荟萃之地。可见,南北朝时期,北方文人向南方的移动,并由此产生的南北方文人的结合、文化的交流,实际上是唐诗之路的先声和先驱。而这种交流与结合又进一步丰富了这个地区文化的内涵,加强了浙东文化近期的区域优势,于是到唐时就自然出现了更大规模文化访问活动,诗人探胜游历比肩而至。所以唐诗之路的出现是这个地区本身存在着的远期和近期文化优势的产物,它有一

---

① 严可均:《全宋文》,商务印书馆1999年版。

段较长的酝酿过程，到唐时条件成熟，遂成现实。①

（二）隋唐至五代时期

唐代自然是唐诗之路鼎盛之时，其中最能反映唐诗之路历史信息的资料，自然是唐诗。后文将有专门的篇章对"浙东唐诗之路"相关的唐诗史料进行详细梳理描述，此处仅大略描述一下隋唐至五代浙东地区的历史背景状况。

隋唐两朝，两个最为重要的时代变革，分别为大运河与科举制，这也是全国一统之后的必然。自此，一是长江不再是天堑，吴越之地与中原的隔阂也不再那么明确；二是位于中原的政权中心，迅速迎来了大批各阶层文人，也形成了文化的迅速繁荣。两者相结合，便是唐诗之路形成最主要的背景，即来自北方的学者文人们，便得以通过大运河来到钱塘，再通过"唐诗之路"领略两浙地区的风采。而随着唐代至五代政权局势的改变，浙东地区的文化发展大体也可以分为三个阶段。

第一个阶段是初唐至中唐，其文化发展主要依赖于中原文人的南下。

唐诗之路于初唐时期便开始活跃，许多诗人出于对魏晋名士的仰慕，以及对浙东山水的向往，慕名而来。除此之外，由于仕途起伏，宦游、贬谪来此的诗人也络绎不绝。比如初唐诗人宋之问，便于景龙三年（709）被贬为越州长史，虽仕途不顺，却也因此得以游遍越州名胜古迹，留下不朽诗篇。这种情况一直延续到了中晚唐之际，不少诗人均在此处为官，比如白居易曾为杭州刺史，元稹、李绅先后为越州刺史、浙东观察使等。

虽然浙东地区在南北朝时迎来了一批文人氏族南下，并形成了局部的

---

① 钱茂竹：《试论"唐诗之路"的历史渊源》，《唐代文学研究（第六辑）——中国唐代文学学会第七届年会暨唐代文学国际学术讨论会论文集》，1994年。

文化繁荣。但必须承认，南方地区在此前长期属于文化落后地区，所以唐初之时，浙东也并非文化领先之地。隋唐以后，如南朝氏族一般的外来人才，对当地文化发展的促进作用应当是最为显著的。同时，这些外来人才大多也是为官于浙东，他们在各地任职有长有短，但往往在任期间政绩显著，对浙东落后的文教事业的发展都有一定的带动作用。如元稹任浙东观察史，段成式任处州刺史，郑虔任台州司户参军，骆宾王任临海县丞，等等，都对当地的文教发展起了巨大的促进作用。其中，如曾任台州司户参军的郑虔，被后世誉为台州文教的始祖，他任职后广泛收徒讲学，使得台州本地在日后出现了诸如林元籍、任蕃、蒋琰、罗虬等一批文化名人。①由此可见，外来人才对浙东各地文化发展的促进作用是较为显著的，尤其是诸多客籍文人到台州任职或定居后，对当地文风开化的推动作用尤为明显。如台州、衢州、明州、处州，外来人才不仅推动了当地文化的发展，更推动了文化南移发展的大趋势。

第二个阶段，是中晚唐之时，本地文人逐渐代替了南下文人，成为浙地发展的核心力量。

中唐之后，穷兵黩武，藩镇割据造成的影响越来越大，也因此爆发了安史之乱。此后，中央对于藩镇的控制，以及藩镇对于中央的态度则是中唐以后政治演变的主题。关于唐代藩镇的问题，陈寅恪在《唐代政治史述论稿》中提出过如下见解："唐代自安史之乱后，名义上虽然保持其一统之外貌，实际上中央政府与一部分地方之藩镇，已截然化为不同之区域。"因此，唐时浙东镇的发展，不仅影响了唐代，实际也是自身的独立发展，并对此后五代时期偏东南一隅的吴越国，产生了重要的影响。

---

①　陈尚君：《唐代文学丛考》，北京中国社会科学出版社1997年版。

在整个唐朝至五代时期，浙东地区虽然也因为陈硕真、袁晁、裘甫等人组织的三次重大农民战争受到了一定程度的破坏，但最为致命的安史之乱，其战火却被阻隔于淮河以北。因此，包括浙东在内的许多南方地区，其发展并未于中晚唐有所停止。[①]在较为稳定的环境下，浙地的文化发展逐渐摆脱了对南下中原文人的依赖，涌现出了诸如朱庆余、严维、杜光庭、张志和、贯休、项斯、罗虬、寒山、灵澈等大批在文学史上具有较高知名度的本地人物。这也是当时文风东渐的一个重要表现。

第三个阶段，是唐末五代，科举士人返乡，对浙地文化发展起到了再一次推动作用。

在唐朝灭亡之后，科举士人大多从中央返回故乡，效力于各割据政权，在五代十国时期，晚唐科举士人的后裔以其自身文化素养帮助藩镇体制走向政权化、文质化，也由此延续了南方地区的文教传统和发展趋势。[②]

综上所述，浙东地区与中原地区非近非远的距离，使之一方面可以在治世享受到中央文化的输入，另一方面又可在乱世规避大规模的战乱，形成了从初唐至唐末五代时期相对稳定的局面。同时，浙东山水的不断开发，也为文化振兴起到了重要的支撑作用。这些一并造就了当时中国的文风东渐。对"浙东唐诗之路"，学界也因此认定，剡中或整个"浙东唐诗之路"，是一条在唐代的"文化旅游线路"，是迁客骚人旅游的热点线路。这条文化旅游线路伴随了整个唐王朝的盛衰。在这条文化旅游路线的背后，一方面是浙地秀丽的山水风光与久远的文化积淀，另一方面是南北文化圈更加繁盛的交流。

---

① 葛剑雄：《中国人口发展史》，福建人民出版社1991年版。

② 戴振宇：《唐五代浙东科举士人及其家族研究》，浙江大学2019年硕士学位论文。

（三）宋代及其以后的时期

宋代文学中，对于浙东地区相关记载就少了很多。但是北宋时期，日本僧人成寻①所写的《参天台五台山记》，仍旧记载了其乘船从钱塘江，到西兴经古运河，到越州，一直到曹娥、剡县（嵊县，今嵊州市）、新昌、天台、宁波的行程等，不但较详细记述了运河水道、船运设施，还记载了许多沿运河的山川风光、风土人情、乡村城镇，成为研究唐宋时期浙东水陆路重要和权威的第一手史料。我们根据该史料记载，也能大致梳理出宋时，"浙东唐诗之路"仍旧是一条重要的路线。

但是通过《参天台五台山记》，我们或许可以窥得"浙东唐诗之路"于宋后衰败的一个原因。其中记载了成寻5月9日至10日，从三界县到剡县是走水路；但是自5月11日起，便开始雇轿夫，之后陆续到新昌、天姥、天台、国清寺都是走陆路；回程时，他依旧是走陆路回到剡县，从剡县开始行水路。其中可以反映出，宋代的时候，曾经"浙东唐诗之路"重要的水路，应当有所减少。虽然我们不能排除水路依旧存在只是成寻并未选择的可能，但是起码可以判断，水路在宋代应当不及唐代知名或便利。

同时，宋时的浙东地区，新的文化现象也取代了唐诗之路，便是书院之风。山居之余，吕规叔在剡中设立书院讲学，名为鹿门书院。宋淳熙七年浙东大灾，理学家朱熹因负责浙东的赈灾，来到剡中，访吕规叔于鹿门，并在书院讲学，书院之名一时大盛。朱熹昔年在鹿门题有"贵门"二字，故鹿门后世也习称贵门。

---

① 成寻（1011—1081），俗姓藤原氏，出身官僚家庭。1072年（日本白河天皇延久四年，中国宋神宗熙宁五年），成寻一行自日本松浦壁岛登上中国商船，从这一天起就开始写日记，后成《参天台五台山记》。

宋、明两代文人中选择在浙东沿"唐诗之路"的区域栖息者其实是层出不穷的，以至于被明代文人袁宏道称为"士比鲫鱼多"。另外，毛泽东"鉴湖越台名士乡，忧忡为国痛断肠；剑南歌接秋风吟，一例氤氲入诗囊"一诗中，"剑南歌"指南宋诗人陆游；而"秋风吟"应是写近代绍兴鉴湖女侠秋瑾。其中也阐明了以绍兴为中心文化圈的代代传承。

我们可以看出，虽然浙东之地文化繁荣依旧，但是先前所提到的"唐诗之路"一概念，其实在南宋以后便算是消亡了，可谓"其兴也勃焉，其亡也忽焉"。现在的学界究其原因有三①。

一是地理环境有所改变。浙东地理环境的改变，主要体现在曹娥江、剡溪流域的自然地理环境发生了一些变化。唐以前，山浮水中，故天姥亦成小而高的"岑"。舟行水上，路程已过大半，登山也较北方轻松方便许多。南宋以后，鉴湖局部湮废，会稽境内湖面缩窄，曹娥江水网剧变、水位降低、丘陵沙土入溪，累积淤塞而改水道。加上浙东地势本来就南高北低，因此，为了东西走向的运河能够方便穿越南北向的自然河流，浙东运河增修建设了许多碶闸和堰坝。

有文献记载如下：

宁绍之间，地高下偏颇，水陡不成河。昔人筑三数坝蓄之，每坝高五六尺，舟过者俱系絙于尾，榜人以机轮曳而上下之，过千石以度，亦他处所无也。度剡川而西北，则河水平流。②

---

① 林晖：《浙东唐诗之路的兴衰原因及当代意义》，《台州学院学报》2019年第4期。
② 王士性：《广志绎·杂志下》，中华书局1997年版。

水路改变后，行旅的诗客由此入剡溪、新昌江，上天台山就显得相对不便。从都城临安到辅郡台州，走明州线则变得更为便捷，山水相连、奇险峻峭的谢公古道逐渐冷落。明代游客到天台山，也多从宁海方向骑马而上，徐霞客之道则应运而生。

二是浙东社会政局动荡不稳。政权更替，内乱外患，农民起义，海禁迁民，倭寇侵扰，南宋都城的繁华不可避免地烟消云散。山河破碎，画意残缺，文化影响力虽然还在，但文人们已失去了前辈往日的热情，所写的山水诗词量不及唐代之十一，质量更是江河日下。

三是文士漫游之流风转向。元代汉族学子文士地位骤降，自由度受限。明初方孝孺案后，浙东读书种子更是受到严重摧残。他们自顾不暇，诗兴顿失，早已少了呼朋唤友、登山涉水、吟诗作赋的闲情雅致，浙东学派即为典型。

既然诗人们到浙东目的是游玩，方法是自由行为主，宦游为辅。现在山水变迁、社会动荡，游路不便、征途不安，自然兴致受损，故诗路平坦者成官道驿路，险峻者乏人问津、草木蔽径。路逐渐冷落，诗名自然也不再兴。

当然唐诗之路的影响不仅在国内，还通过"海上丝绸之路"传播到了国外，尤其与日本、朝鲜等国家有着长期和重要的交流，有着持续的发展并取得丰硕的成果。

千百年来，自然灾害、战争、其他人为破坏，以及当代社会发展中尤其是城镇化、交通建设的需要，如移山填海、削坡造路、打隧道、架飞桥、通高铁、通高速，这些都不可避免地造成地形改变。这也给"浙东唐诗之路"的完整性带来了一定的损害。

即便如此，"江山代有才人出，各领风骚数百年"。今天，我们讨论研究浙东唐诗之路，其意义不仅在于历史文化遗产保护、区域旅游，更重要的是历史人文地理学的当代意义及应用。

三、"浙东唐诗之路"相关诗词内容梳理

在了解了浙东地区的历史沿革后，本书还会对相关的诗词内容进行梳理，最重要的两部分在于诗词相关地名，以及重要诗人行迹的整理。竺岳兵先生编纂出的《唐诗之路唐诗总集》一书，对唐诗内容的梳理工作起到了巨大的帮助作用。

通过《唐诗之路唐诗总集》[①]中对于"唐诗之路"相关唐诗的收录，并根据考证的地点行进分类，共79处地点汇总如下。

关于"浙东、越"的唐诗97首；

关于"越州"的唐诗103首；

关于"会稽山"的唐诗16首；

关于"钱塘江"的唐诗12首；

关于"西陵"的唐诗39首；

关于"渔浦"的唐诗26首；

关于"萧山"的唐诗11首；

关于"柯桥"的唐诗14首；

关于"越州州治"的唐诗71首；

关于"戴山"的唐诗8首；

关于"塔山"的唐诗6首；

---

① 竺岳兵：《唐诗之路唐诗总集》，中国文史出版社2003年版。

关于"龙山"的唐诗36首；

关于"镜湖"的唐诗66首；

关于"龟山"的唐诗7首；

关于"方干岛"的唐诗19首；

关于"严维宅"的唐诗8首；

关于"贺知章故居"的唐诗21首；

关于"湖塘"的唐诗5首；

关于"兰亭"的唐诗22首；

关于"法华山"的唐诗21首；

关于"秦望山"的唐诗3首；

关于"云门山"的唐诗58首；

关于"宛委山"的唐诗63首；

关于"若耶溪"的唐诗64首；

关于"称心寺"的唐诗5首；

关于"上虞县治"的唐诗10首；

关于"曹娥"的唐诗5首；

关于"小舜江"的唐诗4首；

关于"四明山"的唐诗35首；

关于"东山"的唐诗12首；

关于"剡县"的唐诗4首；

关于"始宁"的唐诗14首；

关于"剡中"的唐诗41首；

关于"剡溪"的唐诗50首；

关于"剡山"的唐诗18首；

关于"剡县县治"的唐诗4首；

关于"金庭山"的唐诗9首；

关于"白石山"的唐诗10首；

关于"东溪"的唐诗11首；

关于"新昌大佛寺"的唐诗12首；

关于"南岩"的唐诗5首；

关于"穿岩"的唐诗7首；

关于"沃洲山"的唐诗64首；

关于"岵山"的唐诗11首；

关于"桃源"的唐诗35首；

关于"天姥岑"的唐诗17首；

关于"天台山"的唐诗87首；

关于"台州"的唐诗18首；

关于"唐兴县"的唐诗5首；

关于"石桥"的唐诗40首；

关于"华顶"的唐诗23首；

关于"赤城山"的唐诗32首；

关于"国清寺"的唐诗8首；

关于"桐柏山、玉霄峰"的唐诗24首；

关于"琼台、双阙"的唐诗7首；

关于"寒岩"的唐诗7首；

关于"始丰溪"的唐诗10首；

关于"合州州治（临海）"的唐诗18首；

关于"巾子山"的唐诗4首；

关于"龙兴寺"的唐诗3首；

关于"郑虔故居"的唐诗12首；

关于"圭峰"的唐诗8首；

关于"委羽山"的唐诗3首；

关于"括苍山"的唐诗4首；

关于"诸暨县治"的唐诗8首；

关于"五泄"的唐诗3首；

关于"浣纱溪"的唐诗19首；

关于"雪窦寺"的唐诗8首；

关于"鄞江"的唐诗7首；

关于"明州州治"的唐诗10首；

关于"阿育王寺"的唐诗2首；

关于"太白山"的唐诗8首；

关于"洛伽山"的唐诗4首；

关于"朐山"的唐诗6首；

关于"马迹山"的唐诗2首；

关于"望海镇"的唐诗4首；

关于"句章"的唐诗2首；

关于"余姚县治"的唐诗3首；

关于"历山"的唐诗7首。

共计1585首。

通过对其中诗文内容的梳理①，可知诗句中所提到的地名多达102处，其中按照提到次数自多至少排序如下。

提到最多的是天台（包括山、寺），共21次；

会稽山（包括山、寺）提到16次；

镜湖14次；

四明山10次；

提到8次的有剡溪、山阴（基本出现在越州区域，因此推测很可能为会稽山阴，或与"会稽山"或"兰亭"等有关）；

提到7次的有西陵（包括驿站）、石桥（包括山、峰、寺、瀑布）、云门（包括山、寺）；

提到6次的有东山（包括山、寺）、华顶山、台州、沃洲山；

提到5次的有若耶溪、石城（包括山、寺）；

提到4次的有赤城山、法华寺、柯亭（包括柯水）、钱塘江；

提到3次的有称心寺、东溪、寒山、巾山（巾子山）、九峰山、历山、秦望山、胸山、天姥山（即天姥岑）、雪窦寺、剡山、剡县、诸暨、桃源；

提到2次的有岣山、宝林山寺、方干岛、龟山（龟山寺）、浣纱溪、蕺山、剡中、灵溪（灵溪观）、琼台、上虞、始丰溪、太白山、天柱山（天柱观）、桐柏山（桐柏观）、王羲之宅、委羽山、五泄山、项王庙、萧山、小舜江、严维宅、鄞江、渔浦、郑虔故居；

提到1次的有阿育王寺、百丈崖、北固山、曹娥庙、禅林寺、大禹庙、

---

① 详见附录一。

洞阳观、都庆观、圭峰山、国清寺、海榴亭、汉江、惠福寺、惠忍寺、江上寺、金庭观、句章、括苍山、兰亭、灵佳寺、灵山寺、灵隐寺、龙宫寺、龙山、龙兴寺、鹿苑寺、洛伽山、马迹山、南岩、蓬莱阁、升山寺、始宁、唐兴寺、望海镇、溪县、兴善寺、隐静寺、应天寺、余姚、郁林寺、越王台、越溪、招隐寺、中岩寺、竹林寺。

可以看出，其中的地名有的沿用至今，易于考证；有的或难以考证，或于某代湮没，未能留存至今。但是以上所出现的地名，除了表示大区域的，如"浙东""越州""余姚"等外，确可作为"浙东唐诗之路"遗产认定的范畴之内。这也能够给遗产认定的标准提供重要的参考。

除了唐诗之中存在的地名外，一些重要诗人在浙东行迹中涉及的一些地点也可能成为"浙东唐诗之路"遗产的组成部分。因此本书还对现有的诗人行迹研究成果进行了梳理。

竺岳兵先生对"浙东唐诗之路"相关的诗人行迹也有过较为详细的研究，本书根据其成果[①]，对一些重要诗人的行迹，梳理如下。

（一）李白

《全唐诗》卷一六一至一八五编李白诗二十五卷。据考证，李白应当四入浙江、三入剡中、二上天台、一上四明。[②]李白第一次来浙东，在开元十四年（726）"东涉溟海"时。李白"东涉溟海"至何处这个问题，郁贤皓先生在《李白丛考·李白出蜀年代考》认为其《别储邕之剡中》"乃初往

---

① 竺岳兵：《唐诗之路唐代诗人行迹考》，中国文史出版社2004年版。

② 竺岳兵：《唐诗之路唐代诗人行迹考》，中国文史出版社2004年版。

越中之作……应该是开元十五年（727）的夏天"。郁先生还以李白在《早春江夏送蔡十还家云梦序》说明此前李白已到过越中。而论述开元十四年（726）夏秋之交李白入剡中，登天姥，上天台山，直到第二年才北回扬州的理由如下。[①]

第一，据《海内十洲记》，所谓"溟海"即"圆海"，指海的周边有高山密林，有溪流与大海交换通畅的意思。而唐代时，剡中盆地尚是湖泊遍布，时有海水倒灌，如唐代诗僧贯休"微日生沧海，残涛傍石城"诗句可证。石城在剡中，即今新昌大佛寺。

唐代诗人储光羲、元稹、李绅、孙逖，以及宋代的王十朋、刘奉等人的诗和李白自己在诗中多达二三十次提到的溟海，均指剡中，而非广陵。广陵（今扬州市）在唐代时是全国第一大都市[②]，决非溟海。李白"东涉溟海"，指今剡中。

第二，李白有很多诗或诗句，可以说明他早已到过浙东，而《早秋单父南楼酬窦公衡》诗，更能证明这一点。这首诗詹锳先生等先辈认为作于开元二十五年（737），诗云："白露见日灭，红颜随霜凋。别君若俯仰，春芳辞秋条。泰山嵯峨夏云在，疑是白波涨东海。"[③]窦公衡曾任剡县尉。从"红颜随霜凋"句，知两人相识时正年青。

由"红颜"到"霜凋"，说明至少阔别了十多年。也就是说，由开元二十五年上推十多年，为开元十四年（726）前后，李白在剡与剡县尉窦公衡交友，重逢时在山东，故以"泰山"之"夏云"、"东海"之"白浪"比喻"随霜凋"之白发，说明其此前确已到过剡中。

---

① 竺岳兵：《李白"东涉溟海"行迹考》，《唐代文学研究》（第一辑），山西人民出版社1988年版。

② 范文澜：《中国通史简编》第三编，人民出版社1965年版。

③ 李白：《早秋单父南楼酬窦公衡》，《全唐诗》卷一百七十八，中华书局1979年版，第1812页。

第三，作于天宝六载（747）的《同友人舟行游台越作》中，有"蹇予访前迹，空持钓鳌心"，其中"前迹"指的就是本次游浙东。

此外，李白于开元二十七年入浙江，是完全可以肯定的。在《李白"移家东鲁考"》[1]一文中，认为李白由东鲁南下经杭州返安，然后"移家东鲁"，但对于他是否曾入越中，则无法确定。以上是李白第一次入剡的情况。

李白第二次入剡中，是在天宝六载（747），即李白四十七岁时。著名的《梦游天姥吟留别》就作于临行前。作于临行前的诗还有：《东鲁门泛舟二首》其二的《登单父陶少府半月台》与《鲁郡尧祠送窦明府薄华还西京》。

李白这次来浙东，有《对酒忆贺监二首》《重忆一首》《越中秋怀》《越中览古》等许多诗篇可证；这里要讨论的是至今人们都没有注意到的一个事实，即李白曾于这年登上了四明山顶，有《早望海霞边》诗为证。诗第二句"朝起赤城霞"不是指天台山赤城之霞，而是用赤城的丹红色，来比拟诗人站在四明山顶，看到太阳即将从东海海面喷薄而出时的朝霞。

以上是李白奉诏入京，又被放逐还山后，第二次入浙东的情形。

李白第三次来浙东是在天宝十二载（753）秋。

其路线是由东鲁经梁园（今商丘市境内）、曹南（今山东菏泽）到宣城，再由宣城入新安江，顺流经杭州到会稽。途经曹南时，作《留别曹南群官之江南》到越中后，作有《越中秋怀》。这两首诗中的"十年""十见"，指他在天宝三载（744）辞朝出京，到天宝十二载，恰好十年。次年春李白回到金陵。王屋山人魏万于天宝十二载千里寻访李白来江东，但因道路相左，到次年五月才在金陵见到李白。李白作《送王屋山人魏万还王屋并序》，尽

---

[1]　竺岳兵:《李白"移家东鲁"考》,《中国李白研究1990年集》,江苏古籍出版社1991年版。

述唐时浙东名胜。可以说明李白此次浙东之行的证据很多，论家对此也早已肯定。

李白至德元载（756），五十六岁时确曾第三次来浙东。作有《经乱后将避地剡中留赠崔宣城》诗，但这次是否成行，学术界有两种截然不同的意见。一种认为只到杭州而未到剡中，一种认为隐于剡中。这两种说法究竟哪一种正确，有待更可信的论据，才能得出结论。现在可以肯定的是：李白于公元726、739、747、753年到浙江，767、747、753年入剡中；726、747年上天台山；747年上四明山。

（二）孟浩然

《全唐诗》卷一五九、一六〇编孟浩然诗为二卷。历来对孟浩然的研究，多得不可胜计，也已取得了很大成就。但关于孟浩然来浙东的目的及他在浙东的行迹这两点，更需再予考证。

孟浩然于开元十七年（729）或十八年（730）从襄阳到浙东，有学者认为是访问在乐城（今浙江乐清市）当少府的好友张子容。但竺岳兵先生认为，孟浩然南下不是为访张子容，而是想长期隐居于浙东，其理由如下。

第一，孟浩然在游京师失意后，《南归阻雪》《田园作》等诗中说到了他当时进退两难的困境：朝端乏亲故，乡曲无知己；鸿鹄之志难展，又耻与乡邻争食，剩下的只有独自感叹。这时，他很需要一处能保持高洁品格的闲适环境。浙东是山水秀丽、六朝风流荟萃之地，正好符合他的要求。因此可以推测，孟浩然入浙东，是在京城无路，又耻隐于鹿门的复杂心情中做出的必然选择。

第二，孟浩然此后南下途中，经谯县时写的《适越留别谯县张主簿申屠少府》，也说明他此行不是一般性的访友寻胜，而是欲隐居浙东。

他曾到过浙江临安，写有《将适天台，留别临安李主簿》。到浙东以后，他也时常表达遁世之意，如《寻梅道士》《宿立公房》等诗，自比长期隐居浙东的王羲之、许玄度、支遁。还有如《宿天台桐柏观》《久滞越中，贻谢南池、会稽贺少府》等诗文中体现了隐居之意。

第三，从孟浩然写给张子容的几首诗来考察，他到浙东的目的，不是为访张子容。张子容是襄阳人，是孟浩然的同乡好友。开元年间（713—741）任晋陵尉，接着被贬为乐城尉。孟浩然来浙东时，他正任乐城尉。但孟浩然在来浙东前，现存诗篇中，并无张子容给孟浩然的诗文，也无孟浩然写给张子容的诗文。而孟来浙东之后，则写有五首诗给张，这五首诗是《嘉上浦馆逢张八子容》《除夜乐城逢张少府》《岁除夜会乐城张少府宅》《初年乐城馆中卧疾怀归》《永嘉别张子容》。单从这些诗题便可知，孟浩然并非为访张子容而来浙东。张子容写给孟浩然的诗有四首，都是在乐城逢孟浩然时写的，这四首诗是《除夜乐城逢孟浩然》《乐城岁日赠孟浩然》和《送孟八浩然归襄阳》（二首）。从这些诗题看，也看不出张子容曾经邀请孟浩然来浙东。

由上观之，孟浩然来浙东，或许并非一般性的寻胜访友，而是有可能欲隐居浙东。当然，纵使孟浩然来此并非寻盛访友，但研究者们从"访张子容"这个事件出发，对于孟浩然浙东行迹，也有不少说法。归纳起来，大体可以分成以下两种。

第一种说法，把孟浩然到杭州以后的行踪，说成溯富春江、新安江、恶溪（今名好溪）到永嘉访张子容。尔后北上溯始丰溪、登天台山，顺流剡溪到山阴，再北归鹿门。

第二种说法，是开元十七年（729）秋，孟浩然自洛阳南游吴越，十二月，游剡县石城寺。次年正月，又赴越，四月，又自杭州赴天台山。八月又在杭州观涛，寻复赴越州。岁末冬初，取道新安江至永嘉。开元十九年（731）正月在乐城卧疾。四、五月间，滞留越中，九月自吴越归。

（三）崔颢

《全唐诗》卷一三〇编崔颢诗为一卷。史书对崔颢青少年时期行迹的记载甚少，好在他留有很多诗可供探索，如《题沈隐侯八咏楼》《题黄鹤楼》等，可以参考用来推测其行迹。

沈隐侯，即沈约，他曾做过东阳太守，八咏楼在东阳。可见在天宝三载以前，崔颢即已游历过江南与塞北。而当时的他，或许来过越地。而第二次入越中，就是在其任东阳太守时，有《题沈隐侯八咏楼》为证。大约在卸任后，他又有越中之行。再从《舟行入剡》可知，他是由东阳入剡的。东阳与剡中之间，隔着一座山，其间必须弃舟翻山，然后再登舟入剡，较为困难，因此认为他在东阳卸任时专程入剡的。按《登科记考》[1]卷记载崔颢开元十一年（723）登科进士及第。知其任东阳太守和入剡，当在登科之后，与上次入越的间隔时间不长。

（四）白居易

《全唐诗》卷四二四至四六二编白居易诗，为三十九卷。白居易曾三次游览浙东。

第一次，约在建中四年（783）、兴元元年（784），即白居易13岁左右避战乱在越州，其《江南送北客因凭寄徐州兄弟书》题下自注"时年十五"。白居易在徐州古丰县的朱陈村（今江苏丰县东南），有《朱陈村》可证。白居易随父至徐州别驾任所，寄家符离（在今安徽宿县东北），他是由符离来浙东的。

按白居易《自河南经乱关内阻饥兄弟离散各在一处因望月有感聊书所

---

① 徐松：《登科记考》，中华书局1984年版。

怀寄上浮梁大兄于潜七兄乌江十五兄兼未符离及下邽弟妹》《除夜寄弟妹》《寒食卧病》《病中作》《江楼望归》等诗文内容，可知他此时确实在越。《自河南经乱》诗中提到的战乱，在《题牛相公归仁里宅新成小滩》《寄江南兄弟》提到的内容，可能指的也都是他来越州避难之事。此次前来，白居易也到过剡中，其《泛春池》《赠薛涛》也可证明这一点，而从《缭绫》诗中，可知他曾夜宿石桥，亦知他曾夜观石桥瀑布。

以上是白居易第一次在浙东的情况。

白居易第二次来浙东，约在任杭州刺史时。白居易长庆二年至四年（822—824）为杭州刺史；元稹长庆三年至大和三年（823—829）为越州刺史；① 崔玄亮长庆三年至宝历元年（823—825）为湖州刺史。《郡中闲独寄微之及崔湖州》一诗则说明了三人的交往，同时也提到了"镜水"（即镜湖）。据此推知长庆二年或三年，白居易曾游浙东。

此外，白居易的其他诗文也可印证。如在《鸟窠和尚赞》《赠鸟窠和尚诗》中，可知白居易曾慕名摆放在若耶溪畔的一棵大松树上结窠为僧舍的鸟窠和尚；《宿云门寺》诗，也写到白居易游鸟窠后夜宿云门；《题法华山天衣寺》诗，说明他又游法华山；《题谢公东山障子》，也说明他还到过位于上虞境内的谢安故居东山。

白居易第三次来浙东，约在大和二年至四年（828—830）间。

按白居易自元和十年（815）秋被贬为江州司马后，便少有宦情。在罢杭州刺史又罢苏州刺史大和三年（829），白居易历河南尹、太子宾客、太子少傅等职，后又因病免官。此后入越，写了《和微之春日投简阳明洞天五十

---

① 郁贤皓：《唐刺史考》，江苏古籍出版社1987年版。

韵》，为大和三年八月十日作。①还有《赠薛涛》诗，可证其曾到剡溪一带游览。此后他北归时，正遇苏州刺史刘禹锡，作有《和寄问刘白》诗。后来，白居易又有《春早秋初寄浙东李侍郎》重忆李绅之邀，诗末二句云"四时新景何人别，遥忆多情李侍郎"，说明白居易确于大和三年春再游浙东。

由上我们可以看到：大和二年春，白居易到越州，同年春白寂然到剡县沃洲山，时令都在同年的春季。

综上所述，白居易曾三次来浙东，第一次是来避难，第二次是任杭州刺史时应元稹之邀来越，第三次则是怀念浙东而来的。

诗人行迹所涉及的地点又包括如下部分。

李白：剡中、天台、四明、越中、天姥、溟海（即剡中盆地）、石城（即今新昌大佛寺）、杭州、赤城（即四明山顶的朝霞）、新安江、会稽。

孟浩然：乐城（今浙江乐清市）、鹿门、临安、天台桐柏观、越中、会稽贺少府、晋陵、永嘉、富春江、新安江、恶溪（今名好溪）、始丰溪、天台山、剡溪、山阴、剡县石城寺、越州、吴越。

崔颢：八咏楼、东阳、剡中。

白居易：越州、剡中、石桥、石桥瀑布、杭州、苹洲（泛指湖州）、镜水（指镜湖）、云门寺、法华山、谢安故居东山、剡溪。

综上所述，我们可以从诗篇中所体现的地名及重要诗人行迹中所体现的地点，将现存的反映"浙东唐诗之路"相关的沿线文物古迹分为以下类别。

一是反映诗路时期的古代交通遗存。这一部分遗存大多并未出现在唐诗之中，但却是形成唐诗之路的根本条件。其中主要包括运河、古驿道及

---

① 郑樵：《通志》第十六卷，浙江古籍出版社2000年版。

交通线路上的桥梁、古纤道，以及沿线摩崖题记等，如：古纤道、救书岭古道、王罕岭古道、天姥古道、苍岭古道等。

二是反映唐诗的山水自然景观。虽然主体是自然风景，但其中也难免会有些许寺庙坐落，总体来说主要包括浙东运河、鉴湖遗址、会稽山、曹娥江、剡溪、天姥山、天台山等山水自然景观。

三是反映唐诗之路的人文遗产地。主要包括相关诗句中提到的寺庙、人物相关的，如：天台山上的古老寺庙，王羲之墓及金庭观、唐宋摩崖刻石、谢安墓等。

四、文化背景——前朝遗风

除了具体的地点外，我们还需要通过诗文的内容，对唐诗之路的文化背景进行梳理。通过对其地域历史及诗词内容的梳理，首先可以提炼出的，便是唐人对东晋南朝士族的向往。

相关诗词中，关于魏晋南北朝遗风的内容也体现在附录中。具体而言，关于追随魏晋遗风的唐诗有很多，在《唐诗之路唐诗总集》[①]中整理后的关于魏晋遗风的唐诗大约有30首，不论是韩翃《送皇甫大夫赴浙东》的"豪贵东山去，风流胜谢安"，刘长卿的《送人游越》"梅市门何在，兰亭水尚流"，权德舆的《送谢孝廉移家越州》"从此幽深去，无妨隐姓名"；抑或是李嘉祐的《送越州辛法曹之任》"王谢登临处，依依今尚存"，李白的《淮海对雪赠傅霭》"兴从剡溪起，思绕梁园发"；还有关于兰亭集序、桓伊吹笛、刘阮遇仙等许多著名魏晋时期的名士们的典故也都录于诗中。

东晋之后，大批士族南迁，南迁士人不仅在政治上握有势倾朝野之权，

---

① 竺岳兵:《唐诗之路唐诗总集》，中国文史出版社2003年版。

而且在思想文化上也是公认的领袖。一方面，如王导、王敦兄弟长时间里执掌着东晋政府的实权，他们的子弟如王羲之、王献之等又是当时思想文化事业上的领头人物。又如谢安、谢玄不仅为朝中太傅、车骑将军，显赫一时，其子侄和后辈如谢混、谢道韫、谢灵运、谢庄、谢惠连等，在文学上也是当时屈指可数的大家。同时这些显要望族又攀龙附凤，联姻结亲，世为秦晋之交，这就更加强了其在政治、文化上的力量。但另一方面，这些北方士人又是比较开明的，在经过了一番利益调整之后，他们与浙东地区的土著士人团结了起来，联络一起，互相呼应、互相支持。①

除此之外，还有两个重要人物，一是王充。王充为上虞人。《后汉书》本传记载他受业太学，师事班彪苦学勤读情况。后回到家乡，他闭门潜思，绝庆吊之礼，历30余年，终成《论衡》85篇。但此奇书，百余年间却鲜为人知。袁山松《后汉书》记载："充所作《论衡》，中土未有传者。蔡邕入吴始得之，恒秘玩以为谈助。其后王朗为会稽太守，又得其书，及还许下，时人称其才进。或曰：不见异人，当得异书。问之，果以《论衡》之益，由是遂见传焉。"得力于蔡、王，《论衡》才在中土传播。可见浙东地区文化是经过不断传播才流入中原的。

另一个是贺循。贺循是会稽土著士人代表，有着广泛的社会关系。王谢诸族与贺族和平共处，同心相应，同类结求。另外如孔姓孔令符、孔晔，虞姓虞预、虞翻乃至隋的虞世南等都相处顺遂。于是北方士人与南方士人一起组成了一个连续200余年的会稽文人集团。这个集团的人物各有建树，无论是在哲学、历史、文学、艺术诸方面都达到了当时全国领先的水平，给中国文化带来极大的影响。会稽文人集团的出现，实际上是北方文化与

---

① 吕洪年：《积淀深厚的浙东运河文化》，《今日浙江》2005年第23期。

浙东地方文化的一次结合，是一次大规模的交流。而且这种交流与结合显然受到了统治者的支持。由于经济的发展，当时会稽可与建康相提并论。[①]

"今之会稽，昔之关中。"[②] 可见浙东或剡中地区，是南朝各代的大后方。王家宗族子弟多安居此处，如司马氏、萧氏均有子女在此生活、读书。而文人们也多以统治者为依托，在此建庄营室，求田问舍，流连忘返，至今留有大量佳话。如谢安东山再起，王羲之兰亭修楔，王子猷雪夜访戴，谢道韫咏絮对诗，谢玄兰芝玉树等。尤其是谢灵运山水诗的出现，伴随山水诗而对各种游历生活的热衷与向往，更给诗人们以极大的启示：要学习山水诗，就要寻胜问幽，跋山涉水，就要如谢康乐那样，足迹寄于山程水泽中。

五、文化背景——宗教发展

除了前朝遗风外，"浙东唐诗之路"上的佛道宗教的发展也为诗路的形成壮大起到了推动作用。比如之前提到的天台山，成为诗词中被提到次数最多的地点。

佛教在浙东地区的发展，与唐诗之路的形成有着一定的关联。东晋时期中华文化南移使新昌集中了大批高僧，他们因北方战乱而冷寂了印度佛教，进行了一番儒佛道三教合一的大改造。经佛教改革派般若学"六家六宗"的自我更新，以及中国道教玄学的大举推进，完成了中国思想史上佛教文化中国化的大转折。

其后到了隋唐时期，天台宗形成于唐朝。天台宗走过的道路，也可看作是中国隋唐大一统王朝走过的道路。经过几百年的南北两大政治集团的

---

① 吴松飞：《唐代诗人与浙东山水的渊源试论》，绍兴文理学院越文化研究院，2006年。

② 房玄龄：《晋书·诸葛恢传》，中华书局1974年版。

对峙，南朝和北朝分别进行了民族融合（南方各民族的融合，北方各民族的融合），实际上也为恢复中国大一统的政治形势做准备。有学者认为，佛教也在这个统一的大形势下，起着配合的作用。政治上南北两大政权的统一，符合中国历史发展方向；而天台宗从宗教神学理论上，论证了大一统王朝存在的必然性。宗教哲学不同于政治学，它不是为隋唐的某一政策、措施作说明，而是从整体上论证世界事物的融会、统一、互相补充的合理性。[①]

著名的中国佛教宗派之一的天台宗，因创始人智颤常住浙江台州的天台山而得名。其教义主要依据《妙法莲华经》，故亦称法华宗。天台宗是中国汉传佛教最早创立的一个宗派，它集合了南北各家义学和禅观之说，加以整理和发展而成一家之言，当时得到朝野的支持和信奉，对隋唐以后成立的各宗派均有影响。

元、明以后，该宗学者往往兼倡净土，形成"教在天台，行归净土"之风。该宗在汉族地区虽几经兴衰，但仍延续至今不绝，并且对于世界的佛教发展也有着很大的影响。比如9世纪初，日本僧人最澄便将天台宗传到日本，在平安时代与真言宗并列发展，史称"平安二宗"。13世纪由此宗再行分出日莲宗。当今，日本天台本宗、日莲宗都很兴旺，而日莲宗在20世纪又分出几个新兴教派。再比如11世纪末，朝鲜半岛的义天来到宋朝求学，把天台宗也传到了朝鲜。而诞生了天台宗的重要地理环境——天台山，也被东方邻国奉为祖庭，在东北亚文化交流中，天台宗曾发挥过重要作用，值得被世世代代记取。

在此背景下，佛教从天台的山林里走出，沿运河至明州，使得明州成

---

① 任继愈：《天台宗与中国佛教》，《世界宗教研究》1998年第2期。

为当时重要的佛教圣地。继续向东，越过大洋，唐代文化的影响范围覆盖了整个东亚地区。今日沿着他们走出的唐诗之路，仍然有一些遗迹可寻。在今天的余姚，奉化和鄞州，我们都能找到唐代佛教繁盛、文化昌明的痕迹。余姚的龙泉寺，奉化的雪窦寺，鄞州的天童寺、阿育王寺和天宁寺，梵音从唐传播至今。贺知章和王羲之也有在宁波地区活动的遗迹留存。即便是位于浙江最东端的舟山，因当时是出海的主要港口，也成为佛教东传的重要阵地，被后世誉为海天佛国的圣地。[①]

在《唐诗之路唐诗总集》中与佛教文化相关的唐诗约有60首，有李绅《再游应天寺圣母阁》"越地灵踪多少处，伽蓝难尚此楼台"，宋之问《湖中别鉴上人》"自有灵佳寺，何用沃洲禅"，方干《题龟山穆上人院》"床上水云随坐夏，林西山月伴行禅"，张蠙《龟山寺晚望》"四面湖光绝路岐，鹧鹕飞起暮钟时"，张籍《送稽亭山寺僧》"师住稽亭高处寺，斜廊曲阁倚云开"等，不仅描述了当时的众多佛教寺院，也描述了在浙东地区佛教文化的兴盛，可以看出佛教文化的传播也与唐诗之路的发展息息相关。

除了外来的佛教外，本土的道教在浙地也有着繁荣的发展。浙江历史上出现了一大批道家、道教的思想家和学者，或者一大批道教思想家和学者曾经在浙江生活过，为道教的发展和繁荣做出了重大贡献。

浙江毗邻在道教历史地理学上占重要地位的江西、江苏，其地理位置为三地频繁而密切的沟通与交流创造了基本的可能性，道教思想观念上的开放、灵活和注重创新则使得这种可能性变为现实，这作为一个重要因素，使得浙江在道教史上涌现出了一大批著名道士、宗派领袖和思想家，一大批籍贯非浙江的道教学者、思想家也往往长期在浙江传道、讲学。如他们

---

① 任继愈：《天台宗与中国佛教》，《世界宗教研究》1998年第2期。

中较为显著的有葛玄、葛洪、杜子恭、孙恩、卢循、许迈、陆修静、孙游岳、顾欢、司马承祯、杜光庭、闾丘方远、罗隐、施肩吾、张伯端、林灵素、胡莹微等，他们及其思想构成了浙东学派诞生的部分前奏和思想背景。

在南宋之后，又出现了白玉蟾、莫月鼎、王惟一、刘大彬、杜道坚、林灵真、黄公望、金志扬、何道全、傅金诠、闵一得、卫真定等众多宗师、学者，他们在道教史上占重要的地位，其思想构成了浙东学派发展的思想背景。① 关于浙东学派，依据何炳松在《浙东学派溯源》②的观点，从广义上来看，包括永嘉学派、永康学派、金华学派、四明学派、姚江学派和以黄宗羲为代表的清代浙东学术。③ 永嘉学派源于北宋的周行己，传于郑伯熊、薛季宣、陈傅良，而由南宋的叶适集大成。永嘉学派重在以经制言事功，以陈亮为代表的永康学派，重在以史策的研究为现实政治服务。这两个学派所在地，道教均很兴盛。④

虽然现阶段的研究成果中，并没有对浙地唐代道教发展有非常丰富的研究，但其实在《唐诗之路唐诗总集》中与道教文化相关的唐诗并不少，约有50首，如孟浩然《越中逢天台太乙子》"仙穴逢羽人，停舻向前拜"，《送谢录事之越》"仙书倘相示，予在此山陲"等。

---

① 孔令宏：《浙东学派与道家、道教的关系初探——兼谈"浙学"》，《杭州师范大学学报》2008年第3期。

② 何炳松：《浙东学派溯源》，岳麓书社2011年版。

③ 孔令宏：《浙东学派与道家、道教的关系初探——兼谈"浙学"》，《杭州师范大学学报》2008年第3期。

④ 孔令宏：《浙东学派与道家、道教的关系初探——兼谈"浙学"》，《杭州师范大学学报》2008年第3期。

六、经济背景——古代手工业

除了文化背景外，我们还可以从相关研究中，了解到浙地当时的经济背景，也就是当时手工业或商业的发展。

与浙东"唐诗之路"相关的制茶、瓷、药（"仙境多仙药"的想法）、丝绸、纸的社会科学价值。这里有名闻天下的剡纸，且茶叶、丝绸生产兴盛，又有制造兵器的冶炼所。以下列举几种。

（一）剡茶

剡溪之成名，还因有剡茶。《剡录》记载："会稽山茶，以日铸名天下。然则世之烹日铸者，多剡茶也。"[1]古时有瀑布山茶、五龙茶、真如茶等十多种，故唐代茶圣陆羽写《茶经》一书，曾数次南下入剡做实地考察，将所得充实在著作内。[2]

浙东虽然不是茶叶原产地，但据王浮的《神异记》可知，最晚到晋惠帝永嘉年间，就有人忙于采摘、加工甚至销售野生茶了。而《北堂书钞》卷"茶篇八"专门有一些关于茶的记录，比如有些条目是"调神和内，倦解慵除""益思少卧，轻身明目"等。

饮茶被公认为具有醒酒、提神、缓解疲劳等功效，也开始成为骚人墨客的创作对象，用来抒情、怡兴、会友、联谊。杜育也为此写了《荈赋》，这篇赋又向下开启了唐诗和茗茶的"联姻"。[3]例如司空图《暮春对柳二首》"紫愁惹恨奈杨花，闭户垂帘亦满家。恼得闲人作酒病，刚须又扑越溪茶"；

---

① 高似孙：《剡录》，浙江省嵊县县志编委会1985年版。

② 竺柏岳：《浙东唐诗之路与剡溪》，《科学24小时》2011年第7期。

③ 唐燮军：《浙东唐诗之路是如何形成的》，《光明日报》2019年6月3日。

"洞中犹说看桃花，轻絮狂飞自俗家。正是阶前开远信，小娥旋拂碾新茶"。

这些同时与"剡茶"与"浙东唐诗之路"相关的诗篇，大抵可分为四类。第一类是无意间记载了某地茶树分布之广，例如方干《初归镜中寄陈端公》诗中的"云岛采茶常失路"；第二类以顾况《焙茶坞》为代表，主要描述了茶农手工制作茶叶的部分流程；第三类关于饮茶解忧，譬如孟浩然在所作《清明即事》诗中，就自称"空堂坐相忆，酌茗聊代醉"；第四类是品茶和评茶，如皎然的《饮茶歌诮崔石使君》。

由于诸多文人墨客对品茶、评茶的积极倡导和身体力行，浙东地区形成了真正意义上的茶文化。茗茶不但成为浙东地区的时尚饮料，而且在当地民众的日常生活中，占了与酒大体相当的地位，正如顾况在《茶赋》中所说，"上达于天子"，"下被于幽人"。[1]

唐代浙东茶文化在三个方面表现出其地域特色。

第一，浙东婺州"东白"之类的茶叶，是具有相当知名度的栽培茶，被李肇《唐国史补》列为"茶之名品"。

第二，该地很早就已使用越窑所产的秘色茶盏饮茶。

第三，唐顺宗永贞元年（805）日本僧人最澄留学天台国清寺，返归时顺便带去茶籽，最终成功引种至东瀛。

（二）剡纸

剡溪沿岸盛产一种制纸原料——剡藤。[2]唐代舒元舆《吊剡溪古藤文》云："剡溪上绵四五百里，多古藤，株逼土。泊东雒（洛阳）西雍（长安），见书文者，皆以剡纸相夸。"足见剡纸驰名京城上层社会。剡纸记录最早见

---

① 唐燮军：《浙东唐诗之路是如何形成的》，《光明日报》2019年6月3日。

② 张秀铫：《剡藤纸刍议》，《中国造纸》1988年6月。

于晋代张华《博物志》，唐李肇《国史补》曰："纸之妙者，越之剡藤。"故三国至唐宋年间，剡纸曾经风行天下。唐代诗人皮日休《二游诗》："宣毫利若风，剡纸光于月。"

此外，史料中还提到过一种剡纱。汉时开始，剡溪盛产丝绸，历代常做贡品送京都宫廷。关于剡纱的研究，现阶段较少，但可以确认为浙东地区较为重要的手工业产品之一。但是现今关于剡纱的具体信息已经留存不多，故而难以梳理出更多内容。

七、"浙东唐诗之路"的遗产辨认

基于以上"浙东唐诗之路"概念，以及浙东地区历史背景的梳理，我们可以从与唐诗的关系、地理位置、沿用时间三方面，进行遗产认定，并提出以下认定标准。

首要标准是遗产地需要被唐诗所涉及。

能够被认定为"浙东唐诗之路"的遗产地或自然环境，必须是唐诗中所直接或间接涉及。如果经历史演变，其地理空间或名称有变更，则需要论证其演变过程的真实性，以及演变后所保留的完整性。以下以桐柏观为例，探讨一下演变的问题。

一说相传桐柏宫最早建立于西周。周灵天太子晋尝修道于此山，后世追封为右弼真君，号天台山主，被尊为桐柏宫第一代祖师。三国时，有葛玄翁者，亦尝炼丹于桐柏，后世流传的"桐柏炼丹""华顶种茶""老子传经"等故事，皆葛玄仙翁之遗迹。但相对可信的说法是，桐柏观建于唐代。司马承祯乃晋代皇室之后，其父在唐朝为朝散大夫、襄阳长史为官。司马承祯自幼清颖脱俗，淡薄功名，不求仕禄，常与李白、王维、贺知章、孟浩然等名士交游，号称"仙宗十友"。后隐居天台山，建桐柏观。此后，桐柏日渐兴盛，建成三十六宫。道徒云集，教旨弘扬与附近佛教国清等寺合称"千僧万道"。

此后据正史记载，道教自南宋与金对峙时，分为南北两宗，北宗以王重阳为祖师，其祖庭为北京白云观。南宗起自张紫阳，尊刘海蟾为祖师，其祖庭即天台桐柏宫，故《道藏》辞曰："九皇降迹于天台，一脉潜通于刘祖。"但是，1958年兴修桐柏水库，原桐柏宫殿，淹没于水底；谢师等人遂移居于桐柏宫前的旧鸣鹤宫（现改名为桐柏宫）。由此可以看出，虽然桐柏观建筑实体已经淹没，但就现有资料看来，其道人应不断传承，并最终迁移，因此可以判断，现"桐柏宫"保留有原桐柏观一定的真实性，可以被认定为相关遗存的组成部分。

第二条标准则是地理空间的分布。

如果综合诗文内容、诗人行迹、背后前朝人物遗迹，以及宗教手工业相关的全部地点，则所含过大，于"唐诗之路"这一概念有所不合。主要原因，还是在学界对"浙东唐诗之路"的支线认定并不确切。因此，关于遗产认定的地理空间标准，可采取递进式的方式。现阶段对"浙东唐诗之路"主线的认定是非常明确的，因此可以先以主线为主进行认定；之后随着各支线研究的发展，再逐步将支线之上的遗产点补充进来，逐步形成整个"浙东唐诗之路"的遗产范围。

现阶段"浙东唐诗之路"的主要线路是从浙江杭州钱塘江开始，经萧山西兴西陵渡（今杭州市滨江区西兴街道）进入浙东运河，到达越州（今绍兴市柯桥区和越城区）、上虞（今绍兴市上虞区），再沿曹娥江到达剡溪，经剡县（今嵊州市）、新昌，最终到达天台山，全长约169千米。

而现阶段的遗产认定，则主要集中在主要路线上，即能够被认定为

"浙东唐诗之路"的文化遗产地或自然环境，必须在地理位置上处在该主要线路之上。

最后一条则是沿用时间。

浙东唐诗之路经历了魏晋南北朝时期丰富的文化积淀后，在隋唐五代时期走向了辉煌，宋以后，随着地理环境的改变、政治局势的动荡及文人被打压等诸多因素的共同作用，浙东唐诗之路逐渐走向了衰落。因此能够被认定为"浙东唐诗之路"的文化遗产地或自然环境，必须保留有上起魏晋，下至南宋沿用时间上的真实性。

另外，还需要补充遗产的认定及调整策略。

前文提到了，在以上认定标准的基础上，还需解决一些问题。主要原因在于对"浙东唐诗之路"的研究虽然已经取得了非常卓越的成果，但是现有的成果也存在一些局限性，因此如果需要对"浙东唐诗之路"的文化遗产进行精确划定，则存在一定的困难。对此，可以提出对应策略如下。

第一，现有成果虽然对"浙东唐诗之路"的干线认定较为清晰，但是对其支线概念并未有确切的结论；同时，一些现存遗产地与唐诗之中所涉及的地点之间可能存在不太明确的对应关系，不足以进行认定。对应的策略，可以进行分批申报。首先将能够落实在干线区域附近的遗产地进行申报；然后同时加强对"浙东唐诗之路"支线路线的研究，以及对一些历史沿革并不太明确的遗产地进行深入研究，如可以论证其支线走向，以及支线上遗产点的真实性与完整性，则可在未来进行补充申报。此种方式在世界文化遗产地中，尤其是路线类型的文化遗产中也较为常见。

第二，现存遗产地中，主要涉及的是物质文化遗产，但"浙东唐诗之路"显然是一条融合了自然环境与人文遗产的路线，这就带来了遗产认定上的困难。这里就需要参照文化景观类遗产地，尤其是线路型的文化景观类遗产地的办法，进行遗产的认定。

根据以上策略，我们可以对现存的遗产地进行初步的认定，建议如下。

根据浙江省文物局2018年11月发布的浙东唐诗之路沿线文物遗存调查报告，其中对诗路沿线文物古迹资源情况调查结果，浙东唐诗之路沿线各区县共有全国重点文物保护单位35处，其中古遗址6处、古墓葬4处、古建筑15处、石窟寺及石刻3处、近现代重要史迹及代表性建筑物7处；共有省级重点文物保护单位101处，其中古遗址10处、古墓葬7处、古建筑50处、石窟寺及石刻10处、近现代重要史迹及代表性建筑物20处、其他4处。

而现阶段偏向认定为现存的浙东唐诗之路相关的沿线文物古迹列举如下。

第一，反映诗路古代交通的遗存。主要包括运河、古驿道及交通线路上的桥梁、古纤道，以及沿线摩崖题记等，如：古纤道、敕书岭古道、王罕岭古道、天姥古道、苍岭古道等。

第二，反映唐诗的山水自然景观。主要包括浙东运河、鉴湖遗址、会稽山、曹娥江、剡溪、天姥山、天台山等山水自然景观。

第三，反映古代儒家隐逸文化。主要包括晋时期的名人雅士、隐士遗迹等，如：艇湖塔、王羲之墓及金庭观、唐宋摩崖刻石、谢安墓、洗屐、砥流、炉峰庙、寒岩—明岩、崿浦庙、崿浦潭摩崖题刻、彼苍庙（祀大禹）、强口井及仙君殿（祀谢灵运）等。

第四，反映浙东佛宗道源的遗迹。主要包括寺院道观遗址以及现存的摩崖题记和碑刻，如：大佛寺石弥勒像和千佛岩造像、国清寺、贺知章《龙瑞宫记》摩崖刻石、沃州山真君殿大殿及配殿、峰山道场遗址、高明寺、万年寺、华顶讲寺、鸣鹤观、赤城山文物古迹、葛英葛仙翁丹井、云门寺遗址等。

第五，反映古代民俗、生产的相关遗存，主要包括反映沿线孝文化的曹娥庙，以及小仙坛窑址、凤凰山窑址群、窑寺前青瓷窑址等。

八、"浙东唐诗之路"价值初释

价值综述：浙东地区自汉晋以来，以秀美的山水景观和众多的佛道人物、名人雅士之踪迹，吸引了唐代诗人纷纷前往游历，并创作了大量的诗篇。这些诗篇或借景抒情，或以景抒怀，与山水文化、隐逸文化、佛道文化相结合，具有极高的史料价值，成为研究浙地的重要资料。同时"浙东唐诗之路"，可以看作来自中央政权的文人与浙地文化圈的交流之路，其中唐诗就是这一文化交流的产物。

具体来看，"浙东唐诗之路"的价值也可以分为历史文化价值与社会经济价值两个部分。

（一）历史文化价值

浙东唐诗之路具有极高的历史、文化、社会价值，对当今社会仍具有极强的精神教育意义。浙东唐诗文化不仅提倡参禅品茶、悟道修仙，也鼓励考取功名出世为官造福苍生；虽寄情山水，但不忘忧国；既追随前人，又启迪后辈；不仅讴歌自然风光，更颂扬文人风骨。可表述为以下四个部分。

首先是"浙东唐诗之路"对相关贸易往来的历史价值。浙东运河和古纤道，以及陆路的多条古道，都是因为人类活动而产生，都是因为商品经济的交流而繁盛。以小仙坛窑址、凤凰山窑址群、窑寺前青瓷窑址等为代表的窑址群，反映了当时唐诗之路沿线昌盛的制瓷业，正是便捷的水运通道，将各色瓷产品运输到全国各地，甚至沿着海上丝绸之路输出到海外。

接着是"浙东唐诗之路"对相关历史行政区划的历史价值。浙东唐诗之路所在的"浙东地区"在唐代归属于指江南东道的越州和台州，越台二州又称为会稽郡和临海郡。当时的越州在天宝年前管辖会稽、山阴、诸暨、余姚、剡、永兴（萧山）六县。贞元中期会稽置上虞县，五代时割台分剡置新昌县。

此外，水路部分有浙东运河、古纤道，陆路部分有王罕岭古道、敕书岭古道、天姥古道、关岭古道等驿道。故"浙东唐诗之路"对于历史地区规划的研究也有极高的价值。

再看"浙东唐诗之路"对文学史的文化价值。唐诗是中华民族珍贵的文学遗产，是中华文化宝库中的一颗明珠，对世界上许多民族和国家的文化发展产生了很大影响，也对后人研究当时的政治、经济、交通、文化等有重要的意义和价值。

最后是"浙东唐诗之路"对宗教史的文化价值。自唐以后，随着地区经济文化的不断发展，浙东唐诗之路的文化形态越来越丰富，佛、道、儒三家不断融合发展，是唐诗之路文化线路持续性和扩展性的最好表现。

（二）社会经济价值

"唐诗之路"的内涵并不单单限于唐诗本身。它还扩及文学、书画、哲学、伦理、民俗、宗教、园林建筑、社会心理、社会经济等各个领域。"唐诗之路"在东亚汉文化圈形成中也起到了特别重要的作用。因此"唐诗之路"为各门学科、各行各业的研究利用均提供了条件。同时"浙东唐诗之路"的相关遗存，也成为今人进行文化建设，优化旅游资源，增强当地民众归属感，文化认同感的重要助力，为浙江的建设做出贡献。

第三节 "钱塘江唐诗之路"遗产的认定与价值梳理

"钱塘江唐诗之路"，或可称"浙西唐诗之路"。因为相关文物工作文件中，大多称为"钱塘江唐诗之路"，因而本书主要以前者称之。但是后者里的"浙西",与"浙东唐诗之路"里的"浙东",恰好也可对应古时"两浙"的区划,因此若要将二者相提并论,"浙西唐诗之路"或许更为贴切。与"浙东唐诗之路"相比,"钱塘江唐诗之路"相关的研究成果会更少一些,但是仍旧可以用同样的结构进行梳理。具体内容如下。

一、现有学科背景下"钱塘江唐诗之路"范畴

上文提到,从杭州钱塘江出发,经绍兴,自镜湖向南至曹娥江,沿江前行入剡溪,溯源而上,经新昌的沃州、天姥,最后至天台山,沿途风光绮丽,是一条极有名的古旅游热线,命名为"浙东唐诗之路"。

而从安徽州(今歙县)顺新安江、富春江、钱塘江而下,经青溪(今浙江淳安)、睦州(今浙江建德)、桐庐、富阳至杭州,也是一条古代旅游线路,朱睦卿、李树帆的《浙西唐诗选》一书首次提出将这条古旅游热线称为"浙西唐诗之路",引起了许多唐代文学研究学者的关注,纷纷前往考察。[①]

学界认为,无论从地域环境、时代背景还是诗歌创作之盛来看,浙西或钱塘江上游一带确实形成了一条通连上下的唐诗之路。这条唐诗之路有一个明确稳定的地域范围:东起杭州西至黄山的钱塘江干流的水路线,自杭州经富阳、桐庐、建德、淳安至皖南徽州、黄山,与现今的国家级重点风景名胜区"新安江——富春江"风景区重合(不包括东端的杭州和西端的黄山)。因此,它也可称为"钱塘江唐诗之路"。

虽然客观上讲,"钱塘江唐诗之路"概念提出较晚,现有研究成果显然不及"浙东唐诗之路",但是相较而言,其路线范围、地理区域则更为明确,即钱塘江上游河流沿线。

---

① 唐文卿、蒋祖云:《浙西的唐诗之路》,《浙江林业》1999年第3期。

可以看出，与"浙东唐诗之路"相类似，"钱塘江唐诗之路"主要也是沿着水路而行。可以说，水路是古时候浙江地区的生命之路、经济之路、文化之路。"钱塘江唐诗之路"就是沿着这条生命之路、文化之路延伸。甚至在古代，钱江上游景之盛名，更在浙东之上。

近代文豪郁达夫，在1931年游桐庐登桐君山和严子陵钓台后，在《钓台的春昼》中发出这样的感慨：

上这桐君山来一看，这山是秀丽且静，风景整而不散，却非那天下第一的北固山所可比拟的了。真也难怪严子陵，难怪戴颙士。我倘能在这样的地方结庐读书，颐养天年，那还要什么高官厚禄，还要什么浮名虚荣呢？①

不同的时代，同样的感慨。足见钱塘江上游水路美景，从古至今都能够激发诗人或文人灵感。这也是"钱塘江唐诗之路"形成的最核心因素。

二、"钱塘江唐诗之路"的历史背景研究

与"浙东唐诗之路"类似，对"钱塘江唐诗之路"的历史背景研究，也不能仅限于一时和一个方面。因此这里仍旧以地区历史为入手点，了解"钱塘江唐诗之路"的历史背景。

（一）南北朝时期

《与朱元思书》的传世，说明浙西、新安、富春山水的风光早在南朝就已引起人们的注意。最早当是山水诗的鼻祖谢灵运发其滥觞，他在《七里

---

① 郁达夫：《钓台的春昼》，山东画报出版社2002年版。

濑》一诗中以"石浅水潺潺，日落山照耀。荒林纷沃若。哀禽相叫啸"的诗句来描绘富春山水，还有《初往新安至桐庐》："江山共开旷，云日相照媚"之句；又如何逊《富阳浦口》有诗"山烟敛树色，江水映霞辉"；沈约《新安江水至清浅深见底贻京邑同好》有诗"洞澈随清浅，皎镜无冬春。千仞写乔树，万丈见游鳞"。由此可见，东晋南朝时期的南方氏族，自然不会囿于浙东之地，也会在浙西地区进行活动。这一点历史背景，则与浙东地区有所类似。

（二）唐朝时期

隋唐大一统之后，秀丽的浙西山水自然会吸引越来越多来此游历和客宦的诗人，著名的有孟浩然、李白、刘长卿、许浑、杜牧、吴融、郎士元、权德舆、白居易、杜荀鹤、黄休等。他们徜徉于江畔，行吟于江上，寻踪于奇峰秀谷之间，写下了许多传世的名篇。不仅如此，浙西地区还有着自己土生土长的一批诗人：施肩吾、徐凝、章八元、章学标、章碣、喻坦人、崔涂、李频、翁洮、皇甫湜、皇甫松、罗隐等。这也是"钱塘江唐诗之路"较之"浙东唐诗之路"的另一个重要的不同之处。虽然整体来讲，外来诗人占主要部分，但是本土诗人及其传世作品，使得"钱塘江唐诗之路"更具个性。

据粗略统计，与"钱塘江唐诗之路"相关的诗人总数不下200人。值得一提的还有刘长卿，由于他在诗坛的名望，许多诗人慕名来访。严维、秦系、李穆、皇甫曾等人都赶来睦州聚会，舟楫往还，诗文酬答。

进入中晚唐时期，中原诗坛因李杜等一批著名诗人逝世，同时经历"安史之乱"而显得沉寂一时；浙西地区的外来诗人加上阵容强大的本地诗人队伍，便形成了中晚唐诗坛上一支不小的方面军，以至被明初"四大文臣"之首的宋濂称为"睦州诗派"（唐时睦州即后世严州，辖有今桐庐、建德、淳安三县地），在中国文学史上留下了著名的声望。

唐朝统治阶层吸纳寒门士子入仕途，这使读书风气在全国范围内活跃起来，即使远离京城千万里的偏远之地，也不断出现通过读书而获得功名或声名的人物，远离长安的睦州（今浙江钱塘江上游，包括建德、寿昌、淳安、遂安、分水、桐庐六县）到中晚唐时期亦如此。从元和到咸通年间，睦州相继出现了一批有一定知名度的诗人，宋人谢翱的朋友翁衡将其命名为"睦州诗派"：

惟新定自元和至咸通间，以诗名凡十人，视他郡为最。施处士肩吾、方先生干、李建州频、喻校书凫，世并有集。翁征君洮，有集，藏于家。章协律八元、徐处士凝、周生朴、喻生坦之，并有诗，见唐《间气》及《文苑》诸书。皇甫推官以文章受业韩门。翱客睦，与学为诗者，推唐人以至魏汉，或解或否，无以答。友人翁衡取十先生编为集，名曰睦州诗派。①

翁衡所定义的"睦州诗派"包括晚唐的施肩吾、方干、李频、翁洮、章八元、徐凝、周朴、喻凫、喻坦之、皇甫湜十位睦州诗人。

由此可知，"钱塘江唐诗之路"实际上对地域文化产生了深远的影响，无论是乡贤诗人还是客宦游历诗人。这一切都和唐代播下的文学种子有着直接的关系。"钱塘江唐诗之路"名人众多，内容丰富，范围明确，其成立和存在是毋庸置疑的。

---

① 纪昀：《四库全书·睦州诗派序》，天津人民出版社2016年版。

（三）五代时期

五代时期，出现了文职幕僚依附割据政权，各为其主的局面。史料记载如下。

自广明大乱之后，诸侯割据方面，竞延名士，以掌书檄。是时梁有敬翔，燕有马郁，华州有李巨川，荆南有郑准，凤翔有王超，钱塘有罗隐，魏博有李山甫，皆有文称，与河东李袭吉齐名于时。[1]

五代之初，各方镇尤重掌书记之官，盖群雄割据，各务争胜，虽书檄往来，亦耻居人下，觇国者，并于此观其国之能得士与否。一时遂各延致名士，以光幕府。[2]

五代更迭本质是唐末藩镇割据的延续，强藩不仅精修兵甲、积累财富，同时也会招揽谋士，为逐鹿中原做准备，所以中晚唐至五代时期，文职幕僚在人员出身、社会地位、仕途前景等方面较之武职幕僚均有较大的优势，武职幕僚在唐末乱战之后才获得了地位上升的机会，但是并未对文职幕僚形成压制。[3]五代末期到宋初的政局演变中，"大一统"和中央政权之逐步形成，文职幕僚等文士得到进一步的重用，发挥了较大作用，这也对后期浙西地区文化的快速发展产生了重要的影响。

（四）宋朝时期

唐代的诗人对浙西产生的影响十分深远，所谓"瑰奇特杰之观，潇洒清灵之气，独萃斯邑"，和前人的文化活动、文化积累是分不开的。

"弄潮儿向涛头立，手把红旗旗不湿"，北宋初年，著名词人潘阆在观

---

① 薛居正：《旧五代史·卷六十李袭吉传》，中华书局1976年版。

② 王树民：《廿二史札记校证》，中华书局1984年版。

③ 李翔：《中晚唐五代藩镇文职幕僚研究》，南开大学2014年博士学位论文。

潮盛况中写下此句，从钱塘钱江潮涌的排山倒海、声容俱壮出发，赞美了弄潮健儿与大自然奋力搏斗的大无畏精神。弄潮儿勇立潮头，这也是钱塘江潮文化的组成部分。

北宋景祐元年（1034），范仲淹任睦州知州时就在这里创办了龙山书院。南宋时期又有理学家张栻创办并和浙东学派的主将吕祖谦一同讲学的丽泽书院、淳安状元方逢辰创办的石峡书院、理学大师朱熹主讲的瀛山书院等当时全国知名的书院。宋元时期，严州成为全国刻书中心之一。许多史学、文学名著与浙西结下了不解之缘，学术上的著名流派也在此留下了痕迹。

宋孝宗淳熙元年（1174）。著名史学家袁枢在严州撰成《通鉴纪事本末》一书，从而开创了中国传统的三大史书体裁之一的"纪事本末体"，对后世的史学发展产生了很大的影响。淳熙十四年（1187），伟大的爱国主义诗人陆游的诗集《剑南诗稿》在知州任上刻成。这两件事也是轰动南宋史坛、文坛的大事，历来为人称道。

（五）宋朝之后的时期

元代四大画家之首的黄公望酷爱富春山水之美，晚年隐居富春江畔，以十年之功画成传世名作《富春山居图》。富春山居图前半卷《剩山图》，现收藏于浙江省博物馆；后半卷《无用师卷》，现藏台北故宫博物院。

清乾隆三十一年（1766），蒲松龄的山东老乡赵起杲在严州知府任上编刻完成了《聊斋志异》是为聊斋治第一部刻本，史称"青柯亭本"，为这部不朽的文学名著的传播起到了重要的作用。

至于后世写到浙西地区的文学名著则更多，如《水浒传》《金瓶梅》《官场现形记》等，都有对于浙西山水人情的出色描述。

清道光十五年（1835），建德章燮著成《唐诗三百首注疏》一书，成为国内著名的注本。历代以来多次翻印出版，为唐诗的普及和推广发挥了很大的作用，这也是浙西唐诗之路延续至清代的一个证明。

总体可以看出，如果说"浙东唐诗之路"的沿用时间主要集中于唐代上下，其兴亡均存在一个较为明确的时间；那么对于"钱塘江唐诗之路"，或许并不能因为其"唐诗之路"的名称，而将其限定于唐代。依托于钱江上游的风土，浙西文人们世代或栖身，或游历于此，使得本地的文化气质自东晋南朝一直延续到了晚近一些的明清。

三、相关诗词类型梳理

浙西区域，以其奇异的山水、秀美的风光，吸引着诗人们寻幽访胜，探究自然的奥秘，激发起诗人的灵感，创作出一篇篇优美动人的诗章。

到目前为止，对于唐人与"浙西诗路"相关的诗歌作品，尚未有一个精确的统计。不过，我们从朱睦卿先生编选之《浙西唐诗选》[1]，大略可以看出"浙西诗路"的大致情形和繁荣状况。该书收诗480多首，涉及120多位诗人，包括李白、孟浩然、刘长卿、杜牧、顾况、方干等，名篇佳句不胜枚举。

总体而言，从内容、情感等方面来看，这些诗歌，大致可分为以下几类[2]。

第一类是描写自然山水风物。

山水诗文，顾名思义是描写山水风光的诗文，然而它不仅仅描写山水，它还蕴含着诗人对社会的理解，对人生的感悟。在山水中"安置"诗人幽独的心灵，使人与自然在山水中进一步的沟通与融合。中国人在游山玩水

---

① 朱睦卿、李树凡：《浙西唐诗选》，建德市文联，1997年。

② 陈美荣：《试论浙西唐诗之路》，《广西社会科学》2002年第2期。

中，往往以"山水比德"，仁者乐山，智者乐水，借景抒情，托物言志，说事言理。在山水诗文中"比兴"手法的运用是比比皆是的，真所谓"一切景语皆情语"，从而使客观的"景"与主观的"情"相互交融。谢灵运是山水诗的创始者，他就是以浙江会稽山水和永嘉山水为中心，用五言诗体创立了我国最早的山水诗派，可见浙江是山水诗的原产地。①

唐代，吟咏浙西山水的名篇佳句也脍炙人口。如李白《青溪二首》"人行明镜中，鸟渡屏风里。借问新安江，见底何如此"；刘长卿《送康判官往新安》"猿声近庐霍，水色胜潇湘"等②。从这些诗句中可以看出浙西山水的诱人，使得"壮游吴越"成为当时文人们的一种时尚。从中也可以看出，水是浙西山水的灵气。自新安江以下的几百里江水，贯穿起一路美景，一路好诗。

第二类是咏古抒怀之作。

人在历史发展的长河中，往往会有"渺沧海之一粟"之感。而祥和静谧的秀美山川，则为诗人们逃避世俗的牵累，寻求心灵的寄托提供了一个极好的"避难所"。在山水中，诗人们的精神摆脱了世俗机心的牵绊，其情感能得到净化和升华。

这里值得一提的是，许多诗人纷纷将其怀古的对象，集中于一位东汉隐士——严光的身上。严光的不慕富贵、淡隐江湖的高士风范，就如许由、巢父、陶渊明等著名隐士一样，赢得了诗人们的崇敬和仰慕。而严子陵钓台一地，也屡屡现诸吟咏，与此相关的唐诗，粗略统计就有50多首。如李白《古风五十九首》其十二写道："身将客心隐，心与浮云闲。长揖万乘

---

① 申屠丹荣：《富春江文集》，浙江人民出版社1992年版。
② 朱睦卿、李树凡：《浙西唐诗选》，建德市文联，1997年。

君，还归富春山。清风洒六合，邈然不可攀。"①张继《题严陵钓台》诗云："旧隐人如在，清风亦似秋。客星沉夜壑，钓石俯春流。鸟向乔枝聚，鱼依浅濑游。古来芳饵下，谁是不吞钩。"②这类诗词大多借古喻今，抒发昔人已逝、高行难再的感慨。

唐人勇于开拓进取，重视功名，然而随着政治生活环境的日趋恶化，早期锐气风发的精神早已消磨殆尽，避世的思想更加强烈，但终南捷径却又不复当年，于是诗人们便徘徊于仕隐两难的处境，进退失据。诗人们对严光的不同态度和评价，也同时反映出他们出仕与隐退，既想避世高蹈又恋栈尘世的矛盾彷徨的复杂心理。而这种入世与出世的二元辩证，也是中华文化重要的组成部分。

第三类是酬赠送别和游宦思乡。

离别总是令人感到难舍难分的，于是便产生了"黯然销魂"的伤感，欲说还休的离愁别绪，以及"海内存知己，天涯若比邻"的宽慰和劝勉。同时，诗人远游在外，孤身羁旅，思乡念亲之情油然而生，而身处山水美景之间，反增添其不尽的伤感。如刘长卿的《新安奉送穆谕德归朝赋得行字》"离别寒江上，潺溪若有情"，杨凌的《送客往睦州》"水阔尽南天，孤舟去渺然。惊秋路旁客，日暮数声蝉"等诗篇。在这些诗篇中，自然之景因人的情感而显现，诗人的情感因景物的渲染烘托而显得更为丰满、具体，相互包容、渗透，融汇成一幅幅色调鲜明、精蕴丰厚的画面。

---

① 朱睦卿、李树凡：《浙西唐诗选》，建德市文联，1997年。

② 朱睦卿、李树凡：《浙西唐诗选》，建德市文联，1997年。

第四类是抒发乡情乡愁。

土生土长的诗人在写故乡的诗篇里更是充满着浓郁的乡情。如章八元《归桐庐旧居寄严长史》"近闻江老传乡语，遥见家山减旅愁"；方干《与乡人鉴休上人别》"此日因师话乡里，故乡风土我偏谙"等，佳篇名句举不胜举。①

总体来说，这些诗词内容，大体可以称为一类，即"旅游文学"。有学者曾阐释过，旅游文学在《诗经》时代就已萌芽②，但旅游文学的主力军是山水文学，它可分为两大类：一类是山水诗歌，其中包含词、曲；另一类是山水散文，其中包含了山水小品、山水游记之类。古往今来无数的文人骚客，通过观览锦山秀水，游历古迹胜地，从而留下了无数诗话曲文，这不仅丰富和促进了旅游业的发展，而且形成文学的一个新的分支——旅游文学，扩大了文学的内涵和外延。而旅游文学源于旅游活动，并伴随着旅游活动的发展而发展。

由此可以看出，从概念上来讲，"钱塘江唐诗之路"是一条更加纯粹的旅游线路，古人游山玩水，作文写诗；或许今人也能够以此为契机，对其价值进行开发利用。

四、"钱塘江唐诗之路"相关地点

相较于"浙东唐诗之路"，"钱塘江唐诗之路"沿途胜迹多是风景名胜，人文景观相对较少，主要有三国时吴国国主孙权的故乡和他子孙聚居的富

---

① 朱睦卿：《开发浙西"唐诗之路"》，《浙江学刊》1995年第6期。
② 杨晋：《诗经中的旅游活动浅析》，《文学教育》2018年第12期。

阳龙门古镇，还有中药鼻祖桐君采药炼丹著书的桐君山及严子陵钓台等。

最值得一提的，就是位于富春江上游桐庐县境内的严子陵钓台。相关诗句中，可以看出它是很多古代文人向往的精神家园，而且严子陵也毫无疑问是唐朝诗人们追慕的偶像。许多唐朝诗人纷至沓来，登钓台，谒古迹，写下大量怀古诗。《富春严陵钓台集》精选了45位唐代诗人的60首钓台诗。[①]其中李白《古风》"昭昭严子陵，垂钓沧波间"，白居易《新小滩》"江南客见生乡思，道似严陵七里滩"，方干《题严子陵祠》"先生不入云台像，赢得桐江万古名"，罗隐《秋日富春江行》"严陵亦高见，归卧是良图"等名句。

五、历史背景——漕运历史

关于"钱塘江唐诗之路"，在其文化背景中，自然也包括了前朝遗风与宗教发展，这里便不再赘述。在关于"钱塘江唐诗之路"的相关研究中可以总结出另一个历史背景，便是漕运的历史。

江南河作为漕运的主脉之一，全段皆在浙西道，北通长江，南及浙水，依次穿越润、常、苏、杭四州，其辐射范围遍及两浙、宣歙地区。浙西虽地处长江中下游，但境内地势尚有起伏，因此，江南运河通航后，广设堰闸，分段运输，使江南运河成为有别于其他地区的河道特点。

这条运河的开凿可以上推到春秋时期的吴国。西汉的司马迁论及此河时"于吴，则通渠三江，五湖……此渠皆可行舟，有余则用溉浸"[②]。至三国孙吴时，江南运河已初成规模，"丹徒水道，入通吴会……自孙氏始"[③]。运

---

① 申屠丹荣：《富春严陵钓台集》，百花出版社1999年版。

② 司马迁：《史记·河渠书》，崇文书局2017年版。

③ 王鸣盛：《十七史商榷》十七卷，上海古籍出版社2016年版。

河的北段，由于地势较高，为确保河道畅通，六朝时期一直是整治的重点，如西晋末年开练湖以调节运河水量，东晋初在京口设埭口等。隋大业六年（610）十二月，下令开凿江南河"自京口至余杭，八百余里，广十余丈，使可通龙舟，并置驿宫草顿，欲东巡会稽"[1]。在六朝的基础上，隋代对江南运河另加以开阔与疏通。

由于贯通了浙西南北两大水系，因此入唐后，依托江南发达的经济和强大的中央调度，江南运河在经济上作用巨大。高宗时对外征战不断，养兵所需极度依靠漕运。开元十五年（727）时北方缺粮，也是有江南转运赈灾。江南运河也达到唐代的繁荣时期。

唐中叶以后，黄河中下游地区陷为战区，社会经济的大规模破坏，进一步强化了南方财赋地区的地位，即"当今赋出于天下，江南居十九"[2]。而以漕运为主要运输手段的财政运行模式，也大大加重了运河在政治上的地位。但因运河沿岸之地时有兵乱，导致唐中后期漕运数度被阻，如安史之乱时，由于叛军攻占中原运河一线，漕运两度长时间失灵。而唐政府为维持物资运输畅通，不得不另辟路径，使江南财赋转逆长江，从汉江北上，越秦岭而抵关中。但这条运输路线的稳定性和规模远不及水运。因此，在万不得已的情况下，运往关中的江南财货尽可能是走漕运路线。[3]

鉴于漕运的混乱，代宗时著名理财家刘晏担任转运使时，对漕运体系作了一系列广泛而有效的改革，疏浚淤阻的河道；以"盐利为漕佣"，雇人运输；沿运河驻驿兵保证航运安全；采用"十船为纲"的武装纲运法；教习运卒，大造漕船，采用分段运输法等，革除旧弊的措施使一段时间内从

---

① 魏征：《隋书·炀帝纪》，中华书局2019年版。

② 韩愈：《韩昌黎文集》十九卷《韩愈送陆歙州诗序》，上海古籍出版社2014年版。

③ 权德舆：《权载之文集》四七卷《论江淮水灾上疏》，上海古籍出版社2013年版。

江南到汴洛的漕运得以有效运转。但受藩镇割据的影响，刘晏卸任以后，漕运屡遭阻隔，德宗初年漕运完全断绝。京师为之惊恐，后时韩滉以弩兵武装保护纲船，突破乱兵阻隔，将浙西粮食运到关中，使唐政府度过了一次严重的危机。但刘晏的分段运输法，实际已为全程长运所取代。

此后，经过唐政府的多方努力，才维持住江淮漕运的稳定，至宪宗时成为支持平定淮西，河朔藩镇最有力的运输动脉。穆宗初年，徐州王智兴军乱，漕运再次受阻。文宗以后多以宰相领转运使职，监督漕运，但收效不大，刘晏所立的漕运之法年代日久，其法多坏。因此自唐僖宗后，中原多乱，江淮亦变作割据势力混战之地，甚至以水为兵，在徐州甬桥漕运关键地决开汴水，其地"悉为污泽"，各地亦纷纷断绝贡赋，扣留纲运"东西千里，扫地尽矣"，漕运彻底断绝，而失去漕运财富支撑的唐政府气数亦难以继续维持，"王业于是荡然"①。

元和四年（809）漕运系统比较稳定时，时人途经浙西时这样描述：

> 自润州至杭州八百里，渠有高下，水皆不流。自杭州至常山六百九十有五里，逆流，多惊滩，以竹索引船，乃可上。②

很明显浙西境内的运河与自然水道的差异颇大，也不同于其他地区的河道走势，这种即使水位抬高，又不影响通航的做法，为浙西特有的风格。江南河依地势分段为渠的做法，虽然解决了如何穿越地势起伏地区的问题，但大量的堰闸存在，也使得在使用过程中会出现一些问题亟待解决，为保

---

① 王溥：《唐会要》八七卷，中华书局1960年版。

② 李翱：《来南录》，明刻本。

证水源，维持河道水深，以利转漕，需时常维护堰、闸、埭等，保证其能正经运转。

在唐中后期，江南河上存在有京口埭、陵亭埭、望亭埭、长安闸等重要河道设施，将江南河分为水位不同的数段。为保证运河水位的稳定，还时常引其他湖泊的水源入运河，如丹阳至京口段以附近的练湖补充水源，常州段以申浦、宣浦等引入长江水源，苏州至杭州段运河也常由西湖水补充。

唐中后期的浙西观察、刺史等上任时常把疏浚河道，维护运河水源补给作为一项重要政务，江南众多的自然水道，组成浙西境内严密而发达的水运体系，对维持漕运畅通，带动沿岸城市发展，促进江南商品经济的活跃有至关重要的作用。[①]

由此，许多浙西观察、刺史等上任后也留下了许多相关的诗歌，为后世研究漕运历史提供了十分重要的史料参考。

唐代的漕运依托连贯南北的大运河而运行，联结长江与钱塘江的江南河全部位于浙西境内，北起润州京口，南抵杭州钱塘江北岸，纵贯太湖流域，是浙西境内的交通动脉。

唐代游历吴越山水的诗人一般走两条路线。一条是从洛阳入汴转淮，经运河至杭州，或溯江而上游浙西山水，或渡浙江去剡溪游越中山水，然后或从原路返回，或由浙西入皖南经长江返回中原；另一条是从长江经皖南入新安江，一路畅游，然后或抵杭转道去越中，或经睦州城（今梅城）转婺州（今金华）去越中，然后取道运河北上返回中原。可见，浙西这条水路早在唐代就已经是诗人们游历吴越山水的必经之路了。[②]

---

① 任记国：《唐代浙江西道研究》，浙江大学 2009 年硕士学位论文。

② 朱睦卿：《开发浙西"唐诗之路"》，《浙江学刊》1995 年第 6 期。

而这条基于漕运的访客游览路线，我们可知所谓的"浙东唐诗之路"与"钱塘江唐诗之路"或许应当是统一的。这一历史背景，对我们认识"浙东唐诗之路"及"钱塘江唐诗之路"的价值，提供了新的思路。

六、"钱塘江唐诗之路"的遗产辨认

根据以上历史背景的研究，我们可以得出"钱塘江唐诗之路"的遗产认定标准。同"浙东唐诗之路"类似，也从唐诗涉及、地点及时间三个方面进行认定。

首先还是遗产地需要被诗词所涉及。

能够被认定为"钱塘江唐诗之路"的遗产地或自然环境，必须是唐宋诗词中所直接或间接涉及。如果经历史演变，其地理空间或名称有变更，则需要论证其演变过程的真实性，以及演变后所保留的完整性。

而根据对相关诗词的梳理[1]，在"钱塘江唐诗之路"诗词中，除一篇南北朝时期的诗篇中提到了"严子陵钓台"外，主要分为唐宋二朝的诗作。其中唐诗中提到地名如下。

提到次数最多的地点是严子陵钓台，共12次；

提到9次的是八咏楼；

提到3次的有白云溪（及白云源）、碧沼寺、东阳、富春江、孤山寺；

提到2次的有方干处士旧居、普照寺、西岩山（及西岩寺）、玉泉寺；

提到1次的有白沙堤、赤松宫、东林寺、姑苏郡、杭州海塘、兰溪、

---

① 见附录二。

灵山寺、灵隐寺、女儿滩、圣果寺、天竺寺、桐庐、王屋山、望湖亭、西湖、西陵渡、新登城楼、玄畅楼、渔浦。

同时，也存在大量的宋诗，提到了相应的地名，统计如下。

提到最多的是碧沼寺，为5次；

其后是4次的有高峰寺（及高峰塔）、严子陵钓台；

提到3次的有兰溪、玉泉庵；

提到2次的有方干处士旧居、富春江、桐君山、潇洒亭、新城、严州；

提到1次的有宝林寺、城南塔院、葛溪、广福院、净慈寺、净明寺、净因院、雷峰塔、灵洞、灵苑寺、六和塔、罗隐宅、妙庭观、睦州、南山、女儿浦口、普明庵、普照寺、青牛岭、三学院、深静堂、双龙洞、塔山、桐江、蜕龙洞、乌龙庙、吴江、吴山、西湖、仙山院、玄畅楼、瑶琳洞、瀫山书院、朱买臣庙、白塔桥。

然后是地理空间的分布。

"钱塘江唐诗之路"的主要线路是从安徽州（今歙县）顺新安江、富春江、钱塘江而下，经青溪（今浙江淳安）、睦州（今浙江建德）、桐庐、富阳至杭州，全长约203千米。

相较而言，"钱塘江唐诗之路"并不存在明确支线。

最后则是沿用时间。

"钱塘江唐诗之路"经历了魏晋南北朝时期丰富的文化积淀后，在隋唐五代时期走向了辉煌，并且奠定了浙西地区的文化基础。但是由于浙西在唐后诸代，仍旧在文化上保持了足够的活跃，这给"钱塘江唐诗之路"沿用时间的认定带来了问题：既然"钱塘江唐诗之路"采用了"唐诗之路"的概念，那么自然同"浙东唐诗之路"类似，认定为唐代存在的文化旅游线路；但是不同于浙东，浙西地区在唐代便形成了一定规模的本土诗人，而这批本土文人们此后历代又多有发展传承，分别以学派、书院等形式于历代出现，并未在唐代以后存在明显的衰落或消失现象。这样看来，是否应当将其沿用时间延续至明清，是亟待更多研究成果来进行判断的。

需要补充遗产的认定及调整策略。

在以上认定标准的基础上，针对时代问题，我们也可以采用分期的认定策略。

第一，现有成果对"钱塘江唐诗之路"的主体沿用时间认定较为清晰，但是对其文人延续的真实性在学界暂无明确的判断。同时，与"浙东唐诗之路"类似，一些现存遗产地与唐诗之中所涉及的地点之间可能存在不太明确的对应关系，不足以进行认定。因此对应的策略，也可以进行分批申报。将能够落实在魏晋至五代沿用，或与之人、事相关的遗产地进行申报；加强对浙西文人延续性的研究，探讨文脉延续的真实性。如可以证明其延续性，则可在未来将宋元以后的文物点进行补充申报。

第二，与"浙东唐诗之路"类似，"钱塘江唐诗之路"也是一条融合了自然环境与人文遗产的路线，并且自然景观在其概念之中占更为重要的地位。除了参照文化景观类遗产地尤其是线路型的文化景观类遗产地的办法之外，还需要对其自然环境展开进一步的调研，确认其自然环境的真实性与完整性。

从目前掌握的资料看，钱塘江流域各地区唐诗相关文物古迹数量共计古建筑、古遗址和石窟寺及石刻三大类，学堂书院、桥涵码头、寺庙遗址、城垣城楼、寺观塔幢、水利设施及附属物、坛庙祠堂、城址八小类。

分地区而言，则列举如下。

杭州的文物资源种类较多，包括古建筑、古遗址和石窟寺及石刻。年代跨度较大，从东晋到清。其中与佛教相关的建筑、遗址较多，如法镜寺，自东晋时的天竺名僧慧理禅师创立后历代均有修建。另外，保存较多为五代吴越国时期建造的佛教建筑，如六和塔、闸口白塔、雷峰塔。此外，因为在钱塘江沿岸，还有较多水利设施，如杭州海塘。

富阳的文物资源种类也较多，包括古建筑、古遗址和石窟寺及石刻。年代跨度较大，从晋到民国。其中与佛教相关的建筑、遗址较多，如碧沼寺、多福院。此外，因为在钱塘江沿岸，还有较多水利设施，如胥口泥塍堰、春江堤。

建德还保存有三国时期的严州古城遗址，以及部分唐代的古城墙。主要的文物资源为与佛教相关的古建筑，如玉泉寺、南峰塔、北峰塔，还有一些名人祠堂，如严子陵祠、朱买臣庙。

桐庐保存有较多石窟寺及石刻，如桐君山摩崖石刻、瑶琳仙境题刻、阆仙洞石刻，主要是唐宋时期文人墨客留下的。

兰溪保存的古建筑可追溯至东晋南朝，其后虽然建筑遗存均为晚近复建，但也保留有一定的完整性、真实性。

金华主要是亭台楼阙，历代均有修葺，主要为清代修建。

七、"钱塘江唐诗之路"价值初释

价值综述：浙西地区自汉晋以来，以秀美的山水景观，吸引了唐代诗人纷纷前往游历，并创作了大量的诗篇，从而形成了一条山水与人文相结合的文化线路——"钱塘江唐诗之路"。这些诗篇或借景抒情，或以景抒怀，与山水文化、隐逸文化、佛道文化相结合，具有极高的史料价值，成为研究浙地的重要资料。同时由于浙西地区漕运的历史背景，"钱塘江唐诗之路"更能体现来自中央政权的文人与浙地文化圈的交流之路。

具体来看，"钱塘江唐诗之路"的价值也可以分为历史文化价值与社会经济价值两个部分。

（一）历史文化价值

首先是"浙西唐诗之路"对文学史的价值。唐诗是中华民族珍贵的文学遗产，是中华文化宝库中的一颗明珠，对世界上许多民族和国家的文化发展产生了很大影响，也对后人研究当时的政治、经济、交通、文化等有重要的意义和价值。日本曾数次派出文化代表团来考察这一带唐代诗人的踪迹，并拍成专题电视片带回国去放映，充分说明这条诗路在海外也有很大影响，已经引起了有关方面人士的关注。[①]

其次是"浙西唐诗之路"沿线漕运遗存的历史价值。钱塘江，古称浙江、浙江、罗刹江和之江，是我国东南沿海独具特色的一条重要河流，关于漕运的历史更是朝代更迭历史的物质化表现，所以对于漕运历史的研究，对于我们对历史的认知也是十分重要的。

（二）社会经济价值

同"浙东唐诗之路"一样，"钱塘江唐诗之路"的内涵也并不单单限于唐诗本身。因此"钱塘江唐诗之路"也能够为各门学科、各行各业的研究利用提供条件。

---

① 如1995年5月下旬日本MHK日本广播电视协会《汉诗之旅》摄制组考察杜牧在睦州任刺史时留下的踪迹。

城市的发展也要奔竞不息。美国现代哲学家刘易斯·芒福德在《城市文化》中曾说："城市是文化的容器。"文化，是城市的灵魂，是标记城市人文涵养的独特标记，也将为城市在新一轮的创新竞争中提供不竭的资源。钱塘江文化之路的梳理和重现，也是再次对这种勇立潮头的潮精神的审视和发扬光犬。

同时，有太多脍炙人口的诗词曾留给西湖，如"欲把西湖比西子，淡妆浓抹总相宜""未能抛得杭州去，一半勾留是此湖"，等等，如同它广为人知的美景一般。有关钱塘江的诗词之美也该如同西湖一样，沉淀在来往人的心田，融入城市发展的脉络里。打造一条钱塘江的诗词之路，其实是对优秀传统文化的复兴和创造性发展。①

第四节　两条诗路合并的可行性

综上所述，"浙东唐诗之路"与"钱塘江唐诗之路"在其地理位置，时代与价值层面存在一定的相似性，因此需要探讨将两者合并为一个文化遗产的可行性。

一、两条诗路的异同分析

"浙东唐诗之路"与"钱塘江唐诗之路"，最大的不同在于路线。浙东唐诗之路主线连接的是钱塘江与天台山，并有诸多支线，对浙东地区有所

---

① 王幸芳：《钱塘江诗词之路——从文化中寻找城市的意义》，《杭州周刊》2018年第25期。

覆盖；而"钱塘江唐诗之路"主线则是钱塘江上游直至安徽州。两条诗路其实是在钱塘江有所交汇。

由于这两条路线各自侧重有所不同，两条诗路在其背景上也分别有所侧重。"浙东唐诗之路"途经剡中、天台等文化繁荣之地，因此相对而言，游览于"浙东唐诗之路"的诗人，虽然仍以山水诗为多，但除此之外，也涵盖了更多对前人的感慨，对当地文化的记录等；而在"钱塘江唐诗之路"上，最为重要的就是沿线的景观了，虽然亦有"严子陵钓台"等前人遗迹供人观瞻，但在此处，更多体现的是诗人对自然的热爱，以及诗人自身触景生情的感慨。前者更接近"文化旅游"线路，而后者更接近于"自然景观"线路。

另外一个不同之处，在"钱塘江唐诗之路"相关唐诗中，有相当一部分为本地诗人所作，并且在当地也形成过卓有影响的"睦州诗派"。而诗路衰落后，浙西地区书院相对更发达，本土文化圈延续更为长久。或许是浙西地区受运河辐射更深，与中央文化更接近的缘故，造成了这样的不同。

以上虽然是这两条唐诗之路的不同之处，但也可以看出，这些相异之处其实是相互充实的，并不能够从根本上论证两条诗路无法合并。或者说，虽然两条诗路在古代地理位置，以及行政区划上都有所不同，但是可以看出，这两条诗路之间，存在着内在的联系。

第一点，两条诗路具备同样的成因。纵观两条诗路形成的历史背景，都可以看到这样几个共同的线索。

首先是东晋以后，南朝大批士族在浙地栖息，无论是源于浙地悠久的文化积淀，还是南下士族所带来的中原文化，都给了这些士族深厚的思想积淀。同时长达数百年的战乱动荡，南朝政治的混乱，加之浙地自身独特的地理风光，江南丰厚的自然资源条件，这些士族文人便得以在浙地生根发芽，与当地的人文自然环境相互作用融合，形成了独具特色的文化圈。该文化圈中诞生了求仙问道、宗教哲学、玄学思想、山水田园诗、避世归隐等文化符号，并逐步体现出巨大的影响力。

然后是脱胎于北朝的隋唐，实现了全国的大一统。为了加强对南方地区的控制，隋朝开凿了大运河，连通了北部中央政权和浙地文化圈；建立了科举制度，使全国的文人们与中央政权形成了更为密切的联系。到了唐代，时局稳定，国力强盛，漕运更为发达，文人们也大多踏上了仕途。无论出于宦游的迁徙，还是自发的旅行，大批代表了中央政权文化圈的诗人们顺着运河南下来到钱塘，并以此为中心，发散到浙地，去追寻自己内心对于前朝士族，以及浙地山水的向往。

最后，两者的衰落，也都是由于时局的恶化，以及水文环境的改变造成。只是两者地缘上的不同，造成了两块区域在诗路衰落后，稍有不同的命运。因而可以看出，这两条诗路的成因几乎相同。

第二点，两条诗路具有同样的主体诗人。由于两条诗路的成因相同，因此前来两条诗路游览的诗人主体也非常类似。通过梳理两条诗路相关唐诗的内容，可以看出主要诗人有着绝大多数的重合。上文已提到，有研究认为，自北方沿运河南下的文人们，将两条诗路作为并列的选项，来体验浙地的风土人情，一条选择浙东，另一条选择浙西。两者有所关联，其特点又有所侧重，整体形成了诗人们对浙地的"文化旅游线路"。

因此，虽然两条诗路上诞生的诗篇分别有所侧重，但总体类型还是非常类似的，可归为"旅游文学"范畴，或抒发了对山水，对先人，对自身际遇的感慨；或表达了对人生，对命运的思考；等等。

第三点，两条诗路在文学史概念中的重叠。"唐诗之路"概念源于文学和文学史领域，最早提出的"唐诗之路"便是现如今的"浙东唐诗之路"。通过梳理其概念提出者竺岳兵先生所编纂的《唐诗之路唐诗总集》中所收录唐诗的内容来看，其涉及的地域不仅仅在于浙东一线，钱塘江及钱江上游的一些地点也有所涉及。因此，最早提出的"唐诗之路"概念，对钱塘江是有所覆盖的。而此后学界提出了"钱塘江唐诗之路",将钱塘江上游加以强调,便形成了如今"钱塘江唐诗之路"的概念。

由于现如今,钱塘江所在的杭州是浙江省的省会,则当今两地的区域规划都需要强调与杭州的关系,则杭州自然而然成为今人看待两条诗路的分割点。但是实际上,两者在"唐诗之路"这个概念上,或许并没有明确的分界线。

第四点,两条诗路价值阐述的统一。通过上几节对"浙东唐诗之路"与"钱塘江唐诗之路"价值的初步阐释中,可以看出,两者的价值其实非常统一。重新梳理后,其价值的核心,均体现在以下的三个方面。

首先,唐诗将会作为两者最重要的价值载体。虽然唐诗是非物质的文化载体,但是唐诗自身在中国文化中的地位及其对东亚地区的文化影响,都是"唐诗之路"最重要的价值依托。虽然两条"唐诗之路"更侧重于山水诗这一门类,无法涵盖唐诗艺术领域的方方面面,但是其物质遗存的存在,使得唐诗作为历史文献的作用得以加强。两者的相辅相成是遗产最宝贵的价值。

第二,两者都体现了文人与自然环境之间的相互关联。两条诗路上诞生的诗篇,山水诗是最主要的组成部分,便可以体现出这一人与自然之间的关联。这一关联,除了物质上对自然的保存或改变之外,还体现在非物质上的众多思想,比如归隐的思想,宗教哲学的思想,等等。这些思想在相应的唐诗中有着深刻而丰富的体现,也成为中国文化的重要组成部分。

最后,唐诗之路很有可能是一条北方中央文化圈与浙地文化圈的交流融合之路。这里所谓的"北方"文化圈,"浙地"文化圈虽然并非学界公认的明确概念,但基于这几个线索,也可以得到确立。首先是浙地在大运河开凿之前具有一定的封闭性,除非政权整体迁移,不然很少有明显的对外文化交流互动，因而很可能形成文化圈；然后是浙地东晋南朝名士的文化，也是基于南朝政权而生的；最后是隋唐政权来自北朝政权，与南下的南朝政权有着较为明显的分别。

综上所述，无论诗人们走的是浙东一线，还是浙西一线，他们大都是从中央而来，而主要的目的都是对南朝士族的仰慕。因此这些文人们应当可以代表更接近于北朝演变而来的文化政权；他们前来浙地所探访的，是南朝所演变而来的文化。自然能够看作是文化交流的体现。所以这三点价值的内核相同，使两条唐诗之路之间的关联变得更加紧密。

二、结论

当然，以上的分析主要还是从"唐诗之路"概念与价值的角度进行，必须认识到，如果真要将两者进行合并申报，在实际工作中可能会出现意想不到的问题。但是从本书的角度出发，其实更倾向将两者进行合并申报，或者最起码不要在概念上将其进行明确的拆分，应统一为一整个"唐诗之路"，或者"两浙唐诗之路"的概念进行申报。因为一旦将两者进行拆分申报，其内涵上过多相似的部分，将会使每一方价值的独有性受到损害，成为另外一方申遗的阻碍。

在具体的申报策略上，也可以通过递进式的申报来实现这一点。遗产名称更倾向"两浙唐诗之路"，一方面由于"两浙"指唐代"浙东道"与"浙西道"，无论从地理上，还是从时间上都比较贴切，可以成立；另一方面，国内还有其他诸如"陇右唐诗之路"的概念，因而如果单以"唐诗之路"作为名称来申报，显然还要处理国内其他诗路的关系。而在申报过程上，可以先集中力量，将现有成果更为丰富的浙东与钱塘江主干一线进行申报；然后再根据其他区域研究及保护的进展程度，对"诗路"这一范围进行更新扩大，不断纳入包括浙西区域，以及宁波舟山段线路等支线的遗产点，乃至以后也可以再行探讨"瓯江山水诗之路"纳入此"两浙唐诗之路"的可行性，等等。

基于将两者合并这一判断，本书之后的内容，均会以"两浙唐诗之路"的整体，来与其他遗产点或诗路概念进行对比分析。

第五节　国外遗产地对比研究

上一章主要探讨了两条唐诗之路的认定以及价值。之后，本章会将其与已成功申报的遗产地，以及国内其他"唐诗之路"进行对比分析，主要是将其与一些路线型世界遗产进行对比分析。

一、遗产类型

无论是"浙东唐诗之路"，还是"钱塘江唐诗之路"，均具备如下两个特点：一是自然景观与人文遗产的结合；二是路线型的遗产。因此如果需要申请世界遗产，那么便需要对其类型进行一定的辨析。

由联合国教科文组织2019年版的《申遗操作指南》第45—47条可知，世界遗产分为以下几大类：文化遗产（Cultural Heritage），包含文物（Monuments）、建筑群（Group of Buildings）、遗址（Sites），自然遗产（Natural Heritage），文化和自然双重遗产（Mixed Cultural and Natural Heritage），文化景观（Cultural Landscape）。其中，文化景观被认为是文化遗产的一种特殊形式。其次，在《申遗操作指南》附件三中，着重阐释了四类文化和自然遗产的具体类型，包括文化景观（Cultural Heritage）在内，还有历史城镇和城镇中心（Historic Towns and Town Centres）、运河水渠遗产（Heritage Canals）、遗产路线（Heritage Routes）。简单总结如图5.1所示。

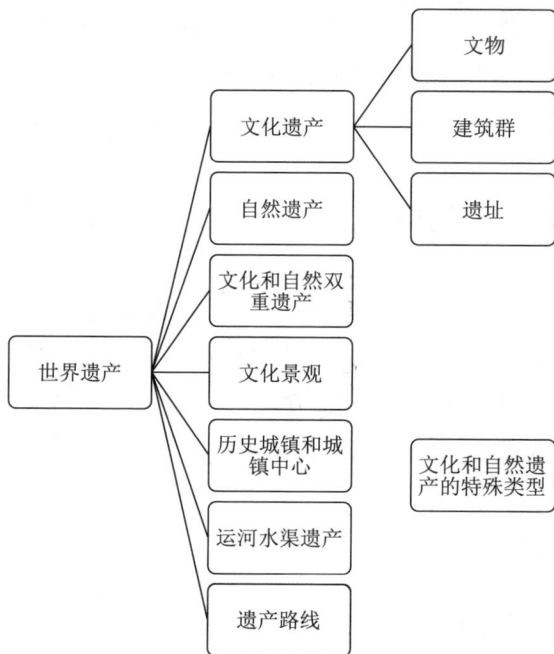

图5.1 联合国教科文组织世界遗产基本类型（笔者整理，2020）

除这些基本的类型，郭璇、王谊在其《世界遗产保护发展及类型体系研究》中，基于多项文件、多次专家会议，以及如ICOMOS等多个科学委员会的研究和实践，总结出一个更为丰富的世界遗产保护类型体系构架[①]，如图5.2。

---

① 郭璇、王谊：《世界遗产保护发展及类型体系研究》，《重庆建筑》2014年第4期。

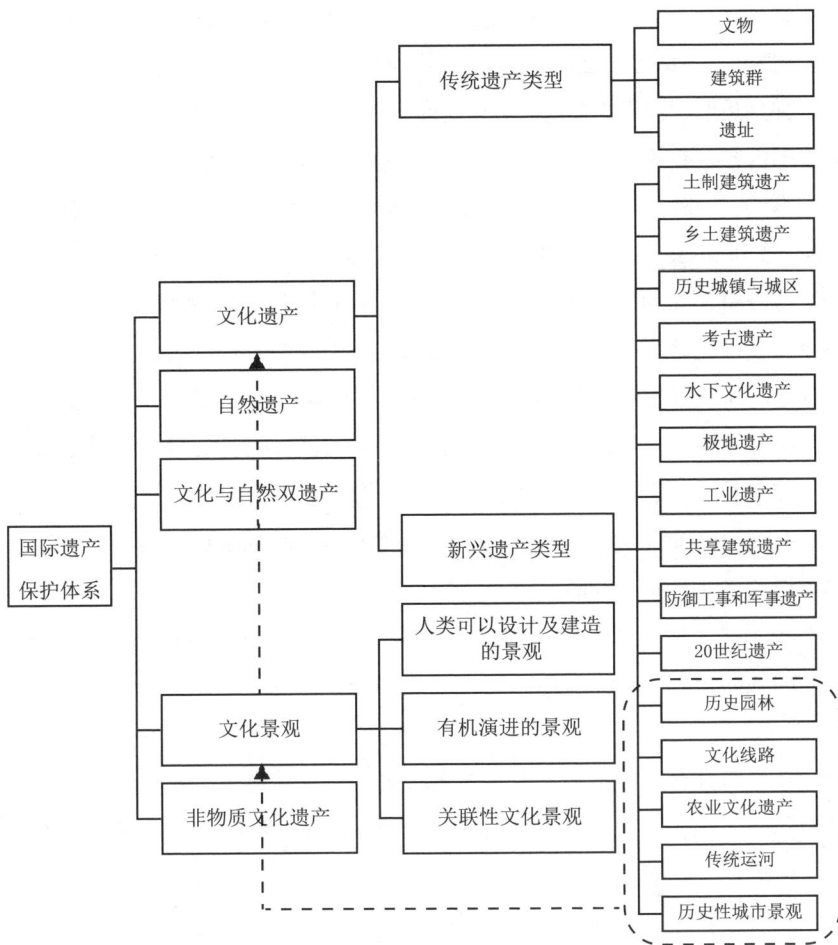

图5.2　世界遗产保护类型体系框架（郭璇、王谊，2014）

　　对比唐诗之路的具体情况，下文将对文化景观与遗产路线两个主要分类进行分析。

　　首先是"文化景观"概念类型。在联合国教科文组织的《申遗操作指南》（Operational Guidelines for the Implementation of the World Heritage Convention,

以下简称《指南》①）中，详细解释了"文化景观"（Cultural Landscapes）和"遗产路线"（Heritage Routes）这两类遗产类型。这份操作指南每年都会更新，并且是申请世界文化遗产最重要的参考文件之一。因此我们以2019最新版本的内容为参考，对"文化景观"和"遗产路线"的概念进行梳理对比。

联合国教科文组织将世界遗产分为三大类，分别是"自然遗产"（Natural Heritage）、"文化遗产"（Cultural Heritage）、"自然和文化双重遗产"（Mixed Natural and Cultural Heritage）。除此之外，在《指南》中，"文化景观"和"遗产路线"被世界遗产委员会（The World Heritage Committee）称作"Specific Types of Properties on the World Heritage List"，即世界遗产名录上的具体类型，其详细讨论被放在《指南》的附件3中，在评估其是否可以入选名录时，有它们具体的操作指南。同样被委员会列入具体类型范畴的还有"历史城镇和城镇中心"（Historic Towns and Town Centres）和"运河水渠遗产"（Heritage Canals）。

对于"文化景观"，教科文组织给出的定义为"Cultural landscapes are cultural properties and represent the…both external and internal"② ：

文化景观是文化财产，它代表着公约第一条规定的"自然与人结合的产物"。它们说明了，在自然环境所提供的物质限制和/或机遇的影响下（自

---

① 联合国教科文组织，申请世界文化遗产的操作指南，UNESCO，2019。

② "Cultural landscapes are cultural properties and represent the 'combined works of nature and of man' designated in Article 1 of the Convention. They are illustrative of the evolution of human society and settlement over time，under the influence of the physical constraints and/or opportunities presented by their natural environment and of successive social，economic and cultural forces，both external and internal." 联合国教科文组织，申请世界文化遗产的操作指南，UNESCO，2019，p.83。

然因），以及在外部自然环境和内部持续的社会、经济和文化力量的影响下（社会因），人类社会的演变及跨时代的定居情况。

另外的表述还有"They should be selected on the basis both…therefore helpful in maintaining biological diversity"[①]：

它们的选择应基于两点，其一在于突出普遍价值（OUV）；其二在于它们是否能够代表的一个清晰的地理文化区域，以及能够体现出这些地区重要而独特的文化元素。而"文化景观"这个特有名词，应该包含人类和其所处环境互动表现的多样性。它通常反映了可持续土地利用的具体技术，这些技术是人类在考虑了所处自然环境的特征和局限后，建立的人与自然的一种具体的精神联系。对于"文化景观"的保护可以对现代可持续土地利用技术做出贡献，并且可以维持或扩大景观中的自然价值（natural values）。这些传统形式的土地利用的持续存在，支持了世界上很多地区的

---

① "They should be selected on the basis both of their Outstanding Universal Value and of their representativity in terms of a clearly defined geo-cultural region and also for their capacity to illustrate the essential and distinct cultural elements of such regions. The term 'cultural landscape' embraces a diversity of manifestations of the interaction between humankind and its natural environment. Cultural landscapes often reflect specific techniques of sustainable land-use, considering the characteristics and limits of the natural environment they are established in, and a specific spiritual relation to nature. Protection of cultural landscapes can contribute to modern techniques of sustainable land-use and can maintain or enhance natural values in the landscape. The continued existence of traditional forms of land-use supports biological diversity in many regions of the world. The protection of traditional cultural landscapes is therefore helpful in maintaining biological diversity." 联合国教科文组织，申请世界文化遗产的操作指南，UNESCO，2019，p.83。笔者自译。

生物多样性。因此，保护传统文化景观，也帮助维持了生物多样性。

对于"文化景观"的类型，该操作指南将其分为以下三大类。

第一类是由人类有意设计或创造的景观（landscape designed and created intentionally by man）。这一类文化景观被认为是最容易辨认的，它们往往展现为与宗教或者纪念性建筑伴生的花园、公共绿地场所景观。

第二类被称作有机进化的景观（Organically evolved landscape）。这一类景观来源于最初的社会、经济、管理或宗教的影响。这些影响造成了景观现在的形式，同时也表达了它和自然环境的关联和呼应。这一类的"文化景观"，通过自有的形式和组成特征，反映了它自身的进化过程。根据现存状况，这一类景观又分为两小类，分别是遗迹/化石（relict or fossil）景观和持续（continuing）景观。对于这两小类的分辨，也较为容易，即看它的进化发展的过程是否还在运行。对于遗迹景观，它的进化过程在过去的某一节点已经结束，但是其重要杰出的特征，仍旧以可见的物质材料形式存在至今。而对于持续景观与遗迹景观最主要的不同之处就在于这一类的景观一方面保留了它随时间发展而留下的重要的物质遗存，另一方面它仍然在当代社会扮演活跃的角色，并且在保证趋近传统形式的生活方式的同时，其进化过程仍在继续，或是仍旧处活态。

第三类景观被称作"关联的文化景观"（associative cultural landscape）。这一类的"文化景观"的认定取决于它与所在的自然元素，在宗教、艺术或文化层面存在着非常强的关联，而非保留了众多的物质文化遗存。值得注意的是，在这一类的"文化景观"中，物质遗存并非决定因素，它们可能并不重要，甚至存量不大，但并不影响其遗产价值。

总而言之，"文化景观"主要强调了人与自然结合，以及人类社会的演变发展。

接着是"遗产路线"的概念。对于"遗产路线"，联合国教科文组织在1994年的马德里会议即组织了专家会议（Madrid, Spain, November 1994），以"线路，作为我们文化遗产的一部分（Routes as a Part of our Cultural Heritage）"为题进行讨论，路线类的遗产开始被人们重视起来。而对于"遗产路线"的总体定义"A heritage route is composed of tangible elements of······along the route, in space and time"① ：

"遗产路线"是由有形元素组成的。这些元素的文化重要性，是由国家或地区间互相交流或多维对话而得的，并且可以说明遗产道路沿线时间和空间上的相互影响运动。

当评估一个"遗产路线"是否适合列入世界文化遗产名录上时，往往有这几条参考因素。

首先，其是否符合突出普遍价值，即"Outstanding Universal Value"。这一点贯穿于全部遗产类型，这里暂不做讨论。

其次，要符合"遗产路线"的具体定义。对于"遗产路线"的具体定义，教科文组织也有明确的陈述：一是"遗产路线"是建立在持续的时间和空间上的动态运动和思想交流；二是"遗产路线"指的是一个整体，因而当作一个整体看待时，线路的价值将超过构成它的所有元素单独价值的总和，并通过这些元素获得了它的文化意义；三是"遗产路线"会重点突

---

① "A heritage route is composed of tangible elements of which the cultural significance comes from exchanges and a multi-dimensional dialogue across countries or regions, and that illustrate the interaction of movement, along the route, in space and time." 联合国教科文组织，申请世界文化遗产的操作指南，UNESCO, 2019, p.87。

出国家或地区间的相互交流和对话；四是"遗产路线"是多维度、多方面的，其主要的目的是不断发展和添加的，会体现在宗教、经济、管理或者其他任何可能的方面。

除了具体定义外，可以申报世界遗产的"遗产路线"也可能是一个具体、动态的"文化景观"。对于一条文化"遗产路线"的认定，是由其收集的，可以见证其线路本身重要性的强势（优势）和有形元素。对"遗产路线"的真实性，在操作指南中强调了其真实性是建立在组成"遗产路线"的重要性和其他因素上。线路持续时间、现如今的使用频率及其受影响下的人民发展等，都将列入考虑范畴。这些因素会在路线的自然框架、非物质的及象征性的维度范围内进行考虑。总而言之，"遗产路线"是一个多维的整体，它强调时间的持续和空间上的相互交流，其整体上的意义或价值，应超越其上所有元素的总和。

在文化遗产保护的发展历史中，一个大趋势便是从普遍化向地域化的转变。因此除上文中整理的联合国教科文组织提出的遗产类型外，近些年，各类较为复杂区域性遗产类型被国内外学者广泛探讨。其中包括欧洲提出的"文化线路"（Cultural Routes），美国遗产体系下的廊道遗产（Heritage Corridors），以及国内学者提出的"线性遗产"（Linear Heritages）。下文将着重分析这些具备一定地域性的概念。

再说"文化线路"和"廊道遗产"的概念。1964年，"文化线路"的思想在欧洲理事会的一份报告中第一次被提及。①随着朝圣之路在1993年成功列入世界文化遗产，线路类遗产被人们重视起来。自1994年马德里会议

---

① Chairatudomkul S., Cultural Routes as Heritage in Thailand : Case Studies of King Narai's Royal Procession Route and Buddha's Footprint Pilgrimage Rout, Thailand : Silpakorn University, 2008, p. 14.

《线路——我们文化遗产的一部分》专题报告后，文化线路遗产的研究逐渐成为焦点，其概念和内涵等在2008年《文化线路宪章》正式通过前一直处于讨论中。[①]

　　国际上有两个组织提出过文化线路（Cultural Routes）的概念，它们分别是：欧洲文化线路委员会（European Institute of Cultural Routes）提出的"文化线路（Cultural Route）"和国际古迹遗址理事会（International Council on Monuments and Sites，ICOMOS）提出的"文化线路（Cultural Route）"。这两个组织提出的线路类文化遗产概念不仅名称有异，突出的重点也有不同。有学者对遗产线路和文化路线的概念进行过辨析，认为欧洲文化线路委员会概念下的文化线路从"文化地域性"出发，着重强调地域属性而非交流对话属性；联合国教科文组织概念下的遗产线路，在本质上和文化线路内涵一致；而国际古迹遗址理事会概念下的文化线路则着重强调"持续交流"而产生的"文化融合"现象。[②]

　　对于廊道遗产（Heritage Corridors），美国国会在1984年通过了第一个国家廊道遗产，遗产廊道的概念也自此进入大家的视线中。欧洲系统概念下的文化线路注重文化内涵，而起源于美国的廊道遗产则强调了"自然"的重要性。[③]其不仅强调遗产保护的文化意义，也强调了经济、旅游和生态价值。[④]

　　综上所述，我们不难看出，"文化景观"与"遗产路线"是教科文组织的类型划定；但为了能够适应各地不同的线路类遗产类型，各个地区也

---

① 陶犁、王立国：《国外线性文化遗产发展历程及研究进展评析》，《思想战线》2013年第5期。

② 陶犁、王立国：《国外线性文化遗产发展历程及研究进展评析》，《思想战线》2013年第5期。

③ 廊道遗产概念解析。

④ 陶犁、王立国：《国外线性文化遗产发展历程及研究进展评析》，《思想战线》2013年第5期。

分别提出了自身的概念。文化线路起源于欧洲，强调文化意义；廊道遗产起源于美国，强调自然的结合。这些都是他们基于自身特点而提出的概念。而面对中国的情况，结合中国辽阔的地域、丰富的自然环境和深厚的历史文化发展，我们的线路类文化遗产应将上述类型结合。

最后是线性遗产的概念。本质上，线性遗产与上述提到的各个遗产类型有着许多相似之处，并且它是这几个特殊类型的更广泛的概括。

关于线性遗产概念的提出，有学者认为，其初期研究是始于欧洲国家的文化线路、美国的遗产廊道这两个国际概念。[①]另有学者更为直接地指出，"文化线路和遗产廊道是线性文化遗产最主要的两种形式"[②]。

国内关于线性遗产的概念明确于2006年，时任国家文物局局长的单霁翔整合文化线路、遗产廊道等国际遗产概念，首次明确提出了线性文化遗产（Lineal or Serial Cultural Heritages）的概念：

> 线性文化遗产是指在拥有特殊文化资源集合的线形或带状区域内的物质和非物质的文化遗产族群，往往出于人类的特定目的而形成一条重要的纽带，将一些原本不关联的城镇或村庄串联起来，构成链状的文化遗存状态，真实再现了历史上人类活动的移动，物质和非物质文化的交流互动，并赋予作为重要文化遗产载体的人文意义和文化内涵。[③]

---

① 冯潇、陈思淇：《线性文化遗产的空间格局构建：以明长城大同段为例》，《风景园林》2019年第11期；王志芳、孙鹏：《遗产廊道：一种较新的遗产保护方法》，《中国园林》2001年第5期；李伟、俞孔坚：《世界文化遗产保护的新动向：文化线路》，《城市问题》2005年第4期。

② 陶犁、王立国：《国外线性文化遗产发展历程及研究进展评析》，《思想战线》2013年3期。

③ 单霁翔：《大型线性文化遗产保护初论：突破与压力》，《南方文物》2006年第3期。

此概念是在文化线路的概念下衍生并扩展而成，也是更适合中国国情的一个概念。单霁翔提出，中国大型线性文化遗产往往"路线漫长，体量庞大，内容丰富，影响广泛"，多呈现"线状或带状的文化遗产区域"，覆盖面广且遗产类型多样，反映了丰富的人类活动形式。该类文化遗产往往是将地域特色与相互交流和沉淀的历史相结合，其尺度之大，可"横跨众多城镇的一条水系的整个流域"，如京杭大运河；也可"贯穿很多国家的某条贸易之路"，如丝绸之路。线性文化遗产所承载的物质与非物质文化遗产相互交流影响，构成了"文化带上文化遗存的共性与特性、多样性与典型性"，同时也衍生出"丰富多彩的面貌和内在的密切关联"。他在文章中还强调，大型线性文化遗产往往不仅有丰富的历史文化内涵，而且涉及巨大的经济价值和复杂的自然生态系统。

二、"唐诗之路"的类型辨析

对"唐诗之路"进行类型辨析，首先需要整理出诗路自身的价值特点，具体如下。

浙东、浙西两条水路沿线瑰丽的自然风光是吸引诗人们前去的最主要的原因之一，而在自然景观的基础上，诗人们在此创造诗歌，并且沿线留存了古道、客栈、寺庙、亭榭等人类居住痕迹，一定程度上符合"文化景观"中强调的"人与自然的结合"。浙江地区独特的自然风光，包括河流、山麓等，与从北方周游而来，或是原本就定居于此的诗人们相互结合，形成了以文学为契机，不同的建筑遗存等为展现形式的"文化景观"。从上文对"文化景观"的定义中可知，第三类被称为"关联的文化景观"的类型中，强调其与自然元素，在强大的宗教、艺术或文化层面的关联，而不是物质文化遗存。唐诗之路正是在与其自然元素结合，在强大的文化层面上对两者进行关联，在一定程度上符合第三类"文化景观"的要求。

但参照"文化景观"的定义，唐诗之路的第一主体人群——诗人，在此处栖居的元素还是稍微少了一些。同时，随着城市社会的发展，以及现代人对自然环境的改变，两条诗路沿线自然景观的真实性、完整性或多或少受到了一定的破坏。这两点或许成为评选"文化景观"较为劣势的方面。

而如果换一个角度进行解读，"唐诗之路"或许能够接近于"遗产路线"的概念。

无论是"浙东唐诗之路"还是"钱塘江唐诗之路"，其另一重要肇因是魏晋南北朝名士故居所在地。而东晋至南朝名士大都是魏晋北方政权士族"衣冠南渡"后，与当地融合而形成。突出的玄学、哲学思想，释道宗教发达，"悟言一室之内，放浪形骸之外"的行为方式等，都说明了这些南朝文人团体在浙地形成了一个独特的文化圈，上述现象均成为该文化圈的文化符号。这些文化符号被众多文献所承载，其存在自然无可置疑。

与之不同的是，唐代前来浙地游历的诗人们，却大多具备北方中央政权或中原政权的背景，一个证据便是宦游之诗人占诗路创作主体的很大部分。隋唐两朝虽统一中国，但其政权核心则脱胎于北朝，与南朝自然是两个不同的文化圈。从学界对诗人们的研究中，可以看出彼时中原文化的特征则是更贴近于儒家正统。

隋唐大运河与彼时沟通南北，但终究为中央政权所控，可看作是北方政权向南的延伸。因此也可看出，来自京洛的诗人或文人们大多是沿运河南下至钱塘的。但当他们踏出运河，分别通过向东"浙东唐诗之路"，向西"钱塘江唐诗之路"深入浙地后，两个文化圈的直接交流也就诞生了。两条"唐诗之路"如同中原血液渗入浙地组织的毛细血管，成为彼时这南北两个文化圈之间深度交流之路。经由"唐诗之路"，不同地区的文化、传统，甚至宗教得以传播、融合。而那些诗篇，承载着包括文学、宗教、手工业等内容，便是这一文化交流和融合的产物之一。浙地的景致、宗教，甚至经济物产等，都会经由这些南游的文人及异国访客带回北方，乃至东亚其他国家。这一现象，确是不同的文化圈在此相互包容结合的现象。因而唐诗之路的线路本身的意义，以及基于线路上的文化交流，似乎具有更为重要的意义。如此看来，将其归为"遗产路线"，也较为贴切。因为它在一定程度上符合"遗产路线"的"国家或地区间的交流对话"的定义。

同时，唐诗之路也是多维度发展的，沿路除了文学发展外，佛教、道教等盛行的宗教也在唐诗沿线传播、发展、壮大。中国历代统治者不乏信奉宗教之人，宗教的发展在中国历史上至关重要。唐诗之路沿线宗教和文化相互结合，一些具有禅意的诗词、一些礼佛的诗词等，都丰富了中华文化，成为当今中国文化或者说是中国人文化背景里的一部分。这些思想、哲学等随着唐诗之路的发展、传播，渐渐融入中国古人的血脉中，又在多年传承下影响至今，在一定程度上体现了其在时间和空间上的持续发展。作为"遗产路线"，重点需要突出国家或地区间的相互交流和对话，而唐诗之路体现在中国南北方不同文化圈、中国与东亚文化圈的相互交流，因此其在一定程度上符合"遗产路线"的要求。"遗产路线"强调线路整体价值大于沿线文化元素的价值总和，而对唐诗之路来说，线路所产生的文化影响确为其最重要的价值，超过沿线文化元素的价值总和。这一总体价值，便直接体现于唐诗之上。

唐诗是中国古代文人直抒胸臆的文学体现形式，但它的意义不仅在文学形式和文学造诣上，更在于其背后所代表的从魏晋分裂到隋唐一统后，中国文化内部交流的繁荣、国家对文化的重视和人们对文化的追求与感知。唐诗产生的文化影响力，不仅促进了中华文明的形成、中华民族的认同感的形成，更是远播到日本、朝鲜等东亚地区，促进其他地区的文化发展，并对东亚文化发展影响至今。

因此，在本书看来，"唐诗之路"在申遗过程中，如果直接在UNESCO世界遗产组织提出的类型，即"文化景观"与"遗产路线"两者进行辨析，总会存在一定的遗憾。

"文化景观"突出的是"人与自然的产物"，强调的是一个地理文化区域其所具有的突出普遍价值，包含人类设计的景观或者人类社会生活与自然形成的景观。而"遗产路线"更突出的是这条线路本身的影响，基于道路本身的持续的运动或者想法的交换，它突出的是在线路的构架上，国家和地区间的多维度的交流对话，它更是强调整体线路意义大于个体元素。而基于这些路线型遗产产生的线性遗产进一步强调在带状或线形区内、出于人类特定目的而形成的、具有特殊文化资源集合的一条重要纽带。而综合"文化景观"和"遗产路线"，不难发现有时它们很类似，或者似乎是可以并存的，在申报遗产时，是根据哪一方面更突出而选择申报的。很多世界遗产地是基于线路的，但其沿线产生的"文化景观"的价值可能更为突出，更符合突出普遍价值，因此该类遗产地多以"文化景观"类型进行申报。

对"唐诗之路"来说，其得以形成的最主要的两个因素——诗人对自然风光的向往，诗人对魏晋南北朝名士的仰慕——竟分别对应了"文化景观"与"遗产路线"的内涵。这两点的重要性并无高低之分。因此无论是"文化景观"还是"遗产路线"，都只能避实就虚，强调总体价值对"唐诗之路"更为适合。因此相对来说在契合度上并不是特别高，阐释之时可能舍弃掉一些重要价值。

因此，无论是"浙东唐诗之路"，还是"钱塘江唐诗之路"，则需要以其他类型进行阐释，才能够完整覆盖其价值特征：一是自然景观与人文遗产的结合；二是路线型的遗产；三是人类历史交流路上的物质和非物质性遗产族群；四是对其的保护应遵循整体性与区域性的原则。综合来看，这些特征十分符合各国提出的线性遗产的概念，尤其是国内大型的线性文化遗产（Linear Cultural Heritages）。因此，在本书看来，在"唐诗之路"的申遗过程中，应以线性遗产的概念为出发点和研究点，进行申报。

三、国内外线路型遗产地对比分析

上文提到，世界文化遗产名录中，实际归于"遗产路线"类型的遗产地非常之少。因此本书进行对比分析时，将不强调其"文化景观"或"遗产路线"的具体类型所属，而是选取部分线性遗产来进行对比分析。

本节将目光投向已经申遗成功的五处线路类世界文化遗产地，其中包括一处国内遗产地和四处国外遗产地。在个案分析中，本书会以下面五个遗产地为例，针对其基本信息、申遗符合度、完整性真实性等申遗事项进行信息梳理。（表5.1）

表5.1　遗产地个案名称、所属地及所属类型

编号	遗产地中英文名称	遗产地所属国	遗产地类型
1	Land of Frankincense 乳香之路	阿曼 Oman	文化景观
2	Quebrada de Humahuaca（part of the Camino Inca） 塔夫拉达·德乌玛瓦卡（印加之路的一部分）	阿根廷 Argentina	文化景观
3	Incense Route—Desert Cities in the Negev 香料之路—内盖夫的沙漠城镇	以色列 Israel	文化景观
4	Camino Real de Tierra Adentro 皇家内陆大干线 （白银之路）	墨西哥 Mexico	
5	丝绸之路：长安—天山走廊的路网 Silk Roads: The Routes Network of Chang'an—Tianshan Corridor	中国 China、 哈萨克斯坦 Kazakhstan、 塔吉克斯坦 Kyrgyzstan	

在本节个案分析中，参考资料以UNESCO官网资料为主，对于每个遗址地的信息汇总翻译，皆以其申遗成功那年的《提名文件（Nomination File）》和国际古迹遗迹理事会（ICOMOS）出具的《ICOMOS咨询评估意见（Advisory Body Evaluation ICOMOS）》为参考。①

案例一　乳香之路②

遗产地名称：Land of Frankincense乳香之路。

所属国家：阿曼，佐法尔省（Dhofar Province）。佐法尔省位于阿曼最南部，北邻沙特阿拉伯，西临也门，面积99300平方千米左右，是阿拉伯半岛上少有的，受印度洋季风影响的地区之一。

遗产地简介：

乳香之路沿线有着大量的商队绿洲遗迹，这表明该地区的乳香贸易，曾繁荣了数个世纪。同时也说明这项贸易在古代和中世纪，是最重要的商业活动之一。

Khor Rori港口（公元前4世纪—公元5世纪），Al-Balid港口（从公元8世纪—16世纪），接近大沙漠的Rub AI Khali，这些港口及位于170千米以外内陆地区的Shisr遗址，反映了乳香当时在沿海和内陆地区河谷分布的独特方式。以下是一些遗存的具体介绍。

考古遗址Shisr：整个遗址约在沙漠中的Salalah以北180千米处，坐落在一个山坳处。该遗址和著名的《一千零一夜》、神圣的库兰（根据牛津大

---

① 联合国教科文组织，Nomination File 669bis 提名文件，UNESCO，2015，http：//whc.unesco.org/en/list/669/documents/。

② 联合国教科文组织．Nomination File 1010 提名文件 Advisory Body Evaluation ICOMOS ICOMOS 咨询评估意见，UNESCO，2000，http：//whc.unesco.org/en/list/1010/documents/。

学Michael MacDobnald教授的研究）等有关。它一直是沙漠中一个重要的前哨村落，因为它可以在进入Rub Al-Khali沙漠前，为穿越沙漠的旅行队提供大量的水资源。它周围大约有16个新石器时代遗址，这些遗址断代的根据，是在考古过程中所发现的用火烧过的岩石、烧火材料、贝壳、骨器碎片、石器等。总体来说，Shisr是铁器时代B阶段的一个农业前哨村落遗址，并在铁器时代后，该遗址在伊斯兰早中期的时候被重新利用。

考古遗址Khor Rori：这个考古遗址位于Salalah以东40千米处，沿着海岸路前行，在Khor东岸的一个山顶上。其中最重要的一个结构遗存就是堡垒门。沿着陡峭的入口小路上，有连续打开的三扇门，这样的设计是出于城防的考虑。作为最靠近Dhofar生产地区的贸易点，此处遗址于公元前3年到公元3世纪，见证了该地区现已消失的文明。乳香贸易被认为是古代非常重要的贸易，是由于它们从经济和文化的角度，联系了宗教信仰和古代医学。根据当地的出土文献记载，这个城市曾是Hadhramawt Shabwa城邦的国王"LL"ad Yalut的根据地。这个地方曾被用来控制Dhofari的香料贸易的发展，香料通过海路被运输到Qana，再经陆路穿过Wadi Hagr被运送到Shabwa。

考古遗址Al-balid：该遗址沿着海岸一直延伸到一个天然的高地，高地上有甘甜的水源。该处遗址环境的吸引力，也是由于周边存在一些历史遗迹，比如Al-Robat和Salalah城这些城镇遗迹。但是Al-Balid联系了所在的高地和海洋，是唯一具有该功能的古代城镇遗存。从历史角度来说，该遗址被认为是南阿拉伯半岛最大的遗址之一，其中坐落有很多伊斯兰中期建造的精美建筑。随着旅行者的发现和考古调查的深入，该遗址逐渐为公众所知。曾有著名的旅行家对这个地方进行过考察，也有相关书籍面世。一些清真寺至今仍保留了下来。这整座城市被香蕉、椰子和槟榔树果园所包围，而小米、大麦和大米等粮食大多是进口的。Al-Balid的大清真寺已经被学者们研究了将近150年。三个主要的考古发掘已经在该遗址进行，另有一些小型的调研也在逐渐开展。在1995年，阿曼政府决定将此处遗址发展成一个遗址公园。

Wadi Dawkah的乳香公园：在Dhofar区域内，Wadi Hogar、Wadi Andoor和Wadi Dawkah地区是乳香树盛产的地区，它们的自然环境是完整保存的。其中，Wadi Dawkah被列入遗产地之一，是考虑到它离国家公路近，对旅行者有着较好的可达性。而另外两个地区，阿曼政府也会考虑将其列入乳香国家公园，并且最终将其提名到世界文化遗产名录上。除了此三处外，目前没有其他与乳香贸易相关的文化环境可与之相比，因为大部分南阿拉伯半岛地区的乳香树几乎都已经消失了。

申报成功时间：2000年。

线路申报长度：220千米。

缓冲范围：1243.24公顷。

沿用时间：新石器时期—13世纪。

遗产地面积：849.88公顷。

沟通范围：阿拉伯半岛——地中海、红海沿岸、西亚、南亚、中国。

价值主题：贸易（香料）。

考古遗址Shisr、Khor Rori和Al-Balid，结合Wadi Dawkah的乳香公园，见证了从新石器时期到伊斯兰晚期文明在南阿拉伯的繁荣及其经济社会的发展和文化的建立；同时见证了该地区和美索不达米亚、印度、中国通过乳香贸易建立的交流网络。乳香地的这四个组成部分戏剧性地反映了乳香贸易在该地区几个世纪的繁荣。它们是新石器时代以来南阿拉伯文明的杰出见证。

Shisr遗址在铁器时代就已经扮演了很重要的角色，是贸易商人进入沙漠前的一个重要水源点；而Hadhramawt的国王LL'ad Yalut，在公元1世纪末，红海和印度洋之间海上贸易不断发展的背景下，又修建了坚固的港口Khor Rori/Sumhuram。公元3世纪上半叶，在Khoe Rori衰败后，直到伊斯兰早中晚时期，Al-Balid接管成为海上贸易的重要港口。在Dhofar地区的自然环境下，Wadi Andoor、Wadi Hogar和Wadi Dawkah代表了乳香树生长的最重要的地区。

申遗标准符合度：符合标准（iii）（iv）。

标准（iii）：位于阿曼的考古遗址群，展现了乳香的生产和分布（销售），乳香是旧世界和古代最重要的贸易奢侈品之一。

标准（iv）：Shisr绿洲、Khor Rori和Al-Balid港口是波斯湾地区中世纪防御聚落的突出例证。

完整性真实性：

（1）完整性

乳香之路包含了所有可以展现其突出普遍价值（OUV）的元素。该遗产拥有足够的规模展现其完整的特征和价值。所有的遗产元素都得以完整地展现，并未受到严重破坏；它们的作用得以被充分地保持下来。该遗产地并未因为当地的发展或疏忽而受到不良影响。这些遗产地的充分保护也并未面临明显的威胁。政府对四个遗址点的保护，保存了其完整性。所有的遗址地均被较好地隔离，其缓冲区也被标记落实。

（2）真实性

该遗产地的真实性不容置疑。其中三个遗址点为早期考古遗址，在几个世纪以来都没有受到人类的干预；另外一个是沙漠地区的自然遗址。

遗存类型：考古遗址（城镇遗址、文化景观、海港遗址等）、自然公园。

遗存数量：共4个。

保护现状：

Shisr遗址：最近，在信息部门的监督和在亚琛大学代表团的建议下，这些考古遗址的保护工作得到了进一步的巩固，但考古文物的赋存岩体则仍需要进一步的保护工作。不过，周边的自然环境，包括新石器时代的遗迹，都保存良好。

Khor Rori遗址：该遗址1997年已经被Pisa考古部门进行发掘，保护工作会在不久的将来开展起来。Khor的周边区域还未被开发，动植物和野生动物保存完好。Khor两千米以东，有采石活动，但类似的活动并未影响至缓冲区范围内，一旦进入缓冲区，开采活动将会被禁止。

Al-Balid遗址：Salah的城市发展总体规划中，规定该考古区域为自然保护区。1995年，在教科文组织的帮助下，该区域被阿曼政府选定为一处考古公园。该公园计划在1999年底落成，其考古发掘和修复工作也持续进行着。

Frankincense Park遗址：其树种等生态环境得到比较好的保护，整个自然环境是完整的。

保护和管理：

该遗产受到《关于保护皇家遗产第6/80号敕令》的保护，并且其缓冲区根据《第16/2001号敕令》具有法律效应。该遗产地受到一个管理方案（Management Plan）的管理，遗产地被缓冲区隔离并标记出来。在Shisr考古遗址区，有一小部分Bedouins人的定居点位于缓冲区内（距离遗址地的中心约700米）。同样在Shisr遗址区，绿洲作为缓冲区一部分，其中的棕榈树将被当局更换成小树，并且会在今后重新制定和维持种植计划。

当地已采取了一些全面的保护措施，以保证遗产地的真实性和完整性，并保证考古遗址免受游客的干扰。遗址地面上方铺设有专用通道，用来组织游客流线，并保护考古遗址的表面。而且在建筑遗址上，建筑物的石墙也被加以保护。

所有的考古遗址公园保存情况完好，并且在Al-Baleed和Khor Rori两处遗址中，都设置有游客中心；通过游客中心对游客数量进行把控（在2014年游客数量超过150000人次）；游客中心还会向游客们介绍遗产地的文化背景。Shisr遗址的游客中心也正在筹备中。乳香之路的开发利用，是一项长期的、系统的文化旅游战略，旨在向局部地区、地区间和国际上的旅客，阐释乳香之路丰富的传统。

案例二　塔夫拉达·德乌玛瓦卡（印加之路的一部分）[①]

遗产地名称：Quebrada de Humahuaca（part of the Camino Inca）塔夫拉达·德乌玛瓦卡（印加之路的一部分）。

所属国家：阿根廷。

遗产地简介：

塔夫拉达·德乌玛瓦卡遗产地沿一条主要的文化路线——印加之路分布。其源头起自安蒂恩高原（the High Andean lands）上寒冷的荒原，沿格兰德河谷（the Rio Grande）延伸，直到南部150千米与莱昂河（the Rio Leone）汇合。山谷里的遗迹向世人展示了过去一万年间它被作为主要贸易路线的历史。有多处明显的遗迹表明，这里曾先后是史前狩猎的军事聚集地，还是印加帝国时期（15—16世纪），以及19—20世纪当地人民为独立而斗争的战场。

塔夫拉达·德乌玛瓦卡山谷是一个巨大的山谷，呈不对称分布，长度约155千米，呈南北走向。它位于阿根廷共和国的西北端。它构成了一个具有特殊特征的世代传承的系统。

---

① 联合国教科文组织，Nomination File 1116 提名文件 Advisory Body Evaluation ICOMOS ICOMOS 咨询评估意见，UNESCO，2003，http：//whc.unesco.org/en/list/1116/documents/。

申报成功时间：2003年。

线路申报长度：150千米（印加之路整体长度约5200千米）。

缓冲范围：172，116.4375公顷。

沿用时间：一万年前至今。

沟通范围：安第斯山脉南北。

价值主题：贸易。

申遗标准符合度：符合标准（ii）（iv）和（v）。

标准（ii）：塔夫拉达·德乌玛瓦卡山谷在过去的1万年里，是在安第斯高地栖居的人们将其思想传送至平原的关键路线。

细则：该山谷是一个狭窄而干燥的山谷，在该区域一万多年的人类历史中，它一直被作为一个旅行路线。从人类居住的最早时刻——约公元前9000年——到现在，它的重要性一直没有丧失。本质上，它是穿过狭窄山谷的自然通道，因此在南美洲广大地区的政治、社会、文化和经济动态中发挥了非常重要的作用。考虑到它自身的地理空间，实际上只占了很短的距离；但它沟通两个具有显著差异的文化圈，在其大陆的历史和演变过程中，留下了自己的印记。它是连接高地和低地、荒地和丛林的纽带；它促进了不同血统、传统之人的接触，并在南美国家摆脱西班牙殖民，寻求解放的过程中发挥了主要作用。今天，它仍然是太平洋与大西洋、安第斯山脉与彭巴斯草原商业联盟的基本纽带。

纵观该地区的历史，塔夫拉达·德乌玛瓦卡（Quebrada de Humahuaca）作为沟通和交流的纽带，逐渐影响到了更大的空间和更遥远的人民。在古代重要时期，塔夫拉达·德乌玛瓦卡本身就是一个旅行线路，但由于其作为沟通不同区域途径的因素，它无疑比单纯的旅行线路增加了许多价值。基于这一点，再加上其他的古代线路，它们共同在南美洲主要土地空间的开发中发挥了重要作用。从根本上说，它在整个南美大陆的历史演变中起到了积极的作用，这种作用甚至在西班牙人到来后还有所加强，并影响了如今中美和南美洲西部各国的诞生。

人们认为，自人类开始于此定居起，或许一直到公元后第一个千年中期，连接大陆东西的横向道路作为相互沟通的路线是一条重要的轴线，这些路线涉及远至查科和智利太平洋海岸的区域。而且该轴线的重要性至今也并未有所衰弱，其用途在今天仍旧活跃；不过，在过去的某些时候，它的活跃程度有所缩减，这是受到其他路线的影响。

随着公元8世纪蒂瓦纳科（Tiwanaco）的扩张，南北方向的路线或许变得更加重要。公元1000年后，来自玻利维亚南部的资料表明，他们与居住在该地区的奇卡人有联系。随着印加人的到来，这些关系变得越来越重要，印加人建立了一个主要和次要的道路网络，不仅沿着南北纵向轴线，而且还沿着一些横向的道路。印加帝国在其鼎盛时期，政权覆盖了从厄瓜多尔一直到智利和阿根廷的范围，而塔夫拉达·德乌玛瓦卡线路，则与印加帝国相连。

标准（iv）和（v）：塔夫拉达·德乌玛瓦卡山谷因为其战略位置，而孕育出了聚落、农业和贸易。其独特的前西班牙和前印加时期聚落，以及与他们相关联的农地制度（系统），再加上突出而鲜明的景观，组成了它的价值。

（v）的详细解释：德乌玛瓦卡是一个非常有特色的古代人类居住场所，主要与土地的使用有关，有考古学、科技史，以及景观方面的证据加以佐证。这些证据可以追溯到人类对动植物驯化的开始时期，并一直延续到了今天。这种人和环境的关联，构成了一种文化景观，而这种景观在时间和空间上都是存在的。格兰德河的干线流域自古以来就是人类居住的地方，沿岸出现过聚落与城镇。无论是作为防御敌人前进的堡垒，还是作为货物运输的战略控制点，它们都被放置在高处。虽然大多数地区河道狭窄，但人们也发现有聚落位于横向支流与主河道的交界处。在其中一些城镇，由于发现了当地存在新的建筑技术和细部装饰，并且其空间格局也符合印加人殖民地的特点，因此它们被认作印加人统治时期的城镇。保守估计Pucaras大约建于1000年前的德乌玛瓦卡地区，即可上溯至11世纪；它的使用一直持续到16世纪末，当时的土著人被欧洲殖民者集中安置在被称为"印第安人村庄"的地区，这就是今天大多数定居点的起源。

在16世纪末，西班牙人开始有效地管理组织该地区。他们在德乌玛瓦卡进行了第一次地产划分，并在"encomiendas"将土地分割，将印第安城镇分配给西班牙人。许多"encomendados"分散在几个印第安城镇，因此，印第安人被迫居住在被称为"reducciones"的特定地点。

从1600年开始直到1770年，这段漫长的时期，该区域的发展都是延续自16世纪末形成的这些小群体定居的情况而进行的。当时渐渐出现了城镇中唯一的纪念性建筑、教堂。其位置、体积、相对较大的规模、钟楼高度，使它在其他建筑中脱颖而出。这一特点一直保持到今天。从17世纪开始，教堂建筑决定了街道的布局和广场的位置。教堂和广场这两个元素，以其自上而下的影响力，使聚落生长有序；其自身也成为城市生活的产生因素。而城市的街道则需要依着教堂而形成，因而在塔夫拉达·德乌玛瓦卡，街区很少是方形的。

这种城镇聚落与周围的乡村聚落形成了和谐的对比。在20世纪，新的城镇，如迈马拉、沃尔坎和科洛尼亚圣何塞等，如雨后春笋般出现。尽管他们是最近才建立起来的，但他们所遵循的仍旧是较老的模式：由总督建造城镇，尊重重要元素（如教堂、广场和公共建筑）的位置，以及设立路网以形成城市单元。

同样，像蒂卡拉、迈马拉这样的城镇，在一定程度上吸引了朱朱伊、萨尔塔、图库曼和布宜诺斯艾利斯城市居民的注意。他们中的大多数居民都经济富裕，因而决定在奎布拉达建造他们的"避暑别墅"。

这条都市建筑路线与当地的元素相结合，适应当地的地形和材料，并不断衍生出新的用途，应对了新的需求，进而得以不断延续，在一万年的时间里持续创造着文化的相互交流。但是所有这一切在一些不可逆转的改变面前变得不堪一击，如人口的增加、新生需求、资源短缺等。外国材料和建筑技术的出现，也取代了传统的材料和技术，即便这些传统材料和技术仍然具备很高的现代价值并有不断进步的潜力。这些对保存塔夫拉达·德乌玛瓦卡的遗产，都是一种威胁和挑战。

（iv）的详细解释：作为一组自然环境、物质和非物质遗产的组合，塔夫拉达·德乌玛瓦卡体现了建筑和技术的类型、建筑群体和来自不同文化的景观，构成了一个具有独特特征的文化景观。

完整性真实性：

（1）完整性

塔夫拉达·德乌玛瓦卡突出普遍价值的载体，都包括在其本体及缓冲区的范围内，因此，它作为一个不断发展的活态景观，其意义得以被完整地表达。塔夫拉达·德乌玛瓦卡是聚落和交通路线这两个不同方面的组合，它们共同构成了文化路线和文化景观。

总体而言，它仍然保持着高度的完整性，但它却是由离散因素组合而成的，因而每一个因素都需要进行单独评估。遗产范围内，考古遗址保存完好，建筑技术和西班牙教堂的特征也被保存下来。被遗弃定居点的大部分遗迹相当完整，具有高度的完整性。有一个例外，那就是20世纪40年代部分重建的Tilcara的Pucara，现在它的完整性较低。但许多与pucaras有关的田间系统仍在使用，因此作为持续农业系统的一部分，它还是具有完整性。由于土地规划有关的公共政策和法律相对薄弱，因此该遗址的保存具有一定的脆弱性，这可能威胁到其完整性。

（2）真实性

该遗产地保留了其真实性。不仅其在保留了技术、用途和传统的同时，也融入了新的元素，而且并不影响其与环境的和谐关系。除此之外，它还在继续履行其延续了千年的，作为交流、贸易及人类定居场所的功能。作为一个不断发展的文化景观，其真实性反映在使用传统与现代材料和技术的引进之间的平衡。西班牙的教堂们仍然保留着它们的整体形式和特殊的建造技术，尽管有一些似乎被过度修复了。主要聚落的核心仍然保持其独特的低层建筑形式和传统的空间布局；但在边缘地带，由于发展的压力，其真实性正在下降。另一方面，有证据表明，使用引进的现代材料正遭到越来越多的人的反对，他们对使用传统的地方材料和技术作为建筑日常维护手段越来越感兴趣。

遗存类型：道路遗迹、城镇遗址、驿站及旅店、宗教和文化建筑、文化景观、史前遗址。

保护和管理：

塔夫拉达·德乌玛瓦卡的法律框架包括《N°5206/00景观遗产保护法》及其第789/004号法令，其中包括保护遗产的各种条例及市政法律。1994年的《国家宪法》规定了保护文化遗产和自然遗产的总框架，规定了保护工作的权利，以确保其享有健康和平衡的环境。其他有关法令包括：国家法令N°1012/00，其中宣布科塔卡、洛斯阿马里洛斯、埃尔普卡拉和拉韦尔塔的考古遗址为国家历史遗迹；国家旅游秘书处第N°242（1993）号决议，其中宣布乌马瓦卡的奎布拉达及其完整的村庄为国家财产；1975年的国家法令，其中宣布Purmamarca和Humahuaca两个村庄为历史古迹；1941年颁布的《国家法令》将6个主要的小教堂和教堂保护为历史遗迹；国家法律N°25743/03保护考古和古生物沉积物作为科学研究的资产。除国家级法律法律条文外，省级法律也保护着民俗和工艺以及省级的重要遗产。具体来说，2000年的一项省级法令高度优先考虑将塔夫拉达·德乌玛瓦卡列入世界遗产，这项决议促成了申报世界遗产申报技术支持小组的建立。因此总体而言，总体性与专项性的立法系统，加上协调各管理结构法律框架，这两点的建立，应对了塔夫拉达文化遗产地的离散现状，使其得到了良好的保护。

塔夫拉达的管理规划是保护和保存其价值的重要工具，其目的是实现全面的管理，并解决可能出现的权力、管辖权和自治权的问题。其特点是具有很大的复杂性和动态性。它被设想为一个融合了保护级别、土地规划和保护区划的系统，并在法律支持下能够支持生产多样性、环境和谐性，以及为居民提供更好的生活质量。在这个框架内，管理工作将涵盖到有关人口社会组织的不同方面。这将使各社区能够平衡与和谐地运作，承认其种族和文化多样性，从而使其中居民的利益得到加强。参与性政策的实施，将允许居民之间的知识交流，以及教育工作的推进，进而将思维的互补性和互惠性纳入各级部门。这些行动的结果将会使居民感受到来自政府的支持，并深深扎根在他们的土地上，主动保护可再生和不可再生的自然资源。如今，由于人口的增长和与现代价值观相关的新需求和新观念的出现，使得该遗产变得脆弱，这些现代因素威胁着传统习俗。

负责遗产地管理的实体包括遗产地委员会、咨询委员会、名人理事会、技术单位和遗产地各个地方的管理委员会。

案例三　香料之路－内盖夫的沙漠城镇[①]

遗产地名称：The Incense Route—Desert Cities in the Negev 香料之路—内盖夫的沙漠城镇。

[①]　联合国教科文组织.Nomination File 1107rev 提名文件 Advisory Body Evaluation ICOMOS ICOMOS 咨询评估意见，UNESCO，2005，http：//whc.unesco.org/en/list/1107/documents/。

　　所属国家：以色列。

　　遗产地简介：

　　哈鲁扎（Haluza）、曼席特（Mamshit）、阿伏达特（Avdat）和席伏塔（Shivta）是那巴提人的四个城镇，加上内盖夫沙漠的相关堡垒和农业景观，组成了主要的遗产地，分布在通往地中海的香料之路沿线。它们共同反映了公元前3世纪到公元2世纪，从阿拉伯南部到地中海地区，乳香和没药（热带树脂，可作香料、药材）贸易的繁荣景象。复杂的灌溉系统、城市建筑、城堡和商队旅馆等遗迹，见证着沙漠发展成为贸易和农业定居点的过程。香料之路是一个延伸2000多千米的贸易路线网络，以便于将乳香和没药从阿拉伯半岛的也门和阿曼运输到地中海地区。其跨越了100千米的沙漠，从东部约旦边境的莫阿（Moa）到西北部的哈鲁扎（Haluza）。

　　从约旦那巴提帝国首都佩特拉，到地中海港口一线，是主要的香料贸易路线，遗产范围内的十处遗址均位于其沿线或附近。这十处遗址包括：四个城镇，即哈鲁扎（Haluza）、曼席特（Mamshit）、阿伏达特（Avdat）和席伏塔（Shivta）；四个要塞即卡萨拉（Kazra）、内卡罗（Nekarot）、玛卡马尔（Makhmal）和格拉方（Graffon）；还有两个莫阿人和撒哈拉人的商队旅馆。这条路线和沿途的沙漠城市相结合，反映了从公元前3世纪到公元4世纪的700年间那巴提香料贸易的繁荣。

　　这些城镇由极其复杂的集水和灌溉系统支撑，这使得大规模的农业得以发展，包括水坝、渠道、蓄水池和水库在内的水利遗存在阿夫达特和内盖夫中部广泛存在，沿着河床和山坡排列的古代田野系统遗迹也是如此。

　　该遗产地展示了那巴提五个世纪以来的城市规划和建筑技术的全貌。城镇的组合，以及与之相关的农业和田园景观，呈现出一个完整的文化环境遗存。

　　那巴提沙漠定居点和农业景观的遗迹证明了香料的经济力量，在希腊——罗马时代，乳香促进了从阿拉伯到地中海漫长沙漠补给线的发展，促进了城镇、堡垒和大篷车的发展，并且控制和管理着这条补给线。它们还展示了五个世纪以来那巴提技术在城市规划和建设方面的情况，并见证了其在恶劣的沙漠条件下，广泛和可持续农业系统所需的创新和劳动，特别体现在复杂的水利建设方面。

申报成功时间：2005年。

线路申报长度：100千米（香料之路整体长度约1800千米）。

缓冲范围：63，868公顷。

沿用时间：公元前3世纪—公元前2世纪。

沟通范围：阿拉伯半岛—红海—地中海—南欧。

价值主题：贸易（香料）。

突出普遍价值（OUV）阐述：内盖夫的沙漠城镇展示了乳香在希腊—罗马时代，在阿拉伯至地中海的漫长沙漠补给线上区域之上所体现的经济力量。这条补给线促进了城镇、堡垒和商队的发展，这些发展又控制和管理着这条补给线。同时，内盖夫的沙漠城镇展示了五百年来那巴提技术在城市规划和建设中的广泛应用。还见证了在恶劣的沙漠条件下，创造一个广泛和可持续的农业系统所需要的创新和劳动，特别体现在复杂的水利建设中。

申遗标准符合度：符合标准（iii）（v）。

标准（iii）：那巴提人的城镇及其贸易路线有力见证了在古希腊—罗马世界，乳香在经济、社会和文化上的重要性。这条路线，不仅是乳香和其他贸易货物的运输路线，也是文明及思想交流的通道。

细则：该遗产地有力地证明了乳香对希腊—罗马世界经济、社会和文化的重要性。由于对乳香的需求及其在宗教和社会传统中的重要性，大量的那巴提城镇在恶劣的沙漠环境中成长起来，为从阿拉伯到地中海的香料补给线提供服务。补给线的主要部分位于内盖夫沙漠。这条路线，不仅是乳香和其他贸易货物的运输路线，而且是文明及思想交流的通道。

标准（v）：在内盖夫沙漠中，沿着香料之路连成一串的，几乎已经变成化石的城镇、堡垒、商队旅舍和复杂农业系统遗迹，显示了该文明对不利沙漠环境持续五个世纪的有力回应。

细则：几乎成为化石的城镇、堡垒、商队旅馆和农业系统，沿香料之路分布在内盖夫沙漠之中，它们展现了当时的良好的经济状况和对地理环境做出的杰出的适应。总之，这些遗迹表明了这种高价值的香料商品贸易是如何在恶劣的沙漠环境中产生可持续的解决方案的。这些遗址地展示了复杂的农业系统，包括保存每一滴水并优化可耕地的技术手段。并在此基础上产生的独特而广泛的沙漠土地管理系统，繁荣了五个世纪。

完整性真实性：

（1）完整性

这些城镇和堡垒，与它们的贸易路线和农业腹地结合在一起，构成了一幅非常完整的那巴提沙漠文明图景。构成其定居点的所有元素遗迹——城镇、堡垒、商队营地和农业景观都在保护区划之内。该地区有限的发展也使这些遗址受到相当大的保护，不受开发的影响。这些遗存都没有受到威胁。

（2）真实性

城镇、堡垒、商队营地和景观的遗迹大多很好地表达了这处遗产地的突出普遍价值，反映和例证了那巴提香料贸易的繁荣。

人们意识到，曼席特（Mamshit）和哈鲁扎（Haluza）这两个城镇以前受到过威胁其真实性的干预。首先是曼席特，作为当前管理行动的一部分，曼席特曾经历了不恰当的重建，它们都是基于某种特殊观点，而非一种科学的方法。因此在2005年，其重建部分被拆除。而在哈鲁扎，进行过较大规模的发掘工作，但由于部分遗址在开挖后没有进行充分的加固，于是在2005—2006年期间已经被回填。

遗存类型：道路遗迹、城镇遗址、军事建筑遗址、驿站和旅店、宗教和文化建筑、文化景观。

遗存数量：最主要的遗址点有共14个。

规划及开发：

ICOMOS对未来发展的建议（2005年）。上文提到的，对曼席特（Mamshit）和哈鲁扎（Haluza）这两个遗址点的干预引起了巨大的关注，因此ICOMOS建议申报国为整个遗产地，以及每一个主要城镇制订一项考古战略，其中包括考古研究、非破坏性记录、稳定与修复的方法。建议对哈鲁扎（Haluza）进行积极的管理，并采取行动巩固已挖掘的现场部分。同时建议，申报国应扩大现有的管理规划，制定更详细的工作计划，为短期补救性的保护项目提供指导。由于这一被提名的遗产是更大的一个概念——香料之路的一部分，而香料之路的另一段已被列入名录之中。因此，其他缔约国参与到协调各个路段，并对一些适当的路段进行提名，这将是非常可取的。

保护和管理：

内盖夫的沙漠城镇中，所有被提名的遗产地都是国有的。它受到国家法律的保护，所有的组成部分也都在指定的国家公园或自然保护区内。以色列自然及公园管理局（The Israel Nature and Parks Authority）负责对该遗产地的日常管理，而以色列古物事务管理局（Israel Antiquities Authority）则负责管理指定建筑物的保护及挖掘工作。

所有资金来自以色列自然及公园管理局的预算，并由场地收入、销售和政府补贴进行支持。这四个城镇都有专门的分配。在低收入年份，资金只用于维护和保护，而当外部资金到位时，维护工作也会随之展开。整个遗产地和每个主要城镇都需要持续的全面考古战略，包括考古研究、无损记录、维护和修复方法的探索。

案例四　皇家内陆大干线（白银之路）①

遗产地名称：Camino Real de Tierra Adentro 皇家内陆大干线（白银之路）。

所属国家：墨西哥。

遗产地简介：

"皇家内陆大干线"，又名"白银大道"。这一遗产共包括55处遗址，其中5处遗产已列入世界遗产名录。这5处遗产分布在1400千米的沿线区域中。总体线路长达2600千米，从墨西哥北部一直延伸到美国得克萨斯州和新墨西哥州境内。从16世纪至19世纪的将近三百年间，这条道路主要作为一条商业线路，用于运输萨卡特卡斯、瓜纳华托和圣刘易斯波托西等地出产的白银，以及从欧洲进口的水银。尽管这条道路的建设及发展主要是为了满足采矿业的需要，但实际上它也促进了各地之间，特别是西班牙文化与印第安文化之间的社会、文化与宗教的联系。

白银之路构成了从墨西哥城到圣达菲的西班牙洲际皇家路网的一部分。它包括5个现有的城市世界遗产和55个其他与该线路使用相关的遗址，如桥梁、庄园、城镇遗迹、墓葬、修道院遗迹、山脉、道路、矿山、教堂/寺庙、洞穴等。白银是西班牙政府财富和权力的来源，也是殖民者在南美采矿，建立必要城镇，建造堡垒、庄园和教堂的动力。这种高利润的产业，也促成了矿山的发展、道路和桥梁的建设，多民族城镇的建立等。这些精致的建筑反映了西班牙和当地建筑装饰的融合，反映了大庄园和地产教堂

---

① 联合国教科文组织，Nomination File 1351 提名文件 Advisory Body Evaluation ICOMOS ICOMOS 咨询评估意见，UNESCO，2010，http://whc.unesco.org/en/list/1351/documents/。

的农业革命，也反映了人类的活动，促进了沿线独特文化的发展。白银财富最终导致了西班牙和欧洲其他地区的大规模经济发展，并引发了一段时期的通货膨胀。白银之路的影响是巨大的，它不仅带来了社会的发展，并且引发了参与相关经济活动的多民族之间的相互融合。同时，沿线的构筑物也反映了一些道路南段沿线多民族思想的交融。

沿线文化圈的物质和精神载体一直被保存下来。作为一种遗产，它不仅是文化多样性的巨大财富，而且也应当起到促进人类发展和传播文化的责任。语言、传统、建筑遗产、图书馆和历史档案、绘画、音乐、景观等领域对不同文化的艺术融合现象等，向我们展现了世界上一个独特文明的进程，值得作为一个人类建造道路、建造观念、建造价值和建造认同感的范例进行保护。如今，这个文化的伟大部分——多姿多彩的、与亚欧文化交流的产物，仍反映在墨西哥这片土地上。多年来持续使用的道路帮助塑造了保护这条文化线路的集体意识。而其地理环境的重要性，在今天也已经有了新的变化，人们决定重新思考评估和保护它的方式，通过自然环境，道路有可能被历史性重建。在景观遗产中，必然要平衡文化遗产和自然遗产之间的关系，这同时也赋予了每一段道路不同的特点。不同居民的精神被保存在他们的集体记忆中，并不断地将这些知识从一个地方传播到另一个地方。

申报成功时间：2010年。

线路申报长度：2600千米。

缓冲范围：268，057.2公顷。

沿用时间：16世纪—19世纪。

沟通范围：西班牙—美洲。

价值主题：贸易（白银）。

突出普遍价值（OUV）阐述：

白银之路是人类历史上最重要的文化路线之一，它是动态演变的西班牙皇家洲际路网的支线。它的规模庞大，绵延长达2600千米，持续时间近300多年，直接联系了多个殖民文化和本土文化（主要是西班牙文化和美洲印第安文化）。

印度的北部地区发现银后，白银之路的活动开始被以更正式的方式进行。正是在这些土地上发现的财富和西班牙人征服的渴望，使得这种扩张一直持续，直到1598年新墨西哥王国的圣达菲别墅（今天在美国新墨西哥州）的建立。

申遗标准符合度：符合标准（ⅱ）（ⅳ）。

标准（ⅱ）：皇家内陆大干线，是连接西班牙王权及其美洲北边领土的最重要的线路之一。线路南端包括了许多与采矿业及其庄园、商业贸易、军事、宗教转播，以及行政架构有关的遗址群，其中行政架构的目的，一是通过大型城市枢纽来控制巨大的领土范围，二是适应地域性的环境、材料和工艺。因而它反映了文化和宗教思想的重要交流。

标准（ⅳ）：沿皇家内陆大干线南部的遗址群，包括建筑物实例，以及建筑学与技术的融合方式，见证了人类历史上重要阶段，即西班牙殖民者对美洲白银的剥削，及其通过兴建城镇的方式对当地环境的改造。

完整性真实性：

（1）完整性

该路线上的组成部分，显示了在白银之路的影响下，各遗存在功能及形态上的多样性和差异性。现代化的发展，尤其是新的道路规划，将会对现有环境造成影响，对原有的机理造成破坏，进而会对该路线上的一些遗存造成极大的影响。

（2）真实性

一些个别的遗产地，需要更为明确地体现出与白银之路的整体关联，进而更好地理解它们自身的价值，尤其是它们已经被列入世界遗产名录的情况下。

遗存类型：道路遗迹、城镇遗址、墓地、宗教和文化建筑、桥梁和其他、文化景观。

遗存数量：共60个。

保护和管理：

在国家、州和地方层面，都有相当多的法律保护。就考古研究而言，这些遗址，尤其是道路本身，受到的保护较少。但总体来说，被提名的60项财产中，大部分的保护状况良好（generally good）。

通过国家人类和历史研究所（INAH）这一机构，国家级的联邦政府将会主要担任协调管理工作；而遗产地所在的十个州则负责州一级的管理工作。对于大多数遗产地来说，这样分级的架构，以及INAH的机构的角色是合理的。尽管议会层面并没有参与到实际的管理工作中，但是议会已承诺将会成立一个专项协调工作组来支持白银之路的项目。

在涉及景观结构时，还需要在拟定的缓冲区以外界定一个需要保护的文物环境范围，对所有单独的遗产地实施法律保护，并建立一个包含所有遗产地的、全面的管理协调系统。

案例五　丝绸之路：长安—天山走廊的路网①

遗产地名称：丝绸之路：长安—天山走廊的路网。

所属国家：中国、哈萨克斯坦、塔吉克斯坦。

---

① 联合国教科文组织，Nomination File 1442 提名文件 Advisory Body Evaluation ICOMOS ICOMOS 咨询评估意见，UNESCO，2014，http：//whc.unesco.org/en/list/1442/documents/。

遗产地简介：

遗产区长达5000千米，属于丝绸之路网络的一部分，从汉唐时期中国首都长安、洛阳直到中亚的七河地区。它形成于公元前2世纪至公元1世纪之间，使用到16世纪，联系了多元文明，并促进了在商贸、宗教信仰、科学知识、技术创新、文化实践和艺术等方面的远距离交流。该线路网络的33处构成要素，包括各帝国和汗国的都城和宫殿建筑群、贸易定居点、佛教洞穴寺庙、古道、驿站、关隘、烽火台、长城部分、防御工事、坟墓和宗教建筑。

丝绸之路是一个互相连接的道路网络，沟通了亚洲、次大陆、中亚、西亚和近东古代社会，促进了许多世界上伟大文明的发展。它是世界上最卓越的远程交流网络之一，长度约为7500千米，但沿特定线路长度超过35000千米。其中部分路线使用已有数千年历史，但在公元前2世纪，贸易交换量大幅增加，东西方高价值商品的长途贸易也随之增加。这些变化带来的政治、社会和文化影响对路线相关的所有社会都产生了深远影响。

这些路线主要用来运送原材料、食品和奢侈品。一些地区垄断了某些材料或货物，特别是中国，它向中亚、次大陆、西亚和地中海地区供应丝绸。许多高价值的贸易货物都是通过驮畜和河上船只来长途运输的，可能有一系列不同的商人参与其中。

天山走廊是整个丝绸之路网络的一部分。它长达5000千米，从公元前2世纪到公元1世纪，在中国中心的长安地区与中亚腹地之间发展了一条长达约8700千米的复杂的贸易线路网，当时高价值商品的远距离贸易，特别是丝绸贸易，开始在中国和罗马帝国之间扩大。它繁荣于公元6至14世纪，作为主要的贸易路线一直沿用到16世纪。

沿途极端的地理条件体现了这种远距离贸易的挑战。这条线路海拔最低至154米，最高达7400米，覆盖了大河、高山湖泊、坚硬的盐滩、广袤的沙漠、白雪皑皑的山脉和肥沃的草原。气候从极端干旱到半湿润，植被涵盖了温带森林、温带沙漠、温带草原、高山草原和绿洲。

该天山廊道从汉唐时期的中国中心都城长安所在的黄土高原出发，向西经过河西走廊，穿过祁连山，到达敦煌玉门关。从楼兰、哈密，继续沿着天山的南北两侧，穿越山口到达伊犁、丘伊和塔拉斯山谷，连接了推动丝绸之路贸易的中心。

中国提供的正式的驿站和烽火台系统促进了贸易，七河地区各国经营的堡垒、商队和驿站系统同样促进了贸易发展。长安城内及周边的一系列宫殿展现了1200多年来中国的权力中心；而丘伊山谷的城市则见证了9世纪至14世纪七河地区的权力中心及其长途贸易的组织。

西起库车、东至洛阳的一系列佛塔和精巧的大型石窟寺，记录了佛教经喀喇昆仑山自印度向东传播的过程，展示了吸收当地的思想后，佛塔设计上的演变。它们反映了地方当局和中央政府的赞助、富商的捐赠，以及游历这条路线的僧侣施加的影响。这些僧侣的游历多被记载开始于公元前2世纪。其他宗教建筑反映了许多宗教（以及多个民族）在走廊区域的共存，包括七河地区的主要宗教琐罗亚斯德教，丘伊和塔拉斯山谷、库车以及洛阳的摩尼教，新疆和长安一带的景教和在博拉纳的伊斯兰教。

大规模的贸易活动培育了大型、繁荣的城镇，这些城镇也以各种方式反映了定居文明和游牧文明之间的联系：游牧民族、农民和不同民族之间的相互依赖，如七河地区土耳其人和粟特人；天山游牧文明向定居文明的转变，形成了高度独特的建筑和规划，如半地下建筑等；在公元前1世纪后的河西走廊，有计划的农业扩张将这片区域逐渐转变为定居的农业聚落。

对于城镇的发展、贸易、堡垒、商队旅馆和农业来说，丰富的大规模水利系统必不可少，如在极度干旱的吐鲁番盆地广泛分布的"坎儿井"地下水渠（许多仍在使用），加上交河城的深井，为高昌城提供了足够的水源；

河西走廊沿线大规模的地表水渠及地下沟渠网络，得以将河水引入聚落，使之在距离锁阳城90千米以外仍然得以生存；而在七河地区，人们利用沟渠和管道来输送河水，利用水库对河水进行收集。

作为贸易和人员往来的通道，各类思想、信仰和技术创造得以在该线路上交流传播，比如那些在建筑和城市规划领域的新思维。而这些创新在许多方面塑造了城市空间和人们的生活。

申报成功时间：2014年。

线路申报长度：5000千米。

缓冲范围：189，963.1公顷。

沿用时间：公元前1世纪—16世纪。

沟通范围：亚欧大陆（亚洲、南亚次大陆、中亚、西亚和近东）。

价值主题：贸易、宗教。

申遗标准符合度：符合标准（ⅱ）（ⅲ）（ⅴ）（ⅵ）。

标准（ⅱ）："丝绸之路：起始段和天山廊道的路网"以跨越东亚与中亚的特大区域性路网规模、持久的沿用时间、丰富的各类遗存及其相互间的内在动态关联、多元的交流内容、多样的地理环境，展现出公元前2世纪—公元16世纪期间亚欧大陆诸多文明区域，特别是游牧的草原文明与定居的农耕、绿洲或畜牧文明之间所发生的互为影响与作用，包括在宗教信仰、城市文化、建筑设计、住居方式、商品贸易、民族交流等方面所揭示的人们价值观的相互影响，是亚欧大陆上人类经由长距离交通、开展广泛的文明与文化交流的杰出范例。

标准（ⅲ）："丝绸之路：起始段和天山廊道的路网"是公元前2世纪—公元16世纪期间欧亚大陆经济和文化交流传统，以及社会发展的重要见证。特别是分布于路网沿线的一系列都城、中心城镇和聚落遗址，为亚洲大陆，尤其是中亚地区在约18个世纪中诸多已消逝或发展演变的古代民族及其文明，以及东亚地区延续至今的华夏文明都提供了特殊的见证，揭示了亚洲历史上中原农耕文明、草原游牧文明、西域绿洲文明之间的交流、冲突、兼容、融合等对话过程，以及这一过程所经历的若干重要历史阶段与突出的多元文化特性。

标准（v）："丝绸之路：起始段和天山廊道的路网"经由一系列对自然环境的依托、利用和改造措施，包括对荒漠地带土地利用的成功开发，共同支撑了荒漠条件下的行旅交通，最终使得跨越洲际的文化线路得以贯通，是人类为实现长距离交通与交流而与自然环境相互作用的杰出范例。

标准（vi）："丝绸之路：起始段和天山廊道的路网"的诸多遗址遗迹与大量相关出土文物、简牍文书、历史文献和行旅游记，与对欧亚大陆上的人类文明与文化交流史具有里程碑意义的"张骞凿空西域事件"直接关联；与对东亚文化具有重大影响的中国佛教传播事件和传播方式直接关联；与以丝绸为大宗贸易的洲际商贸传统（如绢马互市），以及粟特人在丝绸之路上独特的经商传统直接关联；与此同时，在它沿线其他地点出土的大量文物、简牍文书和考古资料等珍贵材料，尚可为亚欧大陆上广泛的文明与文化交流内容，包括东西方之间物种、习俗、艺术、科学、技术等交流传统提供实质性的佐证，揭示出这些交流活动对社会、政治、经济、文化等诸多方面所产生的广泛而深刻的影响。

完整性真实性：

（1）完整性

"丝绸之路：起始段和天山廊道的路网"作为人类长距离交通与交流的大型线路遗产完整包含了8700多千米的交通规模和长达18个世纪的使用历史；完整包含了由33处遗址点构成的5个遗产组成要素——中心城镇遗迹、商贸聚落遗迹、交通遗迹、宗教遗迹和关联遗迹，包含了与之相关的地理环境特色，以及经由这些组成要素所建立起来的线路动态交流关系。它们可完整地展现本线路遗产的所有价值特征与形成过程，同时各申报遗产点在价值特征载体要素构成、载体保存程度、遗产及周边环境视觉方面均具有较好的完整性。

"丝绸之路：起始段和天山廊道的路网"中少量遗产点面临的城市建设、村庄发展、农业生产、旅游开发活动压力，以及影响遗产安全的自然威胁因素，已通过制定和执行管理规章、执行文化遗产保护规划或保护管理规划等措施基本获得有效控制和防治。同时，本线路遗产的跨国及跨省协调管理机制，可为保护遗产整体价值的完整性提供保障。因此，本路网整体及各遗产点均具有高度的完整性。

中心城镇遗迹、商贸聚落遗迹、交通及防御遗迹、宗教遗迹、关联遗迹等各类申报遗产点，在价值特征载体要素构成、载体保存程度、遗产及周边环境视觉方面具有较好的完整性，少量遗产点面临的负面影响可控。因此，各遗产点具有较好的完整性。

（2）真实性

"丝绸之路：起始段和天山廊道的路网"保存至今的自西安/洛阳沿交通干线经河西走廊，出玉门关，至天山南北，达楚河流域，至塔拉兹的整体线路，串接了（中国的）洛阳盆地、关中盆地、河西走廊、天山山脉及（中亚的）七河地区等地理环境要素，以及留存至今的自公元前2世纪至公元16世纪沿途中心城镇遗迹、宗教传播遗迹、商贸聚落遗迹、交通及防御遗迹，以及关联遗迹等丝绸之路主要遗产类型及其代表性遗存，真实反映了"丝绸之路：起始段和天山廊道的路网"产生、发展的历史过程，以及横跨东亚、中亚，并向西方延伸的空间范围；真实保存了见证路线沿线古代民族及其文明的特殊物证；真实反映了在长距离交流活动中人类克服戈壁、沙漠、高山阻隔，借助河流、绿洲维系等与自然环境的相互依托、利用作用关系，以及整个土地利用区域的共同发展；真实反映了亚欧大陆间人类历史上规模最大的贸易、宗教、技术、艺术等方面的文化与文明交流活动在该路段上的价值特性；真实反映了本遗产作为一处人类长距离交通体系，以及经由这一体系所进行的跨地区的、广泛文明与文化交流的整体价值和动态特征。

因此，本路网整体具有高度的真实性。中心城镇遗迹、商贸聚落遗迹、交通及防御遗迹、宗教遗迹、关联遗迹等各类申报遗产点，在外形与设计、材料与实体、用途与功能、传统技术和管理体制、环境和位置、语言和其他形式的非物质遗产、精神和感觉等方面，承载的遗产价值特征均真实、可信。绝大部分申报遗产点已实施的保护措施、展示措施，以及将来有必要开展的保护、修复项目，都遵照《国际古迹保护与修复宪章》《奈良真实性文件》等文件规定的保护和考古原则及方针采用了恰当的材料和方法，可有效支撑其遗产价值特征及与"丝绸之路：起始段和天山廊道的路网"遗产价值的真实关联。个别考古遗址的保护、展示建筑或设施的形象，对遗址区整体精神感受和建筑遗存历史信息传达方面，存在一定程度的干扰影响，目前正在对照《操作指南》要求，尽力做出修正。因此，本路网各遗产点具有较好的真实性。

遗存类型：城市和宫殿建筑群、贸易定居点、佛教洞穴寺庙、古道、驿站、通道、烽火台、长城的一部分、防御工事、坟墓和宗教建筑。

遗存数量：共33个。

保护和管理：作为跨国系列申报遗产，"丝绸之路：起始段和天山廊道的路网"的管理体系涉及若干层面的协调管理机制、专项管理机制及相应的法律法规保障体系。

（1）跨国协调管理体系。中国、哈萨克斯坦、吉尔吉斯斯坦的国家间协调管理机构为"丝绸之路：起始段和天山廊道的路网"协调委员会，按照《关于"丝绸之路：起始段和天山廊道的路网"跨国系列申报世界遗产和协调保护管理的协议》的约定，三国协调管理的主要方面包括：协调丝绸之路项目的申报、监测和保护管理等重大事宜，完善各参与的缔约国在遗产认定、保护、管理、展示、合作研究与交流、遗产价值宣传、风险防范、资金筹措等事项上所采用的协调管理方针、政策和监管机制，保障遗产点的长期、有效保护。同时，本路网的协调委员会在联合申遗策略、保护管理工作等方面，接受"丝绸之路系列申报世界遗产协调委员会"的指导。

（2）中国、哈萨克斯坦与吉尔吉斯斯坦的管理体系。中国、哈萨克斯坦与吉尔吉斯斯坦三国都设有本国的保护管理体系，三国具备类似的管理框架：具有多层级的管理机制，包括国家级、省级、市级、遗产点等，并一般在国家级层面建立本国系列遗产点的联合管理协调机制。具有包括国家、省、市、遗产点等各级文化遗产保护法律法规和专项制度，有效保障遗产的保护和管理。基于本国原有的管理模式，编制、公布和执行文化遗产管理规划，对遗产的管理体系、保护、研究、记录、监测、展示、传播、管理资源等方面进行综合保护管理。具有与利益相关者的协调机制，鼓励公众参与遗产保护和管理。

四、与两条唐诗之路对比分析

经过以上个案分析，将其可量化指标部分总结，如表5.2所示。

表5.2 现有路线型遗产地对比分析

遗产地名称	线路长度	符合标准	价值主题	沟通范围	沿用时间	遗存类型	遗址数量	遗产地类型
乳香之路	200千米	(iii)(iv)	贸易（香料）	阿拉伯半岛—地中海、红海沿岸、西亚、南亚、中国	新石器时期—13世纪；共约17世纪左右	城镇遗址、文化景观、海港遗址等考古遗址、自然公园	4	文化景观
塔夫拉达·德乌玛瓦卡（印加之路的一部分）	150千米	(ii)(iv)和(v)	贸易	安第斯山脉南北	一万年前—今；共100世纪左右	道路遗迹、城镇遗址、驿站及旅店、宗教和文化建筑、文化景观、史前遗址等		文化景观
香料之路—内盖夫的沙漠城镇	100千米	(iii)(v)	贸易（香料）	阿拉伯半岛—红海—地中海—南欧	公元前3世纪—公元前2世纪；共2世纪	道路遗迹、城镇遗址、军事建筑遗址、驿站和旅店、宗教和文化建筑、文化景观	14	文化景观
皇家内陆大干线（白银之路）	1400千米	(ii)(iv)	贸易（白银）	西班牙—美洲	16世纪—19世纪；共4世纪	道路遗迹、城镇遗址、墓地、宗教和文化建筑、桥梁和其他、文化景观	60	
丝绸之路：长安—天山走廊路线网络	5000千米	(ii)(iii)(v)(vi)	贸易、宗教	亚欧大陆（亚洲、次大陆、中亚、西亚和近东）	公元前1世纪—16世纪；共17个世纪左右	首都城市和宫殿建筑群、贸易定居点、佛教洞穴寺庙、古道、驿站、通道、烽火台、长城的一部分、防御工事、坟墓和宗教建筑	33	

271

通过量化指标表格和上文个案整理，拟从以下几个方面入手，与唐诗之路进行对比分析：线路长度等可量化指标，符合的申遗标准，价值主题。

首先分析各个可量化指标。以上5个案例中，申请遗产的线路长度从100—5000千米不等，可见线路的长短并不是主要影响因素。但值得注意的是，有些遗产线路，是某一条大的路线中的一段，比如塔夫拉达·德乌玛瓦卡，是印加之路的一部分。有的遗产地会先申请大的线路中的一段，之后再扩张。这为唐诗之路的申遗提供了思路，即可以开始于现有资料丰富、价值明显的某一段路线进行申报，之后再扩展。

在沿用时间方面，5个案例的沿用时间各不相同，从沿用了两个世纪到一万年不等，跨度非常之大，多集中于几至十几个世纪。而唐诗之路的沿用时间，约为11个世纪，符合大多数沿用时间。

针对沟通范围，申遗成功的案例中，多以沟通一个地区不同部分为主，往往涉及多个国家，但也有在一个国家范围内的讨论。从这一点上看，唐诗之路以位于浙江省的线路为基础，沟通了中国的南北方地区，同时也一定程度上促进了中国与东亚其他国家（如日本、朝鲜等）的文化沟通。

关于遗址类型和数量，遗址类型呈现多样化，所涉及数量则由几个到几十个不等。

对于类型而言，道路、城镇、建筑群等遗址是线路类遗产几乎必不可少的沿线遗产类型，根据线路用途不同，有的线路多军事建筑，有的多宗教建筑，有的多文化景观，有的有考古遗址的遗存，有的多旅馆驿站，还有的有独特的自然遗址。而对于唐诗之路来说，根据其用途及影响可分为不同遗址类型：古纤道、古道、河流、运河遗址等交通遗存，寺庙道观、摩崖石刻、建筑、塔等佛道儒教遗存，自然景观的山水遗存，以及一些其他类型，如窑址、墓葬、古村落等为主。

值得注意的是，所分析的5个路线类型的世界文化遗产中，有3个是被定义为文化景观（Cultural Landscape），其遗产体现的不仅是线路本身，还有其周围的人类社会定居而产生的遗存的、仍运行的文化景观，是人与自然的产物。因此在申报唐诗之路时，也可根据其最重要的价值为主，进行针对性的申报。

　　然后探讨符合的申遗标准。通过总结计算以上遗产案例，发现该5个案例所符合的申遗标准集中在（ii）（iv）（iii）（vi）（v）。以下是从联合国教科文组织官网中摘抄的这几条申遗标准①。

　　"（ii）: to exhibit an important interchange of human values，over a span of time or within a cultural area of the world，on developments in architecture or technology，monumental arts，town—planning or landscape design"，即在一段时间内或在世界文化范围内展示人类价值的重要交流，涉及建筑或技术、不朽艺术、城市规划或景观设计的发展。如果从这一点上出发，唐诗之路是从魏晋时期至宋末，展示了中国传统文学的发展，以及各种宗教的交流融合（包括佛教、道教对中国的影响，再从中国传入日本等地；也包括中国的文学与文化的传播等），但其范围内，涉及建筑/技术/城市规划等遗存似乎并不具有足够的"人类重要价值"，因此此项对唐诗之路而言不太适合。

　　"（iv）: to be an outstanding example of a type of building，architectural or technological ensemble or landscape which illustrates（a）significant stage（s）in human history"，即成为展示人类历史上重要阶段的建筑、技术组合或景观的杰出范例。经前文对唐诗之路的分析总结，虽然其沿线并无非常重要的建筑或景观，但是区域内的遗存，仅能够见证唐代时期重要的文人、诗人与当地山水之间的关联，以及中原文人对两浙文化圈的访问交流等，较为

---

① 联合国教科文组织：《十条申遗标准》，UNESCO，2001，https：//whc. unesco. org/en/criteria。

符合"展示人类历史上重要阶段的文化景观"的要求。因此此项较为适用于唐诗之路。

"（ⅲ）: to bear a unique or at least exceptional testimony to a cultural tradition or to a civilization which is living or which has disappeared"，即是一种文化传统或一种现存或已消失的文明的独一无二，或至少是特别的证明。唐诗之路是中国诗歌文化、文学乃至整体文人文化的特别见证，在这条道路上产生的无数的诗篇，影响了中华文明的发展，形成了中国文化传统的特征（文人风骨等）。很明显，唐诗之路符合申遗标准的第三条。

"（ⅵ）: to be directly or tangibly associated with events or living traditions, with ideas, or with beliefs, with artistic and literary works of outstanding universal significance.（The Committee considers that this criterion should preferably be used in conjunction with other criteria）"，即与具有突出普遍价值的事件或生活传统、思想或信仰、艺术和文学作品直接或有形地联系起来。（委员会认为，这一标准最好与其他标准一起使用）如委员会建议，该项标准可与标准（ⅲ）直接联系起来。唐诗之路沿线产生的思想、文学作品等具有突出普遍价值，对中国乃至整个东亚文化的形成和发展都奠定了基础，有力地推进了东亚文化圈的繁荣，这些遗留至今的思想、信仰、文学作品仍然存在，并且与该道路紧密联系。因此唐诗之路应是符合该项标准的。

"（ⅴ）: to be an outstanding example of a traditional human settlement, land-use, or sea-use which is representative of a culture（or cultures），or human interaction with the environment especially when it has become vulnerable under the impact of irreversible change"，即是一种文化（或多种文化）影响下的传统人类居住地、土地使用或者海洋使用的杰出的案例，或者是在不可逆转的变化影响下变得脆弱的人与环境之间相互作用的杰出案例。该项标准强调"传统人类居住地、土地使用或海洋使用的杰出案例"，而唐诗之路沿线

并无杰出的传统人类居住地或土体/海洋利用的案例，因此该项不与唐诗之路匹配。

总而言之，在目前的初步研究分析下，唐诗之路与申遗标准（iii）、（iv）、（vi）三条标准较为符合。

最后，再整理一下各个遗产地的价值主题。对价值主题而言，以上5个案例的价值主题的一个显著特点，即具有一个极为核心的价值主题，或是宗教，或是贸易，或是这两者的结合。其本质就是思想/经济的相互交流价值。两者时常并存，贸易（经济）的发展，带动了人流，带动了不同思想之间的碰撞与交流，文化交流由此产生，并且可能由此延伸出一些独特的当地文化。

这一点与"两浙唐诗之路"并不相同。在上几章的分析中，我们可知"两浙唐诗之路"价值最大的特点就在于其多样性，其中既包括贸易的元素（剡茶等），也包括宗教的元素（天台宗等），同时也有文学（唐诗）、历史（凭吊古人）、政治（贬谪宦游）、技术（水利设施）等各种背景。同时，其中无一足以担得起整个唐诗之路的"价值主题"一称。

从现有遗产价值主题的单一性来看，多维度背景可能成为"两浙唐诗之路"申遗的阻碍。但考虑到"遗产路线"这一概念中，对多维度、整体价值的强调，或许反映了世界遗产委员会对世界遗产概念认识上转变的方向。因而上述特点或许可能是其独有的特点而成为申遗的动力。因为无论是单一主题的"宗教之路""贸易之路"，还是多维度的"唐诗之路"，其背后的价值核心都在于文化圈之间的联系与交流。

当地自然风光与文化吸引着北方中原政治文化圈的人经由陆路或水路，一路南下至此，寄情山水，南北方文化圈相互交流，唐诗作为一种文学形式在此地蓬勃发展，唐诗的发展促进了南北方文化的交流，同时也将南北方文化相融合，从而丰富和促进了中华文明的形成和认同。沿线不仅有唐诗产生，还伴随着思想的交流，佛、道、儒等教派皆在沿线发展壮大，佛教史上重要的寺庙、道观等保存至今，这些都是宗教思想交流的物证。不仅是中国南北方，而且该地区繁荣的文化也吸引了东亚其他国家，如日本人和朝鲜人至此，带来他们的本国文化，又将中国文化带回去。不管基于何种原因而来，沿着唐诗之路的文化交流都是具有极高价值的。同时，沿线产生的旅馆驿站、繁荣的手工业（贸易）的发展等，也都见证着唐诗之路对沿线的经济价值。

就价值主题而言，唐诗之路的核心，仍旧是文化交流，因此符合路线型世界遗产地的整体价值范畴。

第六节　国内"诗路"对比分析

现在学界所提出的"唐诗之路"并非仅有"浙东唐诗之路"及"钱塘江唐诗之路"两条，除此之外还有"陇右唐诗之路""瓯江山水诗之路"等其他"诗路"的存在。本书选取更具规模的"陇右唐诗之路"与"两浙唐诗之路"进行对比研究。对"陇右唐诗之路"的分析，在结构上与两条诗路是相似的。

一、现有学科背景下"陇右唐诗之路"范畴

在盛唐时代，由于国势强盛，交通便利，中央政权与边境各少数民族的交往甚为密切。唐朝在陇山以西设置陇右道，经营西北，既保障了丝绸之路的通畅，又增进了东西方文化的交流、融通与互鉴。

唐代士人以高昂的热情、理想主义的壮志，从军陇右，漫游行旅，以海涵地负之才力、生花之妙笔，歌咏陇右的山川形胜、风土人情，抒写理想与情怀、家国之思，事实上形成了广阔而充满神奇异彩的唐诗之路。早在 1924 年，徐嘉瑞先生在《中古文学概论》[①]一书中就已明确提出了"边塞派"的概念。

在 2019 年 10 月 28 日的光明日报文学遗产专栏上，兰州大学雷海恩教授参考谭其骧《中国历史地图集》、严耕望《唐代交通图考》及王永兴《唐代经营西北研究》，提出了"陇右唐诗之路"这一概念，并将其分为三大路线[②]：一是长安西行经凉州至西域，一是由临州至青海河湟，一由成州至益州。以下具体来讲。

第一条，是长安西行经凉州至西域之路线。其中，长安至凉州之道路有南北两线，一是南线：经凤翔府至陇州（今陇县），西行至大震关、分水驿；再往西至秦州（今天水），经渭州、临州至兰州；由兰州北渡黄河，出金城关，经广武县（今永登东南庄浪）、昌松县（今古浪西），至凉州（今武威）。二是北线：经咸阳西北行至奉天县（今乾县东），经永寿县至邠州（今彬州），又西北行至泾州（今泾川）。泾州至原州（今固原）有南北两道：南道由泾州而西，经连云堡至平凉县（今平凉市），入弹筝峡，西至瓦亭故关至原州；北道，由泾州西北行，经青石岭至临泾县（今镇原），沿洛水河谷，至原州。原州乃一交通枢纽，北出萧关至灵武，西南出木峡关至临州，西北出石门关，经河池至会州（今靖远县北），经会宁关渡河至乌兰关，西行至新泉军，由此至凉州。

---

①　徐嘉瑞：《中古文学概论》，上海亚东图书馆 1924 年版。

②　雷恩海：《陇右唐诗之路》，《光明日报》2019 年 10 月 28 日。

由凉州西北行，经番禾县（今永昌西），至删丹县（今山丹），又西至张掖。其地南达鄯州（今乐都），通吐蕃，北达居延，至回鹘牙帐。又西经建康军（今高台西南）、福禄县，至肃州（今酒泉）。西行至玉门县（今玉门市）、瓜州，又经常乐县，至沙州（今敦煌）。西北行至伊州（今哈密），皆置驿。

第二条，由临州（今山西吕梁市临县）至河湟。河湟地区乃青藏高原之东北边缘，有黄河及其支流槽谷贯穿其间，地势平坦，较易通行。此地区东西通道，主要以河流槽谷而分为河、湟、洮三线，湟水一线最为平坦易行，且西接青海，故为主道。由临州西行，出河州（今临夏）凤林关，越曼天岭，西北循湟水而上，至鄯州。另一通道，由兰州沿黄河南岸西行，至凤林关，经龙支而达鄯州。由鄯州入西域之通道，一条乃北渡浩亹河（今大通河），经昌松县，至凉州；另一条则由鄯州西北行，渡浩亹河，经大斗拔谷（今扁都口），至删丹县，入甘州（今张掖）。大斗拔谷极为险峻，为南北军事交通之要地。隋炀帝大业五年（609）西巡，经河州至鄯州，然后取道临津关（今循化地区），又西北出大斗拔谷直至甘州。此外，尚有鄯城（今西宁）西出青海北岸道和鄯城西南道。

第三条，由成州至益州。成州乃嘉陵江上流山区，当秦、陇、巴、蜀之交，交通与战略位置颇为重要，实为兵家必争之地。隋唐置成州，实居京师与河西、剑南三角交通之正中心，与关中至河陇西域之驿道、关中南入剑南之驿道、剑南西北通河陇之驿道相接，而且皆不超过三百里，虽道路险峻，然亦为交通之孔道。

在整个陇右唐诗之路的发展过程中，都有很好的学术沉积和层累，即汉人历史文化的很多内涵、元素在陇右唐诗之路的经典作品中都得到了延续、提炼和升华。

二、"陇右唐诗之路"的历史背景研究

陇右是中华文明的一个重要发源地，是中华文明走向世界的主干路径，是早期中国对外开放的前沿。主要为以下几个时期较为重要。

先说新石器时代。陇右文化起源于旧石器时代，萌芽于新石器时代早期，以农耕文明为主的大地湾文化的产生，是其萌芽的显著标志。中经大地湾中晚期和马家窑文化，至齐家文化时期，由于气候的变冷，以西戎、氐、羌为主的畜牧文化代之而起。接着，周人兴起陇东，秦人崛起天水，秦文化兴盛起来并奠定了自先秦至隋唐时期陇右地域文化的基本形态和发展格局，标志着陇右地域文化由此形成。

在新石器时代早期，以大地湾文化为代表的陇右远古文化，是发达的定居农业文化。它以其较高的水准和多方面的文明成就而成为中华文明的多源中心之一，中经同中原仰韶文化大致同期的陇右马家窑文化至距今5000年前的大地湾晚期文化，已经蕴含着文明初现的种种信息。这一发达而先进的农业文化，却在距今4000年前因寒冷气候的出现而走向衰落和解体，代之而起的是与夏商时代大致同期的辛店、寺洼文化。[①]

辛店文化和寺洼文化，是进入文明时代之后陇右文化的源头，与周围川陕文化有许多相似之处，表明当时陇右已与西周发生联系，或者说陇右文化是商周文化源头之一。两种文化虽都蕴含着农业文明的因素，但主要还是以半游动性质的畜牧文化为主，其主人就是见于先秦文献的西戎、氐、羌等民族。与此相关，周人崛起于陇东地区，商周之际秦人西迁于天水，并逐渐发展兴起，使陇右地区又成为周秦文化的发源地。

---

① 雍际春：《陇右文化的基本特点及其地域特征》，《西北师范大学学报》（社会科学版）2006年第6期。

秦人"源于东而兴于西"①，本为东夷族。之后秦人由东不断迁徙至西。
现文献中留下的有关山东曹县、河南永城县（今永城市）、陕西兴平县（今
兴平市）和甘肃天水都曾有过"犬丘"一名的记载，这些古地名正是反映
了秦人的迁徙过程，由东夷族最终迁到陇右地区，与西戎杂居。大概在商
朝中后期，秦人到达了天水地区，其祖中潏时"在西戎，保西垂"②，从此秦
人开始了在陇右长达300年的发展、复兴。当时秦人面临着一个极其复杂的
生存环境，南北西三边皆被戎、狄包围，东边隔陇山与西周京畿相连，且
面临着陌生复杂的自然环境，这对秦人是一次生存挑战。秦人交好西戎，
虚心学习，发展农业与畜牧业，很快融入新的环境中，得到了西戎的"于
汧渭之间，马大蕃息"，因此"邑于秦，使复续嬴氏祀，号曰秦嬴"，并成
为西周防御西戎的屏障。

秦地，裴骃《集解》注引徐广曰："今天水陇西县秦亭也。"司马贞
《索隐》注曰："（括地志云）秦州清水县本名秦，嬴姓邑。十三州志云秦
亭，秦谷是也。周太史儋云始周与秦国合而别，故天子邑之秦。"③据此得
知，周孝王封非子于甘肃天水为都邑，恢复嬴姓，秦自此兴。此后百余年
间，经过六代秦人共同的努力，一边帮助周王室抗击西戎，一边向周与西
戎学习，秦人迅速发展，势力大增，到襄公时，申侯联合戎族杀死周幽王，
襄公"将兵救周，战甚力，有功"。周平王东迁洛阳，襄公"以兵送周平
王"，因功被封为诸侯，赐之岐山以西的地域，秦始建国。但周所赐之地，
时为西戎所占领，后襄公伐戎取得岐之地。同时，襄公还从事政治、军事、
经济到制度、宗教、礼仪等各方面的文化建设，使秦人在物质文明和精神

---

① 黄留珠：《秦文化二源说》，《西北大学学报》（哲学社会科学版）1995年第3期。

② 司马迁：《史记·秦本纪》，中华书局1982年版。

③ 司马贞：《索隐》，中华书局2014年版。

文明诸方面，都取得了不亚于关东诸国的文明成就。[①]秦文公四年，将都城迁于"汧渭之会"，即现在的陈仓，开始背靠陇右，仰首东望，走向称霸西戎、统一全国的道路。

公元前688年，秦武公在天水一带设置了邦县和冀县，为秦国设县之始。公元前623年，秦穆公"益国十二，开地千里"，称霸西戎，穆公也因此被称为春秋五霸之一。此后，陇右对秦犹如巴蜀汉中对于西汉一样，是其大后方，为其统一中国奠定了基础。考古实物也印证了陇右地区秦人文化的辉煌，在天水发现了秦西陲陵庙铜祭器"秦国簋"；礼县大堡子秦墓群出土了一批秦文物，如秦国鼎、秦国壶；此外，还在天水放马滩出土了中国最早的七块木板地图，这些都代表了秦人在陇右地区创造的辉煌文明。

三国时期，陇右处于曹魏与蜀汉争夺之地，为两国争夺的前沿阵地，诸葛亮六出祁山，后姜维出兵陇上拒魏兵，使得陇右保留了大量的三国古战场文化，如古街亭、武侯祠、祁山堡、诸葛点将台等。

魏晋之时，中原战火不熄，五胡乱华，但偏据一隅的陇右、河西之地却相对安宁，中原人民大量迁徙至相对安宁的陇右河西地区，为魏晋陇右文化的繁荣和定型创造了条件。此时中原已乱，河西成为西北汉文化的中心，陇右次之，皆保存了大量的文献典籍，在中华文化学术史上占重要地位。[②]正如陈寅恪先生所言"至于陇右即秦州之地，介于雍凉间者，既可受长安之文化，亦得接河西之安全，其能保存学术于荒乱之世，固无足异"。[③]

两晋南北朝时期，陇右相对比较安定，文化开始繁荣起来，遂使陇右文化终以定型。由远古时代农业文明起源，到奴隶时代西戎及秦人农牧并

---

① 雍际春：《论天水秦文化的形成及其特点》，《天水师范学院学报》2000年第4期。

② 钱龙：《东魏北齐"胡汉冲突"下的汉化趋势》，山西大学2007年硕士学位论文。

③ 陈寅恪：《隋唐制度渊源略论稿》，北京出版社1943年版，第19页。

举，野蛮好战的文化特质转向文武并举的文化平衡，既保留了陇右原始的英勇好战的民族特性，也吸收并融合了中原仁义礼智信的儒家思想，由尚武蛮力走向文武兼修的道路。

此后便是与诗路直接相关的唐朝时期。[①]唐贞观元年（627），分天下为十道，以陇山为地理标志，其南其西，置陇右道，"东接秦州，西逾流沙，南连蜀及吐蕃，北界朔漠"[②]，其强盛时所辖二十一州，相当于现在甘肃、青海湖以东，咸海以东葱岭地区以及新疆大部。《资治通鉴》卷二一六天宝十二载（753）记载："是时中国强盛，自安远门（当作'开远门'）西尽唐境万二千里，闾阎相望，桑麻翳野，天下称富庶者，无如陇右。"陇右既是一个历史行政区划、地理观念，更是一个文化观念。

中晚唐后，"安史之乱"是唐代历史的关节点，亦是陇右地域在唐代的分界点。前期的辉煌就此结束了，后期的衰微渐渐拉开了帷幕。均田制的破坏，府兵制的废除，募兵制的实行为军阀割据势力的形成提供了温床。"顺世忠臣，乱世枭雄"的陇右人又开始活跃于历史舞台，安禄山造反后，哥舒翰率领"河西、陇右及朔方募兵十万"，大都属于陇右地域的部众，因叛军势力太强，哥舒翰建议守潼关，弗允，后败于叛军且被俘虏。

肃宗继位后，李泌、郭子仪、李光弼、李嗣业、李栖筠、马璘等亦纷纷来投身效忠，在助唐反叛时积极地献出了自己的力量。在陇右人看到曙光的同时，此时强大的吐蕃觊觎陇右大地乃至大唐江山的野心开始付诸行动，一场不可避免的大规模战争开始了。在漫长的边境线上，吐蕃对唐军的扰边几乎连年不断，但因唐朝的繁盛，吐蕃始终没有机会占领陇右地域，

---

① 徐芳：《唐代诗歌中的陇右文化阐释》，陕西师范大学2015年博士学位论文。

② 李林甫：《唐六典》三卷，中华书局1992年版。

这种时战时和，长期对峙，虽有破坏，但并未真正地动摇陇右的人民生活。但是安史之乱，给吐蕃创造了一个良好的时机。

天宝十四载，大量边防内调平叛，直接导致了边防兵力的空虚，吐蕃乘虚而入，先蚕食边境各军事据点，后又突破陇右地域，后来兵锋直捣长安。盖庭伦与武威的"九姓胡"勾结在河西联合叛乱，平乱后肃宗虽向吐蕃妥协，但吐蕃依旧发兵，先占领河源军后，又掠秦、成、渭州进兵。

公元760年，吐蕃又攻陇右，占领廓州。公元763年7月，又相继攻占了兰州、河州、洮州、岷州、成州、渭州等地，"数年间，西北数十州相继沦没，自凤翔以西，邠州以北，皆为左衽矣"。后吐蕃长驱直入长安，因唐朝军民的里应外合，逼吐蕃在长安滞留十三天后撤出长安。后在唐军和吐蕃约和以后把秦、原、安乐三州归于唐朝，但其他诸州一直被吐蕃统治到了九世纪中叶。河西诸州后亦被吐蕃率领吐谷浑和党项等族吞并，《元和郡县图志》，以及敦煌本《吐蕃历史文书》等皆有记载。

由此可见，在唐代时，陇右地域经历了前期的鼎盛期，中期的衰微，以及晚期的归复期。

唐、五代以后，在中国经济重心的南移、西北民族格局和中亚政治形势的变化及自然环境等诸多因素的共同作用之下，陆上丝绸之路渐趋衰落，陇右唐诗之路也随之逐渐鲜为人知。

宋夏、宋金对峙，成吉思汗西征及病逝清水，清代陕甘回民起义，红军长征及陕甘宁地区建立等重大历史事件都主要发生在陇右，或与陇右地区密切相关，并对中国历史的发展及陇右区域文化演替产生了重大影响。[1]

另一方面，各民族又通过文化交流、人口迁移流动、互通婚姻而相互

---

① 雍际春：《陇右文化研究刍议》，《敦煌学辑刊》2006年第2期。

融合发展，西戎文化、羌藏文化、西夏文化、蒙回文化与汉文化先后在陇右汇聚、碰撞、交融，一波又一波多民族文化的融通再造，不仅大大扩展和推动了陇右地域文化的发展，而且也源源不断地为中华文化输入新鲜血液和养料，丰富和扩展了中华文化的生态基础。民族融合与文化交融的交互进行，对中华民族及其文化的发展产生了积极作用。

三、"陇右唐诗之路"的相关诗词内容梳理

唐代有过陇右之行的诗人不在少数，而更多的诗人虽未曾到过陇右，却在诗歌中抒写陇右，如王勃、卢照邻、杜审言、沈佺期、王翰、崔融、崔颢、李白、卢象、张谓、常建、刘长卿、钱起、卢纶、戴叔伦、杨巨源、张籍、元稹、白居易、杜牧、温庭筠、曹唐、罗隐、胡曾、胡宿、卢弼，等等。[①]

其中，现有研究成果中，可以大致梳理出的"陇右唐诗之路"相关诗人行迹，列举如下。

骆宾王：唐人最早经行陇右的诗人是初唐四杰之一的骆宾王。咸亨元年（670）从军西域，久戍边塞。《至分水戍》所写乃陇坂分水驿戍所，"行役总离忧，复此怆分流"，正是使用了汉乐府"陇头流水，鸣声幽咽"之典故。《夕次蒲类津》乃写陇右道蒲类津（今巴里坤湖）。陈子昂于垂拱二年（686），随乔知之征讨同罗、仆固等叛乱，经陇坻、张掖，次同城（今内蒙古额济纳旗东南）。

王之涣：王之涣有过长达"在家十五年"的闲居生活，其时可能游历过蒲州、洛阳、陇右。著名的《凉州词》："黄河远上白云间，一片孤城万

---

① 雷恩海：《陇右唐诗之路》，《光明日报》2019年10月28日。

仞山。羌笛何须怨杨柳，春风不度玉门关。"凉州词，乃曲调名，此诗特别契合兰州的地理景观和陇右重要关隘的特征，当作于诗人游历金城（今兰州），登临城北之临河驿楼抑或北面山峰（今白塔山）而眺望：滔滔黄河自西而东，流经城北，于山峦环抱之万山丛中，一片孤城耸峙，扼守要津，莫与争锋。

王维：开元二十五年（737）秋，王维奉诏赴河西劳军，至陇右为雄伟的江山所激励，写下"大漠孤烟直，长河落日圆"的壮丽诗篇，展现其无比开阔的胸襟和激昂的情怀，而《陇西行》《少年行》等名作，尤其是《送元二使安西》一诗，为唐代音乐家谱曲，称为《阳关三叠》（又叫《渭城曲》），流传千古。两年多的陇右生活，赋予王维强劲的生命力，在山水田园诗歌之宁静优美之外，增添了雄浑壮美和激昂的爱国热忱，开拓了新的诗歌境界。高适尚气节，有王霸大略，天宝十二载（753）入河西节度使哥舒翰幕府为掌书记，以激昂的爱国精神而走向疆场"浅才登一命，孤剑通万里"（《登陇》），亲临九曲之地（今青海贵德），巡行陇右，生活达两三年之久。

岑参：岑参两度赴陇右，在安西、北庭、轮台等地生活长达六年之久，其诗描摹新奇秀拔之景象，抒发豪放奔腾之激情："北风卷地白草折，胡天八月即飞雪。忽如一夜春风来，千树万树梨花开。"（《白雪歌送武判官归京》）"轮台九月风夜吼，一川碎石大如斗，随风满地石乱走。"（《走马川行奉送封大夫西征》）"侧闻阴山胡儿语，西头热海水如煮。海上众鸟不敢飞，中有鲤鱼长且肥。"（《热海行送崔侍御还京》）"万里奉王事，一身无所求。也知塞垣苦，岂为妻子谋。"（《初过陇山途中呈宇文判官》）颇能鼓荡情思，感动激发人意。

杜甫：杜甫于乾元二年（759）越过陇山入秦州，居于东柯谷，筑有草堂，作《秦州杂诗》，怀念长流夜郎的大诗人李白而作《梦李白》；此后又由秦州赴同谷（今成县），有《乾元中寓居同谷县作歌七首》，经陇蜀道而入成都，写有一系列的纪行诗，得奇伟江山之助，遂成千古绝唱。陇右之行，留下浓墨重彩一笔，是杜甫思想与诗歌发展成熟非常关键的时期。

四、"陇右唐诗之路"的文化背景——丝绸之路

在前边唐诗之路与已经申报的文化遗产对比分析中，已经了解了丝绸之路的情况。陇右唐诗之路与丝绸之路之间则有着极强的关联性。以下做简要的阐释。

传统的丝绸之路所指为自中国古代都城长安起，经中亚国家、阿富汗、伊朗、伊拉克、叙利亚等而达地中海，以罗马为终点，全长约6440千米的路线。这条路被认为是联结亚欧大陆的古代东西方文明的交汇之路，而丝绸则是最具代表性的货物。数千年来，游牧民族或部落、商人、教徒、外交家、士兵和学术考察者沿着丝绸之路四处活动。陇右是中华文明的一个重要发源地。对"陇右唐诗之路"的研究，也是对"丝绸之路"研究的延伸。

唐诗之路是唐代诗人之路，陇右地区是唐代有理想的文人安放心灵的报国之路，这一点是与其他唐诗之路最大的不同之处。唐代的陇右就代表着中国西部的特色，地域广阔，风景奇特。陇右特殊的环境，造就了唐代诗人博大的胸襟、高迈的情怀，以及高尚的精神境界。在某种意义上说，"陇右唐诗之路"因唐代诗人而闻名，没有他们写的诗，我们今天可能也就没法了解陇右地区及其在唐代文人心中的重要地位。进一步地挖掘唐诗之路上的资源，有助于我们全面认识唐代的文学和文化，也有助于我们正确

认识中国古人的精神境界和文化情怀。[①]

　　唐边塞诗以丝绸之路的开拓历史为背景，具有"史诗"的特征，而丝绸之路的兴衰也直接影响了唐边塞诗风的改变。[②]

　　初唐边塞诗充满了建功立业的壮志与激情，这是由唐初开拓丝绸之路的创业现实决定的。边塞是士人渴望建功立业的用武之地，是他们实现人生理想、抱负的希望之路。因而，初唐诗人对边塞战争的认识充满了历史责任感。

　　到了盛唐时期，唐打败西突厥，在高昌设立了安西都护府，在庭州设立了北庭都护府，丝绸之路得以拓展，沿线诸国与唐的经济、政治和文化的交流更为密切了，丝绸之路贸易也空前繁荣。因此，这一时期的边塞诗主要表现为对开拓丝绸之路文治武功的歌颂，以及对西域风光的赞美。盛唐的边塞诗因而独具阳刚之美，雄健之气。

　　中晚唐诗人笔下的丝绸之路是萧条的，诗人的感情是凄凉、悲怆的。他们再也唱不出明朗、磅礴的盛唐之音，代之而起的是忧愤、抑郁的幽怨之情。诗人们面对的是战后凋敝、萧条的景象，于是把笔触投向了满目疮痍的社会，反映民生的疾苦。往昔以边塞诗表现豪情意气的诗人们，在孤独落寞的心境下，也只能在荒凉的丝绸之路古道上回忆往昔的繁荣。对此，胡大浚先生有精辟的论断："盛唐诗多为大悲大愤之讴歌，具英雄主义特质，充满浪漫激情；中唐诗多为收复失地、重振河山的期盼，沉重的心境中不失热切的憧憬，边塞悲歌中骨鲠犹存；晚唐诗让人感受到的却是习习阴风，凄厉刺骨，诗人关切国运边情的热心，被紧紧包裹在没落无望的时

---

①　雷恩海：《陇右唐诗之路》，《光明日报》2019年10月28日。

②　马悦宁：《唐代丝绸之路的盛衰与边塞诗风的嬗变》，《豳风论丛》2015年。

代环境里，无力释放其光彩。"①先生之论入木三分，高度概括了唐边塞诗的风格及其流变。

总之，丝绸之路的开拓为唐边塞诗的勃兴、繁荣提供了丰厚的现实依据。作为唐开拓西域边疆重要历史进程的直接反映，唐边塞诗已具有诗史的价值和规模，生动地反映了丝绸之路的兴衰，也反映了唐由兴而衰的历史进程。而丝绸之路的拓通和发展亦直接影响了唐边塞诗的格调和精神风貌。②

五、"陇右唐诗之路"的遗产辨认

由于并未涉及对"陇右唐诗之路"关于申遗的深入研究，因而并未系统梳理边塞诗中所提到的地点。但是为了对照"两浙唐诗之路"，这里也从地理、时间上列出可能的辨认标准。

从地理上来讲，现在认为陇右唐诗之路可分为三大路线③，上文已提及，但是相对来说，这三条线路过于庞杂，或许可以将第三条拆分出来，单独作为一条"蜀道唐诗之路"的概念；而前两条更符合边塞诗的内容，统称为"陇右唐诗之路"。

从时代上来讲，陇右唐诗之路经历了先秦时期、秦汉时期、魏晋南北朝时期丰富的文化积淀后，在隋唐五代时期走向了辉煌，唐、五代以后，随着中国经济重心的南移、西北民族格局和中亚政治形势的变化，以及自然环境等诸多因素的共同作用之下，陇右唐诗之路逐渐走向了衰落。因而其沿用时代或许可以定在秦汉至五代。

---

① 胡大浚：《贯休的边塞诗作与晚唐边塞诗》，《河西学院学报》2007年第6期。

② 马悦宁：《唐代丝绸之路的盛衰与边塞诗风的嬗变》，《翩风论丛》2015年。

③ 雷恩海：《陇右唐诗之路》，《光明日报》2019年10月28日。

六、"陇右唐诗之路"的价值阐释

价值综述：与"两浙唐诗之路"所代表的山水田园诗不同，"陇右唐诗之路"的价值主要体现于"边塞诗"及其背后的文化内涵之上。边塞诗中，也有诸多对于边塞风光的描述，以及对西域多文化交流元素的提及，但是其内核强调更多的是士人们保家卫国，建功立业的历史使命感，以及唐人的民族自豪感。这与"两浙唐诗之路"中透露出的归隐感有所不同。因此，"陇右唐诗之路"所体现更多的是政权所在的中央文化圈自身的精神内核。而其文化交流，人与自然关联的因素，相对较少。

具体而言，也可分为历史文化价值与社会经济价值两部分。

（一）历史文化价值

首先是"陇右唐诗之路"对文学史的历史价值。《史记》《汉书》用散文的方式大段地铺陈描述，陇右唐诗则用诗性语言，表述得更精练、更集中。陇右唐诗之路给中国文学带来的贡献，正是建立在对《史记》《汉书》文化的继承基础之上。同时边塞诗在唐诗中占重要的地位，而"陇右唐诗之路"的物质遗存，也会为边塞诗的研究提供更多的帮助。

然后是"陇右唐诗之路"对古代东西方交流研究的历史价值。"陇右唐诗之路"位于最为重要的古代贸易路线——丝绸之路，其相关诗词中也体现出唐代西域地区的政治、经济及民生的相关信息，以此为角度，能够进一步拓展对古代东西方交流之间的研究视角，具有很高的历史价值。

（二）社会经济价值

唐代士人以高昂的热情、理想主义的壮志，从军陇右，漫游行旅，以生花之妙笔，歌咏陇右的山川形胜、风土人情，抒写理想与情怀、家国之思，形成了广阔而充满神奇异彩的陇右唐诗之路，为后世研究其艺术文化、商业文化以及酒文化都提供了重要线索。①

　　与此同时，陇右地区壮阔的自然风光，多样的风土人情，也是为相关地区发展文化、开发旅游提供重要的支持。

　　七、"两浙唐诗之路"与"陇右唐诗之路"的对比

　　通过对"陇右唐诗之路"的挖掘，也能加深我们对"两浙唐诗之路"的认识，并进一步帮助到申遗过程中。

　　之前提到，"两浙唐诗之路"的核心价值在三点，简要表述分别是唐诗自身的历史与艺术价值，其中表达的人与自然环境相互关联的价值，以及北方政权文化圈与浙地文化圈之间的交流融合。

　　而再看"陇右唐诗之路"，则有所异同。

　　首先，二者最大的相同之处，在于"唐诗"这一非物质文化载体的共生。而且，二者共生之诗体有所不同。"两浙唐诗之路"所依托多为山水诗，其背后有着隐逸文化、内心思辨等精神内核；而"陇右唐诗之路"所依托则多为边塞诗，其背后更多的是勇担使命、昂扬拼搏的精神内核。二者各不相同，却也是中国文化关于出世入世二元辩证最好的体现。由此引发二者所代表的诗人心境，以及诗人对待沿途风光之间的关系，是不同的。

　　南朝之时的时局动荡塑造了浙地的隐逸文化，大多名士以其文化素养、思想深度而闻名。而慕名前来的唐代诗人们，也有不少仕途不顺，生发疲惫者。因此他们面对浙东山水，体现的更多是伤感与向往的复杂融合：一方面希望自己还有机会实现抱负，另一方面希望自身有这样一片幽美山林可以栖身。他们内心更多的是对未来的迷茫，在庙堂和江湖之间的摇摆。

---

① 雷恩海：《陇右唐诗之路》，《光明日报》2019年10月28日。

　　而"陇右唐诗之路"中，诗人的心境则相对更加复杂。初唐、盛唐是昂扬向上之时，诗人们自然将陇右作为他们建功立业之地，鲜有犹豫疲惫；但中晚唐过之后，边塞诗人的心境却与山水诗人之间有了些许相似之处，开始凭古吊今，抒发内心的失落与犹豫。

　　如果再从两条诗路主体诗人的动因来看，也可以看出不同之处。诗人踏上陇右的土地，为的是保家卫国，守一方水土平安；或是实现个人价值，出将入相、万里封侯。因此主体诗人们内心更在意的还是大唐，或曰中原文化圈。但是"两浙唐诗之路"不同，诗人们虽有仕途不顺而贬谪前来，但在浙地进行访山涉水，大都是慕名而动，主动体验浙地风土人情，或凭吊浙地文化历史。主动与被动，也是两者的不同之处。

　　最后，也是决定"陇右唐诗之路"与"两浙唐诗之路"最核心的不同，在于其联系的文化圈不同。"陇右唐诗之路"也可以看作是中原政权文化与西域文化的交流之路，在相关诗篇中也提及西域诸事物，有着丰富的史料价值；而"浙东唐诗之路"，则是中原文化圈与浙地文化圈之间的交流之路。这一点，决定了两条唐诗之路本质的不同。

　　两条诗路路线在长度上相比，"陇右唐诗之路"自然更长；而从现存遗存的完整性、真实性上来讲，位于西北地区的"陇右唐诗之路"，自然比位于城市化、现代化程度更高地区的"两浙唐诗之路"保存更好。不过有利有弊，位于经济发达的浙江省内，"两浙唐诗之路"能够受到更为集中的关注，利于自上而下地开展众多工作，相对来说在申遗的操作上会更加方便。

　　两者还有一个共同点，那就是它们都依托于一个重要的世界遗产而存在。"陇右唐诗之路"依托于丝绸之路；而"两浙唐诗之路"依托于大运河。但是，丝绸之路与大运河的申遗成功，其实对于这两条线路的影响是不同的。"陇右唐诗之路"本质上可以看作丝绸之路的组成部分，因而并不存在自身申遗的问题，现阶段可直接依托于丝绸之路世界遗产的平台，加强自身保护及利用等各方面的工作。而"两浙唐诗之路",并不在大运河的遗产范围之内,相反在"两浙唐诗之路"中,还有部分关联程度较高的遗产地已经划归大运河遗产范围之内,因而在申遗过程中,可能会失去一部分物质文化载体。但是也应该看到,其实"两浙唐诗之路"与大运河其实有本质的不同之处,大运河更多地体现在国家政权层面自上而下的控制与联系,而"两浙唐诗之路"则更多体现在自下而上的文化交流。

八、结论

将"两浙唐诗之路"与"陇右唐诗之路"进行对比分析,并非为了较出高下之分,而是希望能够通过对"唐诗之路"的更多了解,加深对"唐诗之路"这一概念及其意义的认识,对"两浙唐诗之路"独特价值进行阐释。而通过对比,可以看出,我们将"唐诗之路"这一概念阐释为文化交流是合理的。理由如下。

诗从何来,自然是诗人的心境、精神、文学素养等内在因素,在与外在环境中的情境发生相互作用时所迸发而出的文学。而诗人自身,也属于自身文化圈,其背负了自身文化圈中很多精神内涵与特点,他们往往乐于接触不同文化范畴的环境来寻求灵感。因此,诗人往往在游历的过程中会有更多的创作,因而在中外文化中均有"云游诗人"这一群体。这正说明了诗人是需要通过不断地与不同的外界情境产生联系,才能写出诗篇的,比如触景生情,睹物思怀,借古喻今,等等。因此,如果在一条路线上能够诞生很多的诗篇,那么就说明在这条路线上的诗人,与路线上的自然或人文环境发生联系,其实是代表了不同文化圈的交流。"浙东唐诗之路"如此,"陇右唐诗之路"也是如此。

第二点,将"唐诗之路"一类的概念在遗产界加以重视,有着很强的必要性。无论是世界遗产，还是其他级别的文化遗产单位，其本质都应当是一个平台，用于整合与之相关的各类研究、保护、开发利用等资源。而现阶段的"唐诗之路"概念，更多地出现在文学史的象牙塔中，但是经过对其历史文化背景的分析，可以看出，"唐诗之路"背后是复杂而多维度的内涵，包括了政治、经济、人文、宗教哲学等多方面的内容，其价值完全可以惠及多个领域的发展，无论是学术界，文物界，还是经济发展，精神文明建设。"陇右唐诗之路"及其背后的丝绸之路如此，"两浙唐诗之路"及其背后的凭古、隐逸、佛道、山水、贸易等，也是如此。

最后，也能够看出，"两浙唐诗之路"最独有的价值，即在于诗人群体所承载的中原文化，以及浙地文化之间的交流所体现出浙地文化的气质，如山水、隐逸、思辨等内涵，这是其有别于其他唐诗之路的地方，也体现了浙地独有的历史积淀。它们虽然都可看作是中华文化的组成部分，但却是只有在这片土地上才能诞生发展的。这一诗人与环境的交流不仅是人文之间的交流融合，也是人与自然之间的互动影响。而作为这一独有价值依托的浙地山水、浙地历史，将成为推进对"两浙唐诗之路"申遗及日后保护管理所关注的重中之重。

第七节　诗路申遗可行性结论

经过以上的分析，可以得出两条唐诗之路申报世界遗产的可行性结论。该结论主要分为两个部分，第一部分将由遗产申报策略，遗产的突出普遍价值声明，以及规划开发建议三个部分组成；第二部分，则是本书对于诗路申遗可能性的判断。

一、遗产申报策略

通过对"浙东唐诗之路"与"钱塘江唐诗之路"的分析，本书倾向如下两个申报策略。

第一申报策略是将两者进行合并申报。将两者统一为一条"唐诗之路"概念进行申报。具体原因在前文中有着详细阐述，简要来讲就是：两者在现有概念、事实成因、沿用时间、诗人主体、核心价值等多方面几乎相同；同时两者的物质遗存在完整性、真实性上都相对薄弱。因此，将两者合并申报，一是通过增加物质遗存的数量可以提高其价值；二是避免两者在申报力量上的分流；三是为未来探讨是否将诸如"瓯江山水诗"之路纳入该世界遗产体系提供了可能性。而合并后的遗产名称，这里倾向"两浙唐诗之路"而非沿用最初文学界提出的"唐诗之路"的名称。首先，该名称中的"两浙"可对应唐代"浙东""浙西"二道的区划名称，也可对应两者在文学研究另有，"浙东唐诗之路""浙西唐诗之路"的名称。第二，可以区分诸如"陇右唐诗之路"等其他唐诗之路的概念，并突出其自身的价值特点。

第二个申报策略是进行分段分批申报。总体来说，根据现有的资料，两条唐诗之路相关唐诗及其诗人行迹相关的地名虽然便于统计，但具体地点辨别及其与现存遗产之间的传承无法全部进行确认，还需要进一步的研究工作来支持。但是现存遗产中也有不少，能够落实其与唐诗之路有着直接联系的地点，如多数交通遗迹、自然景观等。

因此本书认为，唐诗之路世界遗产的申报工作，可以先将能够确定的遗存，主要集中在浙东一线及钱塘江东段一线，以"两浙唐诗之路"的概念进行申报，建立起世界遗产的平台，并以此加强对其他遗产地的辨认工作，以及其他诗路的研究工作。待研究与规划工作成果成熟，再将钱塘江上游、浙东其他支线等遗存进行补充申报，延长"两浙唐诗之路"的路线与遗存数量。最终实现将浙地诗路全部遗产列入遗产名录的目标。

二、突出普遍价值声明

根据以上策略，下文将试着以"两浙唐诗之路"的概念，陈述其突出普遍价值声明，进而回答申遗文本中所提到的最为重要的几个问题，以及价值与提名标准问题。

（一）简要综述

首先是事实性信息。唐代中国"浙东道"与"浙西道"两地区，自古有着优美的自然风光，丰富的自然物产。而在人文层面，两浙地区经历了自前秦至汉晋时期的文化发展积淀，于东晋"衣冠南渡"的历史事件后，逐渐成为古代中国的一个文化中心，并形成了独特的文化圈。其主要特点在于文人与自然环境的相互融合，并诞生了影响深远的隐逸文化、哲学思想。但其在南朝之前具有一定的封闭性。而脱胎于北朝的隋唐二朝，最终实现了中国大一统，并开凿了沟通北方政治中心长安—洛阳与两浙地区的大运河。因而浙地在很大程度上对中原文化打开了大门。其独有的文化圈吸引了来自中原的大量文人/诗人的深入访问，并在钱塘江处，就着两浙的人文与水文环境，形成了几条集中的游览路线。其中主要包括了自钱塘江沿上游富春江、新安江直到安徽州的"浙西线"；沿浙东运河经越州、上虞，再沿曹娥江、剡溪，经剡县（今嵊州市）、新昌，最终到达天台山的"浙东线"。这些诗人在游览过程中写下了大量的唐诗，成为这条"两浙唐诗之路"的文献见证。而宋代以后，当地书院之风的形成，也诞生了不少诗篇文章，这是对唐代文化交流的延续。在南宋以后，随着浙地水文环境的改变，政治局势的动荡，以及南北文化的相融，这条原本连接中原文化与浙地文化的"唐诗之路"渐渐不再活跃。虽然仍旧能够起到交通作用，却失去了其文化层面的主要元素。

　　然后是价值概述。"两浙唐诗之路"是大运河遗产在两浙地区的延续，是中原文化背景的文人们深入两浙地区自然环境与历史文化进行联系与交流的重要路线，并在3世纪至12世纪期间，诞生了丰富的文化成果，包括宗教遗址、建筑遗存等物质性遗产，以及以"山水诗"为代表的、大量价值极高的诗歌文学作品等非物质遗产，是古代中国中原文人士族与两浙地区的自然环境与文化领域广泛深入交流的重要见证与接触范例。

　　最后是重要性声明。伴随着沿线优美的自然风光，"两浙唐诗之路"沿线产生了数不清的高水平诗篇，这些诗篇见证了诗歌这种文学体裁在唐代的繁荣及"山水诗"的形成，使唐诗成为中国文学史，乃至世界文学史极为重要的组成部分。"两浙唐诗之路"相关诗篇，在文学层面体现了文学创作的情感与巧思的结合，在史料层面反映了极其宝贵的浙地细节，在思想层面体现了中国传统的价值取向与情感寄托。一方面成为中华文明不可分割的一部分，另一方面也直接或间接影响了中国文化乃至东亚文化的发展。诗文遗存这一非物质文化遗产，是"两浙唐诗之路"价值中最为重要的组成部分。

　　唐诗之路的存在也见证了在近11个世纪中浙地文化与中原文化之间的交流碰撞。早起东晋"衣冠南渡"后的南朝士族，至隋唐时期文人诗人深入浙地后，创作了大量诗篇而达到高潮，切实见证了中国的民族融合，以及南北文化碰撞。同时，自魏晋至两宋，文人们不断从两浙奇绝的山水风光中获得灵感，促使了中国文化中隐逸、玄学、哲学等思想的发展，体现了该地区人与自然独具特色的联系。

　　同时，依托于浙地经济文化的积淀，以及南北文化在此的交融，"两浙唐诗之路"沿线在佛教、道教等宗教层面，造纸、制茶等地区手工业层面，漕运等水利技术层面，书院等教育层面，都体现了繁荣的发展。尤其是佛教天台宗的创立，成为整个佛教史极为重要的节点，其影响波及朝鲜半岛与日本。沿途诞生的这些多维度的文化现象，也使"两浙唐诗之路"成为独一无二的文化路线。

（二）遗产提名的标准

唐诗之路符合联合国教科文组织申遗标准中的标准（iii）、标准（iv）和标准（vi）。相关标准如下：

（iii）：能为一种已消逝的文明或文化传统提供一种独特的至少是特殊的见证；

（iv）：可作为一种建筑或建筑群或景观的杰出范例，展示出人类历史上一个（或几个）重要阶段；

（vi）：与具特殊普遍意义的事件或现行传统或思想或信仰或文学艺术作品有直接或实质的联系。（只有在某些特殊情况下或该项标准与其他标准一起作用时，此款才能成为列入《世界遗产名录》的理由。）

关于标准（iii），唐诗之路相关的物质遗存及非物质遗存，均见证了两浙地区包括南朝时期的士族及其背后的隐逸文化，唐代的唐诗与"山水诗"文化，以及宋代的书院等儒学思想等文化传统，保存了大量的传世诗篇，成为这些"文化传统"的"特别的证明"。

关于标准（iv），自魏晋至南宋，是中国文人集团逐步影响两浙地区的重要阶段。两浙的气质扎根于其秀美的山水；而"衣冠南渡"塑造了南朝两浙的气质；"唐诗之路"代表了中原文人与浙地文化圈的深入交流；而沿途诞生的佛道宗派，均在宗教史上具有较高的地位。因此，"唐诗之路"作为两浙地区"景观的杰出范例"，展示了在中国历史上自魏晋至唐宋时期极为重要的南北文化交流阶段。

关于标准（ⅵ），其往往与标准（ⅲ）共存。"两浙唐诗之路"与具有极高价值的"山水诗"有着直接的关系；同时也与中国传统思想中的"隐逸思想"、佛教"天台宗"思想有着极为紧密的关系，因而其与"传统、思想、信仰以及文学作品"有着直接的实质联系。

（三）完整性真实性初步评估

完整性评估内容如下："两浙唐诗之路"的完整性需要从物质遗存与非物质遗存两个方面进行阐述。

其物质遗存包括了山水自然景观、建筑物遗迹、摩崖石刻、墓葬的遗存，并通过古代交通遗迹相连接；而非物质遗存包括了相关诗文、史料等。这些遗迹分别能够在交通路线、自然景观、隐逸文化、佛道宗教、手工业五个方面反映了南北文化圈交流中的多维度完整性，同时也在总体程度上，维持了"两浙唐诗之路"基本的完整性。

但是具体而言，物质遗存最关键的三个要素，交通遗迹、自然景观和建筑，都或多或少存在完整性的缺失。上文提到唐诗之路衰落的原因之一，便是浙地水文环境的改变。而唐诗之路中最重要的交通路线又是水路，唐宋以后河流改道较多，加之近现代浙江地区的城市化、工业化发展等影响，其自然景观及与依托景观之上的交通道路，均在后世产生了一定的变化，损失了部分完整性。而对比唐诗中所提到的地点，与如今的建筑遗存，也可以发现当时佛寺、道观、住宅等建筑现如今已鲜有完整保存，大多为后代维修所改，或废弃消失于历史之中。

这些现状，都为保护工作提出了较为紧迫的需求。可以说保护"两浙唐诗之路"现有元素的完整性，是保护工作的首要任务。

真实性评估内容如下：真实性同样需要从物质遗存与非物质遗存两个方面加以阐释。

"两浙唐诗之路"的非物质遗存主要是相关诗文。诗文虽然经过千年传承，但是自古研究者，辨析者甚多，流传至今的诗文均具备其真实性，其内容具有较高的文学价值，其中所提及的地点、事件、思想及情感，具备历史的真实性。

接着是物质层面。保留至今的道路、石刻、墓葬等遗存，均在其地理位置、材料、功能与形态上保持了其遗产真实性；而建筑遗存，大多经历了后世的修建，难以保留宋代以前真实的建筑材料，但其中多数建筑遗存，均在其名称、功用、位置及与自然环境的关系上维持了真实性；部分寺庙类宗教建筑，虽然经过迁址，丧失了地理位置，与物质材料的真实性，但是其内部的宗教活动，以及功能是自古延续下来，考虑到宗教建筑的特殊性，也可以认为维持了部分真实性。而自然环境虽然经过了历史的演变，在局部存在变化，但是总体的地理特征、相互关系均保留了历史的真实性。

三、规划开发初步建议

需要指出，在申遗可行性分析阶段，对"两浙唐诗之路"所提出的规划开发建议，主要是基于对其他遗产地的研究，以及文献研究而提出的。由于现阶段并没有深入开展遗产申报工作，以及各遗产地的具体规划编写工作，因而所提建议只能更加宽泛，难以深入到具体的条例之中。

规划开发建议分为保护管理和开发利用两个部分。

（一）保护管理工作

根据现有世界遗产地的保护管理经验，可以看出，其实保护管理和开发利用在很多情况下是相互促进的。只有做好了保护管理，并通过研究工作源源不断地挖掘出文化因子，才能将其转化为面向不同受众群体的文化产品，加以开发利用。本书中基于对现有世界遗产地保护管理经验的分析，提出如下几点初步建议。

第一，建立"两浙唐诗之路"的保护区划。根据其他5项世界遗产地的保护管理声明，可以看到，缓冲区的划定及其范围内管理工作的落实，对于保护遗产的完整性将起到决定性的作用。而无论是保护区划，还是遗产的完整性，都是"两浙唐诗之路"现阶段较为薄弱的方面。在遗产认定中，"两浙唐诗之路"包括了历史遗迹和大量的山水风光元素。前者多为现有的文物保护单位，具备较为成熟的保护区划；而在后者中的大量元素尚未规划有缓冲区，更不用说对其缓冲区的管理工作了。同时可以看出，往往处在欠发展地区的遗产，完整性保存相对较好；而其他遗产地，往往面临着城市化、工业化发展的威胁。一方面"唐诗之路"历经了宋末的水文环境变化及其后历代对建筑的变化，诸多遗产地的完整性保留欠佳；另一方面浙江省自身发展迅速，城市化、工业化及现代设施的大量建设对其保存的威胁。这些都是对"两浙唐诗之路"的完整性存在威胁。因此如果要从申遗的角度出发，尽快建立"两浙唐诗之路"相关区域保护类缓冲区，就成了维持其完整性的首要举措，以弥补诗路申遗的最大的短板。

第二，建立各级保护管理法规，并配套相应的组织架构。在建立保护区划、尽快保证遗产地的完整性与真实性不受破坏的基础上，就需要逐步完善各级保护管理的法律法规，以及完善相应的资质配套。如同塔夫拉达的案例，其管理规划的目的是实现全面的管理，并解决可能出现的权力、管辖权和自治权的问题，具有很大的复杂性和动态性；是一个融合了保护级别、土地规划和保护区划的系统，并在法律支持下能够支持生产多样性、环境和谐性，同时为居民提供更好的生活质量。

现有的世界遗产地，均能够受到国家层面的重视与支持，这是毋庸置疑的。但是在地方具体落实上，则需要根据地方的情况加以调整。不过，与大多数世界遗产地相比，"两浙唐诗之路"的情况会相对简单一些。一是其主要遗产区域均为国有资产，并不存在国外遗产地混合所有制的问题，这样，就便于自上而下地推进工作，而不必在协调事务上投入更多的资源与经历。二是现阶段"两浙唐诗之路"的遗产范围主要集中于浙江省一省之内，并非像大多线路型遗产地，甚至还存在跨国的现象。或许未来可能会有其他省份位于"浙西道"区域的遗存补充申报进来。但是起码在申遗过程中，若要完善相关的法规和组织，只需在浙江一省之内解决即可。省委、省政府对诗路发展的高度重视，也为推进这项事务提供了强有力的保障。

第三，深化对"唐诗之路"的考古研究工作。在关于"两浙唐诗之路"的价值分析中可以体现出唐诗之路背后的文化背景，其价值主题其实是多维度的，且整体价值高于各部分价值总和。因而对唐诗之路的考古研究工作，也必须是多学科配合的。而现有"唐诗之路"的研究成果，虽然不乏对多维度背景的挖掘，但大多数有价值的成果出现在文学史领域中，这就给"唐诗之路"的概念阐释、保护管理、开发利用等具体工作带来了一定的困难；更不用说落实到遗产的辨认与具体区划的划定之上了。比如内盖夫的沙漠城镇的遗产，正因为考古研究工作的不到位，对其遗产自身完整性造成了巨大的危害。同时，对诗路各沿线的细致研究，也需要更进一步的推进。现阶段就可以提出几个重要的课题，如浙东唐诗之路支线的研究，如瓯江山水诗之路与两浙诗路的联系，如唐诗之路与大运河之间的联系，等等。而深入的考古研究工作，也是未来拓展"两浙唐诗之路"遗产范围的首要动力，最终能够实现让更多的遗产地享受到世界文化遗产平台所带来的资源，全面推进诗路文化带建设的目的。

（二）开发利用工作

对于唐诗之路的开发利用，也主要从两个方面提出初步的建议。

第一，诗路沿线环境完整性的保护。同保护工作相同，现阶段阻碍

"两浙唐诗之路"开发利用的，也是诗路沿线环境完整性的缺失。"两浙唐诗之路"最基础的原动力，便是浙地的山水，一切游览活动、一切文化现象，都是建立在浙地"天下独绝"的风景之上。因此，如果希望让"唐诗之路"在当代重新活过来，那么维持其山水的完整性，便是首要的工作。加强沿线的环境保护与管理，在开发、利用所必须进行的基础设施建设上，与环境保护之间找到合适的平衡点，将会是对诗路文化带开发的首要任务。

第二，需要丰富的文化旅游产品。如果说保护诗路沿线环境的完整性是保护诗路开发利用的内在动力的话，那么丰富的文化旅游产品将会是加强其开发的外部助力。通过对两条诗路历史背景的挖掘，可以看出两条诗路背后是多维度的文化内涵，其领域覆盖了文学艺术、历史文化、经济贸易等多个方面。这给了我们创造开发多种多样的文化产品提供了丰富的源泉。这一源泉的原动力，也是保护中的考古研究工作。

但这与开发产品和价值阐释又是两个概念。后者更关注的是阐释对象，即诗路遗产本身；而前者则还需要从受众群体出发。在面对不同需求的游客群体时，当然需要开发出不同的文化旅游产品。如同乳香之路的开发利用，面对局部地区、地区间和国际上的旅客，需要通过长期的、系统性的文化旅游战略才能实现更为广泛的阐释。

四、申遗可能性判断

自此，我们以申报世界遗产的方式，对"唐诗之路"进行了一定的阐释。可以看出"唐诗之路"具有极高的价值，其背后所蕴含的历史、地域、文化等多方面的遗产，都经久不息地流传于中国乃至世界文化之中。对其进行合理的开发利用，也将会对浙江当地及全国的发展起到重要的作用。

但是必须指出，遗产自身的价值，并不直接决定申遗的成败。世界遗产本就是国际组织提出的概念，有其自身的申报标准，这使得申遗一事本身就应被看作是一项"应试"一般的工作。如果以"应试"的角度来看，那么"唐诗之路"在实物遗存方面则存在非常大的遗憾，这将会对申遗工作造成极大的影响。

"唐诗之路"无论是自然景观还是文化遗产，保留至今的数量与规模都不算很大；在此基础上，那些得以保留的元素，也存在着这样或那样的问题。重要的自然元素，如两浙的水文环境，其完整性在自然演变下有了很大的破坏，这也造成了诗路在历史上的衰落；而大多数文物遗存，其真实性在朝代的更迭中的保存情况也较为堪忧，缺乏足够历史重量的早期建筑遗存（如佛光寺之于五台山，镇国寺之于平遥古城等），是诗路遗存组合中非常大的缺陷。虽然这些都是不可抗力，但从结果来看，整个"唐诗之路"在世界遗产评价体系下，其真实性、完整性情况均不乐观，这也直接导致其申报世界遗产的难度非常之大。

当然，难度大并非不可能。一方面，希望本书的研究分析能够对其申报世界遗产起到一定的帮助作用，并最终使"唐诗之路"有机会得到国际上广泛的认可和关注。另一方面，社会各界也应当认识到，申报世界遗产仅仅是对自然或文化遗产进行研究利用的一个手段，即便没有"世界遗产"盛名加身，"唐诗之路"的价值也不会因此而有所减少，诗路文化带的发展意义也不会有半分的减损。

因此，无论诗路申遗前景如何，借着对其申遗筹备的各个过程，能够使我们进一步加深对诗路遗产的研究和认识，进一步拓宽对其开发利用的思路，这才是这"申遗"过程中最重要的收获。

参考文献

陈美荣：《试论浙西唐诗之路》，《广西社会科学》2002年第2期。

陈尚君：《唐代文学丛考》，中国社会科学出版社1997年版。

戴振宇：《唐五代浙东科举士人及其家族研究》，浙江大学2019年硕士学位论文。

范文澜：《中国通史简编》（第三编），人民出版社1965年版。

房玄龄：《晋书》，中华书局1974年版。

葛剑雄：《中国人口发展史》，福建人民出版社1991年版。

韩愈：《韩昌黎文集》，上海古籍出版社2014年版。

胡大浚：《贯休的边塞诗作与晚唐边塞诗》，《河西学院学报》2007年第6期。

黄留珠：《秦文化二源说》，《西北大学学报》（哲学社会科学版）1995年第3期。

蒋荣：《从唐五代浙东文人分布变化看当时文风之东渐》，《宁波党校学报》2005年第2期。

孔令宏：《儒道关系视野中的朱熹哲学》，中华大道出版社2000年版。

孔令宏：《浙东学派与道家、道教的关系初探——兼谈"浙学"》，《杭州师范大学学报》（社会科学版）2008年第3期。

孔令宏：《朱熹哲学与道家、道教》，河北大学出版社2001年版。

雷恩海：《陇右唐诗之路》，《光明日报》2019年10月28日。

李翱：《来南录》，明刻本。

李林甫：《唐六典》，中华书局1992年版。

李翔：《中晚唐五代藩镇文职幕僚研究》，南开大学2014年博士学位论文。

林晖：《浙东唐诗之路的兴衰原因及当代意义》，《台州学院学报》2019年第4期。

吕洪年：《积淀深厚的浙东运河文化》，《今日浙江》2005年第23期。

马悦宁：《唐代丝绸之路的盛衰与边塞诗风的嬗变》，《豳风论丛》2015年。

钱龙：《东魏北齐"胡汉冲突"下的汉化趋势》，山西大学2007年硕士学位论文。

钱茂竹：《试论唐诗之路的历史渊源》，《唐代文学研究》1996年。

邱志荣、吴鑑萍：《浙东唐诗之路新探》，《浙江水利水电学院学报》2019年第2期。

权德舆：《权载之文集》，上海古籍出版社2013年版。

任记国：《唐代浙江西道研究》，浙江大学2009年硕士学位论文。

任继愈：《天台宗与中国佛教》，《世界研究》1998年第2期。

申屠丹荣：《富春江文集》，浙江人民出版社1992年版。

申屠丹荣：《富春严陵钓台集》，百花出版社1999年版。

释成寻著，白化文、李鼎霞等点校：《参天台五台山记》，花山文艺出版社2008年版。

唐文卿、蒋祖云：《浙西的唐诗之路》，《浙江林业》1999年第3期。

唐燮军：《浙东唐诗之路是如何形成的》，《光明日报》2019年6月3日。

屠树勋：《浙江名胜》，北京航空工业出版社1993年版。

王鸣盛：《十七史商榷》，上海古籍出版社2016年版。

王溥：《唐会要》，中华书局1960年版。

王士性：《广志绎》，中华书局1997年版。

王树民：《廿二史札记校证》，中华书局1984年版。

王幸芳：《钱塘江诗词之路——从文化中寻找城市的意义》，《杭州周刊》2018年第25期。

魏一媚：《诗画富春，山水新安——论"两江一湖"山水诗文的旅游价值》，《齐齐哈尔大学学报》（哲学社会科学版）2012年第2期。

魏征：《隋书》，中华书局2019年版。

徐芳：《唐代诗歌中的陇右文化阐释》，陕西师范大学2015年博士学位论文。

徐嘉瑞：《中古文学概论》，上海亚东图书馆1924年版。

薛居正：《旧五代史》，中华书局1976年版。

杨晋：《〈诗经〉中的旅游活动浅析》，《文学教育》（上）2018年第12期。

雍际春：《陇右文化的基本特点及其地域特征》，《西北师大学报》（社会科学版）2006年第6期。

雍际春：《陇右文化研究刍议》，《敦煌学辑刊》2006年第2期。

雍际春：《论天水秦文化的形成及其特点》，《天水师范学院学报》2000年第4期。

郁贤皓：《唐刺史考》，江苏古籍出版社1987年版。

张秀铫：《剡藤纸刍议》，《中国造纸》1988年第6期。

郑樵：《通志》，浙江古籍出版社2000年版。

朱睦卿、李树凡：《浙西唐诗选》，建德市文联，1997年。

朱睦卿：《开发浙西"唐诗之路"》，《浙江学刊》1995年第6期。

竺岳兵：《李白"东涉溟海"行迹考》，载《唐代文学研究》（第一辑），山西人民出版社1988年版。

竺岳兵：《李白"移家东鲁"考》，载《中国李白研究1990年集》，江苏古籍出版社1991年版。

竺岳兵：《唐诗之路唐代诗人行迹考》，中国文史出版社2004年版。

竺岳兵：《唐诗之路唐诗总集》，中国文史出版社2003年版。

竺岳兵：《唐诗之路综论》，中国文史出版社2003年版。

竺岳兵：《剡溪——唐诗之路》，《唐代文学研究（第六辑）——中国唐代文学学会第七届年会暨唐代文学国际学术讨论会论文集》，1994年。

竺岳兵：《浙东唐诗之路与剡溪》，《科学24小时》2011年第7期。

附　录

附录一　浙东唐诗之路诗词信息整理

地区	诗名	作者	主要诗句	诗句内容相关要点	具体地点	贬谪相关	魏晋遗风	物品交流	佛道交流
浙东越	《初除浙东，妻有阻色，因以四韵晓之》	元稹	嫁时五月归巴地，今日双旌上越州	长庆三年（823）被调任为浙东观察使兼越州刺史		长庆元年（821）被贬为同州刺史			
	《渡汉江》	元稹	鲵鲸归穴东溟溢，又作波涛随伍员	①汉江奔流到海的气势②顺汉江而下的路线	汉江				
	《同崔十八寄元浙东王陕州》	白居易	镜湖水远何由泛，棠树枝高不易攀	镜湖的象征含义	镜湖				
	《早望海霞边》	李白	四明三千里，朝起赤城霞	四明山的自然风光描写	四明山				

续表

地区	诗名	作者	主要诗句	诗句内容相关要点	具体地点	贬谪相关	魏晋遗风	物品交流	佛道交流
浙东越	《金陵酬李翰林谪仙子》	魏万	南游吴越遍……雪上天台山	为遇李白而多次游吴越，登天台山	天台山				
	《寄李白》	任华	登天台，望渤海	登天台山远眺	天台山				
	《赠厉玄侍御》	周贺	山松径与瀑泉通，巾舄行吟想越中	对于越中地区美景的留恋					
	《送皇甫大夫赴浙东》	韩翃	豪贵东山去，风流胜谢安	对于东山的描述	东山		谢安石		
	《送惠师》	韩愈	遥登天台望，众壑皆嶙峋	登天台山眺望周围山势嶙峋	天台山				佛教惠师即元惠
	《投浙东王大夫二十韵》	罗隐	越岭千峰秀，淮流一派长	越岭的美丽风景					
	《送友人向括州》	李适	委迤吴山云，演漾洞庭水	吴山云雾缭绕美景可以与洞庭湖媲美					
	《送浙东陆中丞》	朱庆余	自爱此身居乐土，咏歌林下日忘疲	对于浙东乐土宜居的环境的肯定					
	《早发天台中岩寺度关岭次天姥岑》	许浑	星河半落岩前寺，云雾初开岭上关	对中岩寺以及周边环境的描写	中岩寺				东汉刘晨阮肇遇仙
	《送张厚浙东谒丁常侍》	许浑	青山有雪松当涧，碧落无云鹤出笼	对于浙东山势环境的描绘					

续表

地区	诗名	作者	主要诗句	诗句内容相关要点	具体地点	贬谪相关	魏晋遗风	物品交流	佛道交流
浙东越	《默坐》	齐己	冥心坐满蒲团稳，梦到天台过剡溪	对与天台山及剡溪的美好想象	天台、剡溪				
	《送浙东王大夫》	薛能	渤獬流东鄙，天台压属城	对于天台山气势上的描绘	天台山				
	《舟中送李八》	皇甫冉	远水迢迢分手去，天边山色待人来	对于吴越之水的描绘					
	《南岭路》	朱庆余	越岭向南风景异，人人传说到京城	吴越美景在当时广为人知					
	《吐绶鸟词》	刘禹锡	四明天姥神仙地，朱鸟星精钟异气	四明山天姥山在作者心中的美好地位	四明山				
	《送崔功曹赴越》	高适	今朝欲乘兴，随尔食鲈鱼	鲈鱼作为吴越的美食代表多次被写入诗中					
	《元微之除浙东观察使，喜得杭越邻州，先赠长句》	白居易	稽山镜水欢游地，犀带金章荣贵身	会稽山与镜湖的欢游	会稽山、镜湖				
	《酬浙东元尚书见寄绫素》	张籍	越地缯纱纹样新，远封来寄学曹人	（学曹：国子监）缯纱在当时已具有较强的知名度				缯纱	
	《送顾少府》	项斯	行程须过越，先醉镜湖花	镜湖美景的广为人知	镜湖				
	《江南织绫词》	施肩吾	卿卿买得越人丝，贪弄金梭懒画眉	说明了越丝的畅销				丝绸	

地区		诗名	作者	主要诗句	诗句内容相关要点	具体地点	贬谪相关	魏晋遗风	物品交流	佛道交流
浙东越		《兰溪棹歌》	戴叔伦	凉月如眉挂柳湾，越中山色镜中看	越中美景与山水的不可分割性					
干线	越州唐会稽郡	《送青阳上人游越》	孟郊	江僧何用叹，溪县饶寂寞	溪县风景与诗人内心情感的呼应	溪县				
		《自洛之越》	孟浩然	山水寻吴越，风尘厌洛京	将吴越与洛阳对比突出其山水地位					
		《越中逢天台太乙子》	孟浩然	仙穴逢羽人，停舻向前拜	天台山的描绘以及对于道教文化的记述	天台山				仙穴、羽人
		《送纪秀才游越》	李白	送尔游华顶，令余发岛吟	说明了唐代时期游越即有华顶这一景点	华顶				
		《送越客》	张籍	春云剡溪口，残月镜湖西	诗中还提到了会稽、剡溪、镜湖，可见其闻名遐迩	剡溪、镜湖				
		《送朱庆余及第归越》	张籍	湖声莲叶雨，野气稻花风	在当时也有送人回越而留下的诗句					
		《闻友人入越幕因以诗相赠》	罗邺	稽岭春生酒冻销，烟鬟红袖悖娇饶	会稽山与美人作比描绘其美景	会稽山				
		《送越客归》	刘得仁	到家冬即是，荷尽若耶溪	将故乡与若耶溪作比	若耶溪				
		《采莲曲二首》	王昌龄	荷叶罗裙一色裁，芙蓉向脸两边开	荷叶罗裙在当时作为江南女子的服饰广为人知				罗裙	

续表

地区		诗名	作者	主要诗句	诗句内容相关要点	具体地点	贬谪相关	魏晋遗风	物品交流	佛道交流
干线	越州唐会稽郡	《送崔处士先适越》	刘长卿	越鸟闻花里，曹娥想镜中	对越州鸟语花香的描绘					
		《送人游越》	刘长卿	梅市门何在，兰亭水尚流	梅市：相传汉梅福避王莽乱至会稽，人多依之，遂为市	会稽山		梅市、兰亭曲水		
		《送谢孝廉移家越州》	权德舆	从此幽深去，无妨隐姓名	去越州归隐山水的行为在当时确有			归隐山水		
		《越州观察使差人问师以禅住持依律住持师以偈答》	灵默	俨茶两三坑，意在镬头边	题目中越州观察使差人问师禅					统治阶层也趋于佛教
		《送越州辛法曹之任》	李嘉祐	王谢登临处，依依今尚存	引用王羲之与谢安登临会稽以咏会稽	会稽山		王羲之与谢安石		
		《送薛良史往越州谒从叔》	崔峒	遥想兰亭下，清风满竹林	引用兰亭竹林以喻其高洁			兰亭		
		《送越州高录事》	喻凫	笋成稽岭岸，莲发镜湖香	将会稽山与镜湖周边生长植物进行了描绘	会稽山、镜湖				
		《越州怀古》	张祜	行寻王谢迹，望望登绝岭	描绘了山势的同时在怀念王谢的登临	会稽山		王羲之与谢安石		

312

地区		诗名	作者	主要诗句	诗句内容相关要点	具体地点	贬谪相关	魏晋遗风	物品交流	佛道交流
干线	越州唐会稽郡	《送无可上人游越》	姚合	懒读经文求作佛，愿攻诗句觅成仙	作者对于佛教道教的描述					佛教与道教在诗人中的发展
		《久滞越中，贻谢南池、会稽贺少府》	孟浩然	怀仙梅福市，访旧若耶溪	梅福的典故	若耶溪			梅市	
		《送谢录事之越》	孟浩然	仙书倘相示，予在此山陲	对于山势与道教文化的联系					仙书
		《游越溪》	郑绍	溪水碧悠悠，猿声断客愁	对于越溪及周围景物的描写	越溪				
		《缭绫念女工之劳也》	白居易	织为云外秋雁行，染作江南春水色	对于织物的花纹以及颜色的描述				缭绫	
	会稽山	《绝句》	无名氏	尽日会稽山色里，蓬莱清浅水仙家	会稽山色的绚丽多彩	会稽山				
		《送裴秀才往会稽山读书》	皎然	吟诗山响答，泛瑟竹声和	在诗人的笔下会稽山具有的文学色彩	会稽山				
		《涂山怀古》	陈陶	涂山间来上，敬爱如登龙	涂山即东山在人们心中的重要地位	东山				
	钱塘江	《横江词六首》	李白	浙江八月何如此，涛似连山喷雪来	钱塘江潮的描绘	钱塘江				
		《旅次钱塘》	方干	潮落海人散，钟迟秋寺深	江潮过后江面的平静与诗人内心的孤寂相呼应	钱塘江				

续表

地区		诗名	作者	主要诗句	诗句内容相关要点	具体地点	贬谪相关	魏晋遗风	物品交流	佛道交流
干线	钱塘江	《秋日钱塘作》	齐己	海浸全吴白，山澄百越青	钱塘江潮涨时的盛况与山势交相辉映	钱塘江				
	西陵	《应举题钱塘公馆》	周匡物	钱塘江口无钱过，又阻西陵两信潮	钱塘江潮水与其周围渡口城堡西陵的关系	钱塘江、西陵				
		《江南行》	罗隐	西陵路边月悄悄，油碧轻车苏小小	西陵的描述	西陵				
		《送契上人游扬州》	皎然	西陵古江口，远见东扬州	西陵自古以来就是重要江口	西陵				
		《西陵道士茶歌》	温庭筠	仙翁白扇霜乌翎，拂坛夜读黄庭经	仙翁拂坛读经的描绘	西陵				
		《解闷十二首》（其一）	杜甫	商胡离别下扬州，忆上西陵故驿楼	记录西陵遗存的驿楼	西陵驿楼				
		《答微之泊西陵驿见寄》	白居易	烟波尽处一点白，应是西陵古驿台	对于古驿台与周边环境的描述	西陵驿楼				
		《送李司直归浙东幕兼寄鲍行军持大夫初拜东平郡王》	朱湾	人从北固山边去，水到西陵渡口分	对于当时地理环境的记述	北固山、西陵				
	渔浦	《送客之杭》	牟融	帆带夕阳投越浦，心随明月到杭州	渔浦与杭州的联系	渔浦				

续表

地区		诗名	作者	主要诗句	诗句内容相关要点	具体地点	贬谪相关	魏晋遗风	物品交流	佛道交流
干线	渔浦	《漳州于使君罢郡如之任漳南去上国二十四州使君无非亲故》	方干	漳南罢郡如之任，二十四州相次迎	被免官后对事物的思考	渔浦	被免官			
	萧山	《送王居士游越》	皎然	何山最好望，须上萧然岭	对于萧山风景的肯定	萧山				
		《送友人南游》	刘长卿	旅逸同群鸟，悠悠往复还	对于萧山中闲适的感受的描述	萧山				
	柯桥	《宿宣义池亭》	刘得仁	暮色绕柯亭，南山幽竹青	对于柯亭与周边景物的描述	柯亭				
		《客有说》	白居易	中有仙龛虚一室，多传此待乐天来	海上楼台的写意描述为仙人的住所	柯水				仙龛
		《咏史诗·柯亭》	胡曾	一宿柯亭月满天，笛亡人没事空传	柯亭在夜色下的景色	柯亭		桓伊吹笛		
		《伊山》	张祜	桓伊曾弄柯亭笛，吹落梅花万点香	对于魏晋风度的追寻	柯亭		桓伊吹笛		
	越州州治	《江上寄山阴崔少府国辅》	孟浩然	山阴定远近，江上日相思	对于山阴地区的描述	山阴		兰亭集会		
		《寄山阴李处士（残句)》	喻凫	一别山阴诗酒客，水风花片梦兰亭	山阴诗酒与兰亭集会作比	山阴		兰亭集会		
		《雪中寄殷道士》	方干	山阴道士吟多兴，六出花边五字成	山阴道士对于吟诗能力的记述	山阴				山阴道士

续表

地区		诗名	作者	主要诗句	诗句内容相关要点	具体地点	贬谪相关	魏晋遗风	物品交流	佛道交流
干线	越州州治	《紫阳真人歌》	卢象	镜湖之水含香冥，会稽仙洞多精灵	山阴地区的道教文化	镜湖、会稽				道教文化
		《送王六觐巢县叔父二首》	李涉	老来放逐潇湘路，泪滴秋风引献之	被贬谪放逐后内心的痛苦	山阴	被放逐			
		《送扶炼师》	薛涛	山阴妙术人传久，也说将鹅与右军	山阴妙术相传已久	山阴				山阴妙术
		《送姚合郎中任杭州》	刘得仁	会稽山隔浪，天竺树连城	对会稽山与杭州地理位置的记述	会稽山				
		《支公诗》	皎然	山阴诗友喧四座，佳句纵横不废禅	山阴地区以诗会友的文化	山阴				
		《送欧阳会稽之任兼呈陈处士》	王昌龄	怀禄贵心赏，东流山水长	心情与景物之间的联系	山阴	被受任			
		《送王协律游杭越十韵》	元稹	去去莫凄凄，余杭接会稽	余杭和会稽的地理位置关系	会稽				
	戢山	《送广利大师东归》	吴融	戢山如重到，应老旧云根	戢山的象征意义	戢山				佛教归根
		《夏与熊王二秀才同宿僧院》	武元衡	境空宜入梦，藤古不留春	环境也是虚境	戢山				
	塔山	《宝林寺作》	徐浩	孤岫龟形在，深泉鳗井开	对于宝林山（即塔山）的山势描述	宝林山寺				佛教寺庙
		《题宝林山禅院》	方干	山捧亭台郭绕山，遥盘苍翠到山巅	宝林山山脉的壮阔场景描绘	宝林山寺				佛教寺庙

316

续表

地区		诗名	作者	主要诗句	诗句内容相关要点	具体地点	贬谪相关	魏晋遗风	物品交流	佛道交流
干线	塔山	《再游应天寺圣母阁》	李绅	越地灵踪多少处，伽蓝难尚此楼台	越在当时已经有了许多"灵踪"	应天寺				佛教建筑
	龙山	《登卧龙山偶成》	钱弘倧	四望楼台无限景，槛前赢得且徘徊	龙山周围的美景	龙山				
		《叙钱塘异胜》	方干	谢公吟处依稀在，千古无人继盛名	对于谢安的敬仰以及对于美景的感叹			谢安吟诗		
		《题越台》	张泊	何必服金丹，飞身向蓬阙	对于越台在道教地位上的肯定	越王台				道教象征含义
		《登蓬莱阁怀武肃王》	钱弘倧	飞昂叠栱重装束，刻槛雕瓦又葺成	对于蓬莱阁的建筑描述	蓬莱阁				
		《将欲南行陪崔八宴海榴亭》	李群玉	朝宴华堂暮未休，几人偏得谢公留	在海榴亭对于谢安的敬仰追忆	海榴亭		谢安		
		《郡宅中斋》	宋之问	灵越多秀士，运阃无由面	对于越地多有才人的描述					
	镜湖	《酬乐天雪中见寄》	元稹	镜水绕山山尽白，琉璃云母世间无	对于镜水与周围山脉关系的描述	镜湖				
		《相和歌辞·子夜四时歌四首·夏歌》	李白	镜湖三百里，菡萏发荷花	镜湖荷花夏日的美景以及对镜湖长度的夸大	镜湖				
		《别郑仁表》	张蠙	春雷醉别镜湖边，官显才狂正少年	镜湖边不仅有美景，也是聚会常去的场所	镜湖				

续表

地区		诗名	作者	主要诗句	诗句内容相关要点	具体地点	贬谪相关	魏晋遗风	物品交流	佛道交流
干线	镜湖	《代诸妓赠送周判官》	白居易	妓筵今夜别姑苏，客棹明朝向镜湖	镜湖上举办宴会以及送别	镜湖				
		《送浙东周判官》	朱庆余	到日重陪丞相宴，镜湖新月在城楼	镜湖美景与送别场景	镜湖				
		《泛镜湖（题不全）》	王贞白	时无贺宾客，谁识谪仙人	对于镜湖美景却无心欣赏		被贬谪			
		《湖中别鉴上人》	宋之问	自有灵佳寺，何用沃洲禅	镜湖附近的佛教寺庙	灵佳寺				佛教寺庙
		《陪浙西王侍郎夜宴》	章碣	稽岭好风吹玉佩，镜湖残月照楼台	将会稽山与镜湖进行了描述	会稽山、镜湖				
	龟山	《题龟山穆上人院》	方干	床上水云随坐夏，林西山月伴行禅	龟山的景色与禅意	龟山				佛教寺庙
		《龟山寺晚望》	张蠙	四面湖光绝路岐，鹧鸪飞起暮钟时	龟山寺周围美景充满了生机	龟山寺				佛教寺庙
	方干岛	《越中言事二首》	方干	郭中云吐啼猿寺，山上花藏调角城	方干对于现方干岛在当年的美景的称赞	方干岛				
		《寄题方干处士镜湖别墅》	郑谷	山雪照湖水，漾舟湖畔归	对于方干住处的宁静环境的描述	方干别墅				
		《镜湖西岛言事寄陶校书》	方干	知音不延荐，何路出泥尘	方干对于自身不得志的抒怀		报国无门			

续表

地区		诗名	作者	主要诗句	诗句内容相关要点	具体地点	贬谪相关	魏晋遗风	物品交流	佛道交流
干线	方干岛	《初归镜中寄陈端公》	方干	故交若问逍遥事，玄冕何曾胜苎衣	玄冕代指官场生活，诗人的内心闲适		报国无门后淡泊名利			
		《赠方干先生》	翁洮	独向若耶溪上住，谁知不是钓鳌人	体现了当时一众诗人对于方干的敬仰					
	严维宅	《岁初喜皇甫侍御至》	严维	明朝别后门还掩，修竹千竿一老身	严维对于自己住宅的描述	严维宅				
	东镜湖	《秋夜宿严维宅》	皇甫冉	君住东湖下，清风继旧踪	说明了严维宅的地理位置位于东湖	严维宅				
	贺知章故居	《送贺秘监归会稽诗》	康骈	紫禁辞明主，青溪访羽人	送贺知章归会稽山	会稽山				
		《送贺宾客归越》	李白	山阴道士如相见，应写黄庭换白鹅	将贺知章与仙人对比	山阴				道教文化
		《对酒忆贺监二首》	李白	人亡余故宅，空有荷花生	表现了李白对于贺知章的怀念，用荷花作比衬托其品行					
		《经故贺宾客镜湖道士观》	朱放	空余道士观，谁是学仙人	将贺知章以仙人作比					道教文化
		《回乡偶书》	贺知章	唯有门前镜湖水，春风不改旧时波	贺知章对于故乡的怀念以及与镜湖的地理位置关系	镜湖				
	湖塘	《游竹林寺》	方干	曙月落松翠，石泉流梵声	月光的流动性以及静谧氛围的描写	竹林寺				佛教寺庙
		《项王庙》	灵一	拔山力尽乌江水，今日悠悠空浪花	感逝项羽同时将环境加以描写	项王庙				纪念性建筑

续表

地区		诗名	作者	主要诗句	诗句内容相关要点	具体地点	贬谪相关	魏晋遗风	物品交流	佛道交流
干线	湖塘	《和令狐侍郎、郭郎中题项羽庙》	孟郊	碧草凌古庙，清尘锁秋窗	将当时项羽庙的周边环境情况加以描述	项王庙				
	兰亭	《送稽亭山寺僧》	张籍	师住稽亭高处寺，斜廊曲阁倚云开	将稽亭山上位于高处的寺庙环境加以描述	稽山寺				佛教建筑
		《寄在朝郑曹独孤李四同年》	李商隐	不因醉本兰亭在，兼忘当年旧永和	对于物是人非的感叹	兰亭				
	法华山	《书法华寺上方禅壁》	方干	卧闻雷雨归岩早，坐见星辰去地低	将法华寺地理位置与山体位置进行了描述	法华寺				佛教建筑
		《题法华寺绝顶禅家壁》	方干	苍翠岩峣逼窅冥，下方雷雨上方晴	将法华寺的高度进行了比喻可知其位于山势较高处	法华寺				佛教建筑
		《题越州法华寺》	吴融	寺在五峰阴，穿缘一径寻	将寺庙地理位置进行了较为清晰地描述	法华寺				
		《题法华山天衣寺》	白居易	山为莲宫作画屏，楼台迤逦插青冥	将寺庙与山体的位置关系加以描述	法华寺(天衣寺)				
	秦望山	《秦望山僧院》	罗隐	霸主卷衣才二世，老僧传锡已千秋	对比体现秦朝统治的灰暗以至暗无天日	秦望山				
		《登秦望山》	薛据	南登秦望山，目极大海空	传说中秦王在此处登高望东海	秦望山				
		《送李秀才入京》	顾况	君向长安余适越，独登秦望望秦川	表达思念同时将秦望山与今西安地理方位进行了分析	秦望山				

续表

地区		诗名	作者	主要诗句	诗句内容相关要点	具体地点	贬谪相关	魏晋遗风	物品交流	佛道交流
干线	云门山	《云门山投龙诗》	赵居贞	晓登云门山，直上一千尺	将云门山的高度进行了夸张比喻	云门山				
		《再游云门》	方干	僧老终无出山意，岩猿涧鸟莫相猜	对于云门山的禅境的描绘	云门山				禅意
		《寄云门亮师》	卢象	玄度常称支道林，南山隐处白云深	对于云门山内佛教传承的记述	云门山		东晋高僧支道林		佛教的传承
		《赴无锡寄别灵一净虚二上人云门所居》	皇甫冉	高僧本姓竺，开士旧名林	对于东晋高僧支道林的描述	云门寺		支道林		佛教
		《酬皇甫冉将赴无锡，于云门寺赠别》	灵一	春山子敬宅，古木谢敷家	对于旧迹的记述	云门寺		王子敬、谢敷		
		《游云门寺》	德圆	晋代云门寺，寻常岂易名	说明了云门寺自晋代就是游览之处了	云门寺				
		《灵澈上人何山寺七贤石诗》	皎然	七石配七贤，隐僧山上移	提及了竹林七贤	云门寺		竹林七贤		
	宛委山	《答微之见寄》（时在郡楼对雪）	白居易	禹庙未胜天竺寺，钱湖不美若耶溪	诸多地点的提及	大禹庙				
		《题天柱山图》	戴叔伦	拔翠五云中，擎天不计功	体现了天柱山的高度	天柱山				
		《游天柱观》	李郢	听钟到灵观，仙子喜相寻	对于天柱观的记述	天柱观				道观

续表

地区		诗名	作者	主要诗句	诗句内容相关要点	具体地点	贬谪相关	魏晋遗风	物品交流	佛道交流
干线	若耶溪	《上巳日越中与鲍侍郎泛舟耶溪》	刘长卿	旧浦满来移渡口，垂杨深处有人家	耶溪在当时的生活上是一个具有烟火气息的地方	若耶溪				
	若耶溪	《赠鸟窠和尚诗》	白居易	空门有路不知处，头白齿黄犹念经	对于鸟窠禅师的敬仰					鸟窠禅师
		《泛若耶溪》	丘为	结庐若耶里，左右若耶水	对于若耶溪的水面宽广程度进行了夸张	若耶溪				
		《皇甫岳云溪杂题五首·鸟鸣涧》	王维	月出惊山鸟，时鸣春涧中	对于山脉与周围环境的声音关系描写					
	称心寺	《称心寺中岛》	方干	中州唯此地，上界别无天	对于中岛的赞美	称心寺				佛教寺庙
		《游称心寺》	宋之问	释事怀三隐，清襟谒四禅	对于称心寺禅意的描述	称心寺				佛教寺庙
		《称心寺》	骆宾王	为乐凡几许，听取舟中琴	对于称心寺周围环境的描述	称心寺				佛教寺庙
	上虞县治	《游仙四首》	王绩	蔡经新学道，王烈旧成仙	对于此处道教典故的记述					蔡经和王绩的道教传说
		《送上虞丞》	权德舆	越郡佳山水，菁江接上虞	将上虞与周边河流的关系进行了简述	上虞				
		《征君宅》	许景先	上虞佳山水，晚岁耽隐沦	夸赞上虞山水	上虞				

续表

地区		诗名	作者	主要诗句	诗句内容相关要点	具体地点	贬谪相关	魏晋遗风	物品交流	佛道交流
干线	曹娥	《后汉门·曹娥》	周昙	不入重泉寻水底，此生安得见沈魂	对于曹娥的惋惜					
		《题曹娥庙》	赵嘏	青娥埋没此江滨，江树飕飕惨暮云	对于曹娥的怜惜	曹娥庙				
	小舜江	《小江怀灵一人》	皇甫	江上年年春早，津头日日人行	对于江边人们的行为活动的描述	小舜江				
		《小江驿送陆侍御归湖上山》	陈羽	今夜渡江何处宿，会稽山在月明中	对于小舜江与会稽山的位置关系的描述	小舜江、会稽山				
	四明山	《闲居言怀》	李中	闲听九秋雨，远忆四明僧	对于四明山上寺庙的间接描述	四明山				佛教寺庙
		《宿四明山》	施肩吾	下视不知几千仞，欲晓不晓天鸡声	对于四明山的高度进行了夸张	四明山				
		《同诸隐者夜登四明山》	施肩吾	相呼已到无人境，何处玉箫吹一声	对于四明山的神话	四明山				道教文化
		《四明山诗·过云》	陆龟蒙	相访一程云，云深路仅分	对于四明山云雾缭绕的景象进行了描绘	四明山				
		《题四明金鹅寺壁》	吕岩	问伊方丈何寂寥，道是虚空也不着	四明金鹅寺的象征含义	四明山金鹅寺				佛教寺庙
		《归四明》	胡幽贞	海色连四明，仙舟去容易	四明山景色的描述	四明山				

续表

地区		诗名	作者	主要诗句	诗句内容相关要点	具体地点	贬谪相关	魏晋遗风	物品交流	佛道交流
干线	东山	《题谢公东山障子》	白居易	唯有风流谢安石，拂衣携妓入东山	对于谢安石的敬仰	东山		谢安石		
		《东山吟》	李白	携妓东土山，怅然悲谢安	对于谢安的缅怀与感叹	东山		谢安石		
		《咏史诗·东山》	胡曾	不知携妓重来日，几树莺啼谷口风	以现在景物的描述来反映内心对故人的敬仰	东山		谢安石		
		《东山寺》	张祜	半夜四山钟磬尽，水精宫殿月玲珑	东山寺的美好风景	东山寺				佛教寺庙
	剡县	《和袁郎中破贼后经剡县山水上太尉》	李嘉祐	破竹清闽岭，看花入剡溪	剡溪美景的描绘	剡县				
		《崔驸马宅咏画山水扇》	梁锽	小含吴剡县，轻带楚扬州	剡县美景	剡县				
	始宁	《赠送朱放》	严维	欲依天目住，衡自始宁移	对于始宁的记述	始宁				
		《新楼诗二十首·龙宫寺》	李绅	银地溪边遇衲师，笑将花宇指潜知	龙宫寺的佛教象征	龙宫寺				佛教寺庙
		《题湖上兰若示清会上人》	皎然	峰心惠忍寺，嵊顶谢公山	对于谢安石的敬仰，以及对于寺庙环境的描述	惠忍寺				
		《题都庆观》	杜光庭	三仙一一驾红鸾，仙去云闲绕古坛	都庆观现在的破败现状	都庆观				

地区		诗名	作者	主要诗句	诗句内容相关要点	具体地点	贬谪相关	魏晋遗风	物品交流	佛道交流
干线	剡中剡中	《送严维归越州》	李嘉祐	春日偏相忆，裁书寄剡中	对于故乡的思念	剡中				
		《夏日寓居寄友人》	齐己	日月坐销江上寺，清凉魂断剡中山	江上寺与剡中山的记述	江上寺、剡中				
		《和袁郎中破贼后经剡中山水》	皇甫冉	旌旗回剡岭，士马濯耶溪	战争胜利后的喜悦体现在山水景观的各个地方	剡山、若耶溪				
		《送剡客》	赵嘏	若到天台洞阳观，葛洪丹井在云涯	对于天台山洞阳观在道教文化传播地位上的肯定	洞阳观		葛洪		
		《剡纸歌》	顾况	剡溪剡纸生剡藤，喷水捣后为蕉叶	讲述了剡纸的材质以及制作过程				剡纸	
		《送许丞相还洛阳》	皎然	剡茗情来亦好斟，空门一别肯沾襟	对于剡茗的记述				剡茗	
		《二游诗·徐诗》	皮日休	宣毫利若风，剡纸光与月	形容剡纸的光泽				剡纸	
	剡溪	《剡溪馆闻笛》	丁仙芝	夜久闻羌笛，寥寥虚客堂	在剡溪馆里听到笛声而思乡的心情	剡溪				
		《送荀八过山阴旧县，兼寄剡中诸官》	刘长卿	剡溪多隐吏，君去道相思	说明了在当时剡溪是一个环境优美且多隐士的地方	剡溪				
		《淮海对雪赠傅霭》	李白	兴从剡溪起，思绕梁园发	将剡溪与西汉著名园林梁园作比体现其重要地位	剡溪		西汉梁园		

续表

地区		诗名	作者	主要诗句	诗句内容相关要点	具体地点	贬谪相关	魏晋遗风	物品交流	佛道交流
干线	剡溪	《赠道士》	张籍	茅山近别剡溪逢，玉节青旄十二重	说明了剡溪的地理位置在一定程度下也影响了道教文化	剡溪				道教文化
		《饮茶歌诮崔石使君》	皎然	素瓷雪色缥沫香，何似诸仙琼蕊浆	描述了剡溪茗茶的色香味				剡茶	
		《送王十一郎游剡中》	元稹	百里油盆镜湖水，千峰钿朵会稽山	描绘了镜湖与会稽山的美景	镜湖、会稽山				
	剡山	《赠微上人》	刘长卿	禅门来往翠微间，万里千峰在剡山	将剡山山势的连绵表现了出来	剡山				
		《赠灵澈禅师》	灵一	禅师来往翠微间，万里千峰到剡山	将剡山山势的连绵表现了出来	剡山				
		《剡县法台寺灌顶坛诗》	张继	试问因缘者，清溪无数沙	将剡溪中的沙与芸芸众生作比	剡溪				佛教文化
	剡县县治	《寄剡县主簿》	罗隐	金庭养真地，珠篆会稽官	将剡县比作道教养真地，体现其重要性	剡县				道教文化
	金庭山	《宿金庭观》	小白	羽客相留宿上方，金庭风月冷如霜	将金庭观的道教文化色彩烘托得更加生动	金庭观				道观建筑
		《王右军宅》	裴通	鱼吞左慈钓，鹅踏右军池	将道教人物左慈与王羲之相比	王羲之宅		王羲之		
		《右军墨池》	刘言史	至今池水涵余墨，犹共诸泉色不同	对于王羲之的敬仰以及怀念	王羲之宅		王羲之		

续表

地区		诗名	作者	主要诗句	诗句内容相关要点	具体地点	贬谪相关	魏晋遗风	物品交流	佛道交流
干线	白石山	《下鹿苑寺》	大荼宗	鹿苑重兴梵宇宽，天台罗汉逐云端	对于鹿苑的生动描绘	鹿苑寺				佛教建筑
		《题招隐寺》	张祜	竹光寒闭院，山影夜藏楼	对于招隐寺环境的描述	招隐寺				佛教寺庙
剡东（新昌）	东溪	《山中别李处士》	王绩	为向东溪道，人来路渐赊	形容东溪处的道路与人来往的频繁程度	东溪				
		《惠福寺与陈留诸官茶会》	刘长卿	能令归客意，不复还东溪	对于惠福寺的环境描写	惠福寺				
		《宋少府东溪泛舟》	李欣	落日乘醉归，溪流复几许	将东溪与诗人的感受融汇	东溪				
		《同严逸人东溪泛舟》	钱起	渔舟在溪水，曾是敦凤尚	泛舟东溪之上的感受	东溪				
	石城山	《腊月八日于剡县石城寺礼拜》	孟浩然	竹柏禅庭古，楼台世界稀	对于石城寺周围环境的描述	石城寺				佛教寺庙
		《题宝相寺》	南粤	倚岩开半殿，凿石见全身	对于石城寺的地理位置即居岩旁进行了描述	石城寺				佛教寺庙
		《早发剡中石城寺》	赵嘏	竹户半开钟未绝，松枝静霁鹤初还	石城寺周边植物	石城寺				佛教寺庙
		《游南明山》	唐彦谦	石磴千叠斜，峭壁半空起	对于石城山山势的描述	石城山				
		《石头城寺》	张祜	连檐金像阁，半壁石龛廊	对于石城寺进行了描述	石城寺				佛教寺庙

续表

地区		诗名	作者	主要诗句	诗句内容相关要点	具体地点	贬谪相关	魏晋遗风	物品交流	佛道交流
剡东（新昌）	南岩	《山寺喜道者至》	齐己	知住南岩久，冥心坐绿苔	对于南岩佛教文化的记述	南岩				佛家文化
	穿岩	《秋夜忆兴善院寄苗发》	司空曙	右军多住寺，此夜后池秋	对于王羲之的敬仰以及怀念	兴善寺				佛教寺庙
	卧洲山卧洲山	《赴无锡别灵一上人》	郎士元	一入春山里，千峰不可寻	对于沃洲山的环境的描述	沃洲山				
		《寄剡中友人》	马戴	沃洲僧几访，天姥客谁过	对于沃洲山与天姥山的关系的描述	沃洲山				
		《送方外上人》	刘长卿	莫买沃洲山，时人已知处	对于东晋高僧支遁向竺道潜买山的典故	沃洲山		东晋高僧买山		佛教文化
		《游淮云寺》	牟融	白云深锁沃洲山，冠盖登临众仰攀	对于沃洲山山势险峻且高耸的描述	沃洲山				
		《送僧归天竺》	崔涂	忽忆曾栖处，千峰近沃州	对于沃州周围的山势环境的描述	沃州山				
		《送僧择栖游天台山二首》	鲍溶	师问寄禅何处所，浙东青翠沃洲山	对于沃洲山生机勃勃的描述	沃洲山				
	岣山	《过隐空和尚故居》	刘长卿	寥落东峰上，犹堪静者依	对于剡东峰的描述	岣山				
		《宿立公房》	孟浩然	支遁初求道，深公笑买山	对于东晋高僧的敬仰	岣山		东晋高僧买山		佛教文化
	桃源	《刘阮洞中遇仙子》	曹唐	天和树色霭苍苍，霞重岚深路渺茫	对于山势的描述及对于山中小路的深邃的烘托	桃源		刘阮遇仙		道教传说

续表

地区		诗名	作者	主要诗句	诗句内容相关要点	具体地点	贬谪相关	魏晋遗风	物品交流	佛道交流
剡东（新昌）	桃源	《仙子送刘阮出洞》	曹唐	殷勤相送出天台，仙境那能却再来	道教传说	桃源				
		《晓过郁林寺戏呈李明府》	许浑	山崦登楼寺，溪湾泊晚樯	对于傍晚郁林寺周围景观环境的描述	郁林寺				
		《题春台观》	薛逢	便拟寻溪弄花去，洞天谁更待刘郎	道教传说	桃源				
	天姥岑	《壮游》	杜甫	剡溪蕴秀异，欲罢不能忘	对于剡溪多人才的赞扬	剡溪				
		《梦游天姥吟留别》	李白	天姥连天向天横，势拔五岳掩赤城	对于天姥山山势宏伟的描述	天姥山				
		《天姥岑望天台山》	灵澈	有时半不见，崔嵬在云中	从天姥山望天台山的场景	天姥山、天台山				
		《登天姥》	李敬方	天姥三重岭，危途绕峻溪	对于天姥山的描述	天姥山				
	天台山	《送僧归天台》	贾岛	石涧双流水，山门九里松	对于山势的描述	天台山				
		《赠天台叶尊师》	方干	常时爱缩山川去，有夜自携星月来	描述了天台山的高耸	天台山				
		《赠道者》	刘沧	真趣淡然居物外，忘机多是隐天台	对于天台山多隐居的人才的记述	天台山				

续表

地区		诗名	作者	主要诗句	诗句内容相关要点	具体地点	贬谪相关	魏晋遗风	物品交流	佛道交流
剡东（新昌）	天台山	《赠天台隐者》	刘沧	天开宿雾海生日，水泛落花山有风	对于天台山优美的环境的赞美	天台山				
		《与湛上人院画松》	刘商	猷公曾住天台寺，阴雨猿声何处闻	对于天台寺的描述	天台寺				佛教寺庙
		《题慈恩寺元遂上人院》	许棠	月云开作片，枝鸟立成行	对于天台山山势以及与周边景物的关系	天台山				
		《送项山人归天台》	杜荀鹤	此中是处堪终隐，何要世人知姓名	描述天台山适合归隐而被许多人选择	天台山				
		《长安夜访澈上人》	李郢	闻说天台旧禅处，石房独有一龛灯	对于天台山充满禅意的描写	天台山				佛教文化
		《送人之天台》	李洞	浅井仙人境，明珠海客灯	对于天台山道教文化的记述	天台山				道教文化
		《灵隐寺》	宋之问	待入天台路，看余度石桥	描述了灵隐寺与天台山的位置关系	灵隐寺				佛教寺庙
		《送杨道士往天台》	张九龄	鬼谷还成道，天台去学仙	说明了天台山在道教文化中的重要地位	天台山				道教文化
		《诗》	拾得	岩中深处坐，说理及谈玄	对天台山山势及环境的描述	天台山				
		《赠毛仙翁》	元稹	仙驾初从蓬海来，相逢又说向天台	天台山的道教文化传送	天台山				道教文化
		《禅林寺》	无可	台山朝佛陇，胜地绝埃氛	天台山的佛教文化	禅林寺				佛教寺庙

续表

地区		诗名	作者	主要诗句	诗句内容相关要点	具体地点	贬谪相关	魏晋遗风	物品交流	佛道交流
剡东（新昌）	天台山	《赠天台王处士》	林嵩	深隐天台不记秋，琴台长别一何愁	描述归隐天台山后的景物与内心感受	天台山				
	合州	《寄台州孙从事百篇》	方干	圣世科名酬志业，仙州秀色助神机	对于台州的人杰地灵加以描述	台州				
		《送僧之台州》	李郢	独寻台岭闲游去，岂觉灵溪道里赊	将台州与灵溪作比描述其动人	台州				
		《送人归台州》	施肩吾	醉后不忧述客路，遥看瀑布识天台	描述了天台山的瀑布的高耸	天台山				
		《题台州隐静寺》	王建	隐静灵仙寺天凿，杯度飞来建岩壑	隐静寺的地理位置险峻	隐静寺				佛教寺庙
	唐兴县	《霁后登唐兴寺水阁》	杜荀鹤	一雨三秋色，萧条古寺间	雨后的唐兴寺带着一些萧条的气氛，烘托了思乡的氛围	唐兴寺				佛教寺庙
	石桥	《新楼诗二十首·琪树》	李绅	石桥峰上栖玄鹤，碧阙岩边荫羽人	将石桥峰的道教文化氛围强烈地烘托了出来	石桥峰				道教文化
		《石桥》	寒山	瀑布千丈流，如铺练一条	对石桥山的瀑布以白练作比，表现其流动性	石桥瀑布				
		《题石桥》	韦应物	郡斋三四峰，如有灵仙迹	对于石桥山山势进行了描述	石桥山				
		《送刘秀才南游》	齐己	高鸟随云起，寒星向地流	对于石桥山周围环境景致的描述以烘托其险峻	石桥山				

续表

地区		诗名	作者	主要诗句	诗句内容相关要点	具体地点	贬谪相关	魏晋遗风	物品交流	佛道交流
剡东（新昌）	石桥	《送僧贞实归杭州天竺》	姚合	林外猿声连院磬，月中潮色到禅床	夜晚寺庙的宁静与禅意	石桥寺				佛教寺庙
		《天台瀑布》	曹松	万仞得名云瀑布，远看如织挂天台	对于石桥瀑布的壮阔场面的描绘	石桥瀑布				
		《寄天台叶尊师》	王贞白	晴峰见沧海，深洞彻丹霄	对于石桥山道教文化氛围的烘托	石桥山				
	华顶	《诗三百三首》（其一）	寒山	闲游华顶上，日朗昼光辉	对于华顶山山势的描述	华顶山				
		《怀华顶道人》	齐己	华顶星边出，真宜上士家	对华顶山山势的描述，以及对道教文化氛围的渲染	华顶山				
		《天台晓望》	李白	天台邻四明，华顶高百越	形容华顶山山势高耸	华顶山				
		《华顶》	李绅	欲向仙峰炼九丹，独瞻华顶礼仙坛	对于华顶山道教文化的传承作用的描述	华顶山				道教文化
		《送郑山人游江湖》	贾岛	足蹑华顶峰，目观沧海水	对于华顶峰山势的描述	华顶山				
	赤城山	《游山寺》	王绩	赤城仙观启，青山梵宇裁	赤城山的道教文化氛围	赤城山				道教文化
		《大游仙诗》	欧阳炯	赤城霞起武陵春，桐柏先生解守真	对于赤城山景色的描绘及其道教氛围	赤城山				道教文化
		《寄天台准公》	鲍溶	赤城桥东见月夜，佛垄寺边行月僧	对赤城山的月色的描述	赤城山				佛教文化

续表

地区		诗名	作者	主要诗句	诗句内容相关要点	具体地点	贬谪相关	魏晋遗风	物品交流	佛道交流
剡东（新昌）	赤城山	《赠天台僧》	许棠	独夜休行道，星辰静照禅	对于赤城山夜晚静谧的氛围的描述烘托其禅意	赤城山				佛教文化
	国清寺	《送台州李使君，兼寄题国清寺》	刘长卿	晴江洲渚带春草，古寺杉松深暮猿	对于国清寺周围环境以及景物的描述	国清寺				佛教寺庙
	桐柏山玉霄峰	《答宋之问》	司马承祯	登奇峰兮望白云，怅缅邈兮象欲纷	描述了九峰山的山势	九峰山				
		《寄天台司马先生》	崔湜	闻有三元客，祈仙九转成	对于桐柏山道教文化环境的烘托	桐柏山				道教文化
		《送梁道士》	周朴	旧居桐柏观，归去爱安闲	对于桐柏山道教文化环境的烘托	桐柏观				道观
		《桐柏观》	周朴	东南一境清心目，有此千峰插翠微	对于九峰山的环境的描述	九峰山				
		《宿天台桐柏观》	孟浩然	日夕望三山，云涛空浩浩	对于九峰山的环境的描述	九峰山				
	琼台双阙	《求崔山人百丈崖瀑布图》	李白	百丈素崖裂，四山丹壁开	对于琼台内的百丈崖进行了描述	百丈崖				
		《琼台》	柳泌	崖壁盘空天路回，白云行尽见琼台	对于琼台的山势进行了描述	琼台				
		《山阳即席献裴中丞》	赵嘏	琼台雪映迢迢鹤，蓬岛波横浩浩津	对于琼台的道教文化传承关系进行了描述	琼台				

续表

地区		诗名	作者	主要诗句	诗句内容相关要点	具体地点	贬谪相关	魏晋遗风	物品交流	佛道交流
剡东（新昌）	寒岩	《三字诗六首》	寒山	寒山道，无人到	对于寒山的山势险峻以及游人寂寥进行了描述	寒山				
		《诗三百首》（其九）	寒山	欲得安身处，寒山可长保	描述了寒山适合隐居的自然环境	寒山				
		《诗》	拾得	碧涧清流多胜境，时来鸟语合人心	对于寒山的周围环境的描述	寒山				
	始丰溪	《发灵溪馆》	许浑	应有曹溪路，千岩万壑中	对于始丰溪以及周边山势的描述	始丰溪				
		《灵溪观》	刘昭禹	鳌海西边地，宵吟景象宽	对于始丰溪汇入大海的方向的描述	始丰溪				
		《灵溪老松歌》	卢士衡	合生于象外峰峦，枉滞乎人间山岳	对于灵溪古观周围环境的描述	灵溪观				道观
		《题灵溪畅公墅》	贯休	岚风黏似雾，茶好碧于苔	对于灵溪周围环境的描述，以及对于茶叶的比喻	灵溪			剡茶	
	合州州治（临海）	《台州郑员外郡斋双鹤》	朱庆余	丹顶分明音响别，况闻来处隔云涛	对于台州周围环境的描述	台州				
		《五言登郡北佛龛一首》	李嘉祐	古龛千塔佛，秋树一山僧	对于佛教文化的氛围描述	台州				佛教文化
		《新岭临眺寄连总进士》	欧阳玭	关势遥临海，峰峦半入云	对于台州山势的描述	台州				
		《久客临海有怀》	骆宾王	天涯非日观，地屺望星楼	对于台州的环境的描绘	台州				

续表

地区		诗名	作者	主要诗句	诗句内容相关要点	具体地点	贬谪相关	魏晋遗风	物品交流	佛道交流
剡东（新昌）	巾子山	《留题巾山明庆塔院》	钱昱	有时问著禅僧路，笑指丹霄去不穷	对于巾山的佛教文化氛围的描述	巾山				
		《宿巾子山禅寺》	任翻	前峰月映半江水，僧在翠微开竹房	巾山在月夜中的美景	巾山				佛教寺庙
		《三游巾子山寺感述》	任翻	惟有前峰明月在，夜深犹过半江来	对于巾子山山势及与周围水环境的描述	巾子山				
	龙兴寺	《晨自竹径至龙兴寺崇隐上人院》	许浑	佛寺通南径，僧堂倚北坡	对于龙兴寺周围山势以及环境的描述	龙兴寺				
	郑虔故居	《过郑广文旧居》	李商隐	可怜留著临江宅，异代应教庚信居	对于郑虔故居环境的描述	郑虔故居				
		《题郑十八著作虔》	杜甫	台州地阔海冥冥，云水长和岛屿青	对于郑虔故居环境的描述	郑虔故居				
		《升山寺》	周朴	升山自古道飞来，此是神功不可猜	对于升山寺的道教文化氛围的烘托	升山寺				
台州区支线	圭峰	《重游圭峰宗密禅师精庐》	温庭筠	百尺青崖三尺坟，微言已绝杳难闻	对于圭峰山山势的描述	圭峰山				
	委羽山	《题空明洞》	杜光庭	欲问空明奇胜处，地藏方石恰如金	对于委羽山道教文化氛围的烘托	委羽山				道教文化
		《委羽山》	顾况	昔人乘鹤玉京游，翩遗仙洞何悠悠	对于委羽山道教文化氛围的烘托	委羽山				道教文化

续表

地区		诗名	作者	主要诗句	诗句内容相关要点	具体地点	贬谪相关	魏晋遗风	物品交流	佛道交流
台州区支线	括苍山	《括苍山》	刘昭禹	白云随步起，危径极天盘	对于括苍山的山势进行了描述	括苍山				
		《题灵山寺》	张乔	四面闲云入，中流独鸟归	对于灵山寺周围环境的描述	灵山寺				佛教寺庙
越州区支线	诸暨县治	《早发诸暨》	骆宾王	征夫怀远路，凤驾上危峦	对于诸暨山势的描述	诸暨				
		《资圣寺贲法师晚春茶会》	武元衡	禅庭一雨后，莲界万花中	对于诸暨佛教文化氛围的描述	诸暨				
		《山中赠诸暨丹丘明府》	秦系	纵醉还须上山去，白云那肯下山来	对于诸暨山势的描述	诸暨				
	五泄	《诸暨五泄山》	周镛	天分五溜寒倾北，地秀诸峰翠插西	对于五泄山的山势描述	五泄山				
		《送僧入五泄》	贯休	五泄江山寺，禅林境最奇	对于五泄山内佛教寺庙的描述	五泄山				
	浣纱溪	《题西施石诗》	王轩	岭上千峰秀，江边细草春	对于浣纱溪周围环境的描述	浣纱溪				
		《洛阳女儿行》	王维	谁怜越女颜如玉，贫贱江头自浣纱	对于浣纱溪的历史的描述	浣纱溪				
明州区支线	雪窦寺	《登雪窦僧家》	方干	登寺寻盘道，人烟远更微	对于雪窦寺远离尘世烦嚣的记述	雪窦寺				佛教寺庙

续表

地区		诗名	作者	主要诗句	诗句内容相关要点	具体地点	贬谪相关	魏晋遗风	物品交流	佛道交流
明州区支线	雪窦寺	《题雪窦禅师壁》	方干	长年随桧柏，独夜任风雷	对于雪窦寺周边环境的描述	雪窦寺				佛教寺庙
		《游上雪窦寺》	延寿	下雪窦游上雪窦，过云峰后望云峰	对于雪窦寺环境的描述	雪窦寺				佛教寺庙
	鄞（yín）江	《夏夜宴明月湖》	薛逢	月遥天上桂，星泛浦中珠	对于湖水的平静及与周围景物的关系	鄞江				
		《它山堰》	宗亮	截断寒流叠石基，海潮从此作回期	对于鄞江的地理位置的描述	鄞江				
	明州州治	《别四明钟尚书》	杜荀鹤	九华天际碧嵯峨，无奈春来入梦何	对于四明山山势的描述	四明山				
		《赠明州霍员外》	黄滔	四明多隐客，闲约到岩扉	四明山的隐客的记述	四明山				
		《明月湖醉后蔷薇花歌》	无名氏	万朵当轩红灼灼，晚阴照水尘不著	表现了花朵的孤傲美丽					
	阿育王寺	《范处士在育王寺书碑因以寄赠》	于季友	迹寄双林下，名留劫石中	对于阿育王寺周围环境的描述	阿育王寺				佛教寺庙
	太白山	《寄太白无能禅师》	顾非熊	太白山中寺，师居最上方	对于太白山中寺庙的描述	太白山				
		《送僧归太白山》	贾岛	坚冰连夏处，太白接青天	对于太白山山势高耸的描述	太白山				

续表

地区		诗名	作者	主要诗句	诗句内容相关要点	具体地点	贬谪相关	魏晋遗风	物品交流	佛道交流
明州区支线	洛伽山普陀山	《观音大士神歌赞》	王勃	号名七宝恪迦山，自在观音于彼往	对于洛伽山佛教文化的烘托	洛伽山				
	胸山（岱山）	《登东海龙兴寺高顶望海，简演公》	刘长卿	胸山压海口，永望开禅宫	对于胸山的位置加以描述	胸山				
		《赠胸山杨宰》	李中	得诗书落叶，煮茗汲寒池	对于在胸山中的行为活动的描述	胸山			剡茶	
		《赠胸山孙明府》	李中	闲抚素琴曹吏散，自烹新茗海僧来	对于在胸山中日常行为的记述	胸山			剡茶	
	马迹山	《题马迹山》	文鉴	瀛洲西望沃洲山，山在平湖缥缈间	对于山势的描述	马迹山				
	望海镇	《送王道士游东海》	李中	巨浸常牵梦，云游岂觉劳	对于望海镇景观的描述	望海镇				
	句章	《送州人孙沅自本州却归句章新营所居》	刘长卿	故里归成客，新家去未安	对于故乡的思念	句章				
	余姚县志	《酬余姚郑摸明府见赠长句四韵》	张祜	仙令东来值胜游，人间稀遇一扁舟	对于余姚环境的描述	余姚				
	历山	《咏笔二首》	徐夤	势健岂饶湘水阵，锋铓还学历山耕	对于历山人们生活场景的描述	历山				

续表

地区		诗名	作者	主要诗句	诗句内容相关要点	具体地点	贬谪相关	魏晋遗风	物品交流	佛道交流
明州区支线	历山	《题历山舜词》	杜荀鹤	昔舜曾耕地，遗风日寂寥	对于舜的敬仰，以及对历山现状的描述	历山				
		《怀锡山药名离合二首》	皮日休	历山居处当天半，夏里松风尽足听	对于历山闲适的生活状态的描述	历山				

附录二　钱塘江唐诗之路诗词信息整理

朝代	作者	主要诗句	诗句内容相关要点	具体地点	魏晋遗风	佛道交流
宋	朱熹	半亩方塘一鉴开，天光云影共徘徊，问渠那得清如许，惟有源头活水来	瀛山及瀛山书院遗址及瀛山脚下的半亩方塘	瀛山书院		
唐	孟浩然	卧闻渔浦口，桡声暗相拨	描述渔浦口江景	渔浦		
唐	李白	今到普照游，到来复何别	普照寺	普照寺		佛教寺庙
唐	牛仙客	花开花落非僧事，自有清风对碧流	碧沼寺	碧沼寺	晋朝名士郭文隐居	
唐	卢纶	林香雨气新，山寺绿无尘	西岩寺	西岩寺		佛教寺庙
唐	白居易	岩前宝磬传松韵，洞口灵泉应海潮	西岩山	西岩山		佛教寺庙
唐	施肩吾	火轮烈烈彩云浮，才到东林便是秋	东林寺	东林寺		佛教寺庙
唐	徐凝	问人知寺路，松竹暗春山	普照寺	普照寺		佛教寺庙
唐	方干	草中白道穿村去，树里清溪照郭流	登新登城楼	新登城楼		
唐	方干	深僻孤高无四邻，白云明月自相亲	碧沼寺	碧沼寺	晋朝名士郭文隐居	
唐	吴融	水送山迎入富春，一川如画晚晴新	描述富春江以及两岸的情景	富春江		

朝代	作者	主要诗句	诗句内容相关要点	具体地点	魏晋遗风	佛道交流
唐	罗隐	远岸齐如剪，澄江平似铺	描述富春江之景及闲隐之愿	富春江		
唐	罗隐	槛虚从四面，江阔奈孤根	灵山寺	灵山寺		佛教寺庙
唐	杜荀鹤	就中偏爱石，独上最高层	碧沼寺	碧沼寺	晋朝名士郭文隐居	
宋	潘阆	鹤寻巢径松千盖，僧卧溪流石一床	碧沼寺	碧沼寺	晋朝名士郭文隐居	
宋	谢绛	因寻小隐园，忽见群芳发	书院地理位置			
宋	范仲淹	何须听丝竹，山水有清音	书院地理环境			
宋	谢绛	层阜绕襟带，澄江见毫发	双松亭地理位置			
宋	苏轼	西崦人家应最乐，煮芹烧笋饷春耕	新城人民安居乐业	新城		
宋	苏轼	富春真古邑，此寺亦唐余	普照寺			佛教寺庙
宋	苏轼	琉璃击碎走金丹，无复神光发旧坛	妙庭观	妙庭观		道观
宋	苏轼	朝行曳杖青牛岭，崖泉咽咽千山静	青牛岭山势描述	青牛岭		
宋	苏轼	山城已穷僻，况与城相远	新城城市状况	新城		
宋	苏轼	雨过风清谈般若，琅玕声撼半窗寒	净因院与山水环境相映衬	净因院		佛教寺庙
宋	苏轼	长松吟风晚雨细，东庵半掩西庵闭	普明庵	普明庵		佛教寺庙
宋	许广渊	溪光山色照天晴，开豁襟怀远眼明	广福院	广福院		佛教寺庙
宋	许广渊	稚川仙化后，溪以葛为名	葛溪的名称由来	葛溪		
宋	许广渊	废宅百年后，荒基一亩平	罗隐宅	罗隐宅		

续表

朝代	作者	主要诗句	诗句内容相关要点	具体地点	魏晋遗风	佛道交流
宋	晁端友	特攀苍翠到云峰，松柏森森色青葱	碧沼寺周围山势环境	碧沼寺	晋朝名士郭文隐居	
宋	苏辙	长笑人间醉未醒，终老辛勤漫欺世	普照寺	普照寺		佛教寺庙
宋	苏辙	山深僧自乐，路远客终疏	净明寺与周围山势环境	净明寺		佛教寺庙
宋	许仲蔚	岩前积霭参差绿，天末余霞点缀红	南山风景	南山		
宋	司马樨	殷勤窥洞府，又到跃龙池	蜕龙洞	蜕龙洞		
宋	晁补之	山外圆天一镜开，山头云起似浮埃	塔山	塔山		
宋	李靓	飞出偶成霖雨，归来依旧青山	三学院	三学院		
宋	完颜亮	独领孤军将姓姚，一生忠孝为南朝	对于姚兴将军的怀念			
宋	陆游	秋山断处望渔浦，晓日升时离钓台	写出了富春江及两岸美景	富春江		
宋	范成大	富春渡口闲舒目，落日孤舟浪拍天	富春江渡口的环境描述	富春江		
宋	范成大	宝林寺里逢修竹，方有诗情约略生	宝林寺院内的清幽环境	宝林寺		佛教寺庙
宋	庄珙	空谷风篁自成韵，虚窗霜叶警安禅	深静堂	深静堂		佛教寺庙
宋	杨简	炎光隔林麓，清兴绕崔嵬	仙山院	仙山院		道观
宋	曹齑	来到桐江上，先寻旧隐栖	桐江	桐江		
宋	林杜娘	游客陆鸿渐，居人支道林	碧沼寺	碧沼寺	晋朝名士郭文隐居	

续表

朝代	作者	主要诗句	诗句内容相关要点	具体地点	魏晋遗风	佛道交流
宋	刘大纲	地僻人稀到，唐贤句尚存	碧沼寺	碧沼寺	晋朝名士郭文隐居	
宋	钱朝隐	试过溪桥访山寺，清风为我拂尘埃	灵苑寺	灵苑寺		佛教寺庙
宋	杜稜	石骨生泉冷，流来涧沼湄	碧沼寺	碧沼寺	晋朝名士郭文隐居	
唐	宋之问	鹫岭郁岧峣，龙宫锁寂寥	飞来峰中灵隐寺的状况	灵隐寺		佛教寺庙
唐	白居易	最爱湖东行不足，绿杨阴里白沙堤	对于钱塘湖周围的白沙堤环境描述	白沙堤		
唐	皮日休	玉颗珊珊下月轮，殿前拾得露华新	天竺寺与周围环境	天竺寺		佛教寺庙
唐	处默	下方城郭近，钟磬杂笙歌	圣果寺	圣果寺		佛教寺庙
唐	姚合	浪高风更起，波急石难沈	杭州观潮的盛况	杭州海塘		
唐	严维	郢曲西陵渡，秦官使者车	西陵渡	西陵渡		
唐	白居易	烟波澹荡摇空碧，楼殿参差倚夕阳	孤山寺	孤山寺		
唐	白居易	柳堤行不厌，沙软絮霏霏	望湖亭	望湖亭		
唐	白居易	松排山面千重翠，月点波心一颗珠	西湖及周围群山的描绘	西湖		
唐	张祜	楼台耸碧岑，一径入湖心	孤山寺	孤山寺		佛教寺庙
宋	吴惟信	梨花风起正清明，游子寻春半出城	西湖	西湖		
宋	杨万里	毕竟西湖六月中，风光不与四时同	净慈寺	净慈寺		佛教寺庙

续表

朝代	作者	主要诗句	诗句内容相关要点	具体地点	魏晋遗风	佛道交流
宋	楼钥	钱塘东南一都会，西湖宛在高城外	吴山	吴山		
宋	何宋英	吴国山迎越国山，江流吴越两山间	六和塔与周围山势，以及河流的关系	六和塔		
宋	佚名	白塔桥边卖地经，长亭短驿甚分明	白塔桥	白塔桥		
宋	毛滂	钱塘门外两湖西，万松深处古招提	雷峰塔	雷峰塔		
唐	张祜	断桥荒藓合，空院落花深	孤山寺	孤山寺		
唐	周朴	寺还名玉泉，澄水亦遭贤	玉泉寺	玉泉寺		佛教寺庙
唐	周朴	野寺度残夏，空房欲暮时	玉泉寺的风光	玉泉寺		佛教寺庙
唐	杜牧	翠岩千尺倚溪斜，曾得严光作钓家	严子陵钓台	严子陵钓台	东晋著名隐士严子陵	
唐	方干	先生不入云台像，赢得桐江万古名	严子陵钓台	严子陵钓台	东晋著名隐士严子陵	
宋	张伯玉	更爱严城无锁处，白云摇漾去还归	睦州风光	睦州		
宋	范成大	耳边眼底无公事，睡过严州二百滩	严州风光	严州		
宋	陆游	龙庙于山家于渊，世为吾州作丰年	乌龙庙	乌龙庙		
宋	陆游	漠漠川云昏佛塔，涓涓野水入农畴	城市郊外的风景			
宋	关咏	独爱高峰最上头，夕阳烟树见严州	从高处俯瞰严州的风景	严州		

朝代	作者	主要诗句	诗句内容相关要点	具体地点	魏晋遗风	佛道交流
宋	赵抃	嗟谁更向山峰顶，树塔孤撑碧落高	高峰塔	高峰塔		
宋	金履祥	白塔清凉界，乌龙伯仲峰	高峰塔	高峰塔		
宋	吕希纯	郡因贤守得佳名，水态山光会此亭	潇洒亭	潇洒亭		
宋	于石	背依古塔面层峰，曲曲阑干峻倚空	潇洒亭	潇洒亭		
宋	金履祥	佳境城南胜，浮屠占十分	城南塔院	城南塔院		佛教寺庙
宋	钱鍌	已穷难上路，才到最高峰	高峰寺	高峰寺		佛教寺庙
宋	吕希纯	结茅孤顶上，端坐诃佛祖	高峰寺	高峰寺		佛教寺庙
宋	蔡襄	人瞻祠树古，天作钓坛圆	严子陵钓台	严子陵钓台	东晋著名隐士严子陵	
宋	王安石	迹似磻溪应有待，世无西伯可能留	严子陵钓台	严子陵钓台	东晋著名隐士严子陵	
宋	钱鍌	山从千古润，江得一源长	玉泉庵	玉泉庵		佛教寺庙
宋	江公著	草屦春游倦，茶瓯午睡清	玉泉庵	玉泉庵		佛教寺庙
宋	吕希纯	瀑布岩东转画旗，拂云穿石上霏微	玉泉庵	玉泉庵		
宋	刘克庄	翁子平生最苦贫，晚将丹颈博朱轮	朱买臣庙	朱买臣庙		
唐	李白	昭昭严子陵，垂钓沧波间	严子陵不慕荣利的精神怀念	严子陵钓台	东晋著名隐士严子陵	

续表

朝代	作者	主要诗句	诗句内容相关要点	具体地点	魏晋遗风	佛道交流
唐	韦庄	钱塘江尽桐庐县，水碧山青画不如	钱塘江与桐庐的位置关系	桐庐		
唐	杜牧	州在钓台边，溪山实可怜	钓台清幽的地理位置与山水美景	严子陵钓台	东晋著名隐士严子陵	
唐	杜牧	翠岩千尺倚溪斜，曾得严光作钓家	严子陵钓台	严子陵钓台	东晋著名隐士严子陵	
唐	徐凝	一水寂寥青霭合，两崖崔崒白云残	严子陵钓台	严子陵钓台	东晋著名隐士严子陵	
唐	刘长卿	悠然钓台下，怀古时一望	严子陵钓台	严子陵钓台	东晋著名隐士严子陵	
唐	李德裕	严光隐富春，山色溪又碧	山水美景及严光追求挥纶自适生活的洒脱	严子陵钓台	东晋著名隐士严子陵	
唐	刘驾	澄流可濯缨，严子但垂纶	严子陵钓台	严子陵钓台	东晋著名隐士严子陵	
唐	方干	樯边走岚翠，枕底失风湍	严子陵钓台	严子陵钓台	东晋著名隐士严子陵	
唐	杜荀鹤	苍翠云峰开俗眼，泓澄烟水浸尘心	钓台山峰高耸，赞美了严子陵高尚品格	严子陵钓台	东晋著名隐士严子陵	
唐	罗隐	远岸平如剪，澄江静似铺	富春江的水静、山阔	富春江		
唐	戴叔伦	夏云生嶂远，瀑布引溪长	白云源的山、林、瀑布组成的美景	白云源		
唐	虚中	烟莎一径小，洲岛四邻疏	对方干敬仰之情	方干处士旧居		
唐	唐彦谦	沧海诸公泪，青山处士坟	方干高洁的品质	方干处士旧居		
唐	吴巩	夏云生嶂远，瀑水引溪长	白云溪的山水美景	白云溪		
唐	方干	白云野寺凌晨磬，红树孤村遥夜砧	由寺庙、树木、风烟组成的白云源美景	白云源		

续表

朝代	作者	主要诗句	诗句内容相关要点	具体地点	魏晋遗风	佛道交流
唐	方干	吾家钓台畔，烟霞七里滩	白云源与钓台的位置关系	严子陵钓台	东晋著名隐士严子陵	
宋	谢翱	泪落吴江水，随潮到海回	吴江水	吴江		
宋	张浚	古木烟笼半锁空，高台隐隐翠微中	严子陵钓台	严子陵钓台	东晋著名隐士严子陵	
宋	柯约斋	仙境尘寰咫尺分，壶中别是一乾坤	瑶琳洞	瑶琳洞		
宋	王存	严公英魄去何之，江上空余旧钓矶	严子陵钓台	严子陵钓台	东晋著名隐士严子陵	
宋	范仲淹	风雅先生旧隐存，子陵台下白云村	方干处士旧居	方干处士旧居		
宋	范仲淹	幽兰在深处，终日自清芬	对于方干性情的夸赞	方干处士旧居		
宋	朱熹	一山云水拥禅居，万里江楼绕屋除	桐君山中寺庙	桐君山中寺庙		
宋	杨时	翠崖千尺峙云高，楼殿翚飞压巨涛	桐君山	桐君山		道教文化
宋	苏辙	严公钓濑不容看，犹喜桐君有故山	桐君山和严子陵钓台	严子陵钓台	东晋著名隐士严子陵	
南北朝	沈约	涯岸每增减，湍平互浅深	玄畅楼	玄畅楼		
唐	李白	仙人东方生，浩荡弄云海	王屋山	王屋山		
唐	李白	猿啸千溪合，松风五月寒	东阳	东阳		
唐	皎然	见说东阳守，登楼为尔期	八咏楼	八咏楼		
唐	白居易	登楼诗八咏，置砚赋三都	八咏楼	八咏楼		
唐	孟浩然	遍观云梦野，自爱江城楼	八咏楼	八咏楼		
唐	孟浩然	寄谢东阳守，何如八咏楼	八咏楼	八咏楼		

续表

朝代	作者	主要诗句	诗句内容相关要点	具体地点	魏晋遗风	佛道交流
唐	崔颢	梁日东阳守，为楼望越中	八咏楼	八咏楼		
唐	元稹	不然岂有姑苏郡，拟著陂塘比镜湖	姑苏郡	姑苏郡		
唐	严维	明月双溪水，清风八咏楼	八咏楼	八咏楼		
唐	钱起	紫泥何日到沧洲，笑向东阳沈隐侯	东阳	东阳		
唐	韩翃	城中金络骑，出饯沈东阳	东阳	东阳		
唐	权德舆	影落三湘水，诗传八咏楼	八咏楼	八咏楼		
唐	崔峒	平子四愁今莫比，休文八咏自同时	八咏楼	八咏楼		
唐	崔融	此地实东阳，由来山水乡	八咏楼	八咏楼		
唐	舒道纪	松老赤松原，松间庙宛然	赤松宫	赤松宫		
唐	许浑	众水喧严濑，群峰抱沈楼	沈楼即玄畅楼	玄畅楼		
唐	权德舆	新妇山头云半敛，女儿滩上月初明	女儿滩	女儿滩		
唐	戴叔伦	兰溪三日桃花雨，半夜鲤鱼来上滩	兰溪	兰溪		
宋	柳叙	兰阴山跨瀫溪南，春破峰颜三月三	兰溪	兰溪		
宋	黄庭坚	新妇滩头眉黛愁，女儿浦口眼波秋	女儿浦口	女儿浦口		
宋	杨万里	道是诗人穷到骨，暖边爽里放兰舟	兰溪	兰溪		
宋	真山民	一舸下中流，西风两岸秋	兰溪	兰溪		
宋	金履祥	天镵鬼凿匪人间，涌雪轰雷震地寒	双龙洞	双龙洞		道教文化
宋	范端臣	孤鹜忽惊去，片云明残晖	灵洞	灵洞		道教文化

附录三　浙东唐诗之路沿线省级以上文物保护单位清单

浙东唐诗之路沿线国保清单

一、古遗址（6处）				
序　号	名　　称	时　代	地　　址	批　次
1	跨湖桥遗址	新石器时代	萧山区	6
2	小黄山遗址	新石器时代	嵊州市	7
3	富盛窑址	周	柯桥区	6
4	茅湾里窑址	春秋战国	萧山区	6
5	小仙坛青瓷窑址	东汉	上虞区	6
6	凤凰山窑址群	三国至晋	上虞区	7
二、古墓葬（4处）				
序　号	名　　称	时　代	地　　址	批　次
1	绍兴越国贵族墓群	春秋至战国	柯桥区	7
2	宋六陵	南宋	柯桥区	7
3	印山越国王陵	春秋、战国	柯桥区	5
4	大禹陵	清	越城区	4
三、古建筑（15处）				
序　号	名　　称	时　代	地　　址	批　次
1	台州府城墙	宋至清	临海市	5
2	桃渚城	明	临海市	5
3	崇仁村建筑群	清	嵊州市	6
4	吕府	明	越城区	5
5	华堂王氏宗祠	明至清	嵊州市	7
6	青藤书屋和徐渭墓	明	越城区、柯桥区	6

续表

7	兰亭	清	柯桥区	7
8	舜王庙	清	柯桥区	7
9	国清寺	清	天台县	5
10	南峰塔和福印山塔	宋	仙居县	7
11	千佛塔	元	临海市	7
12	绍兴古桥群	宋至民国	越城区、柯桥区	5、7
13	古纤道	明至清	柯桥区	3
14	狭獴湖避塘	明至清	柯桥区	7
15	大运河	春秋至中华人民共和国	杭州市、嘉兴市、湖州市、绍兴市、宁波市	6、7

四、石窟寺及石刻（3处）				
序 号	名 称	时 代	地 址	批 次
1	仙居古越族岩画群	春秋、战国	仙居县	7
2	大佛寺石弥勒像和千佛岩造像	南北朝	新昌县	7
3	柯岩造像及摩崖题刻	宋、清	柯桥区	7

五、近现代重要史迹及代表性建筑物（7处）				
序 号	名 称	时 代	地 址	批 次
1	鲁迅故居	1881—1898	越城区	3
2	浙江秋瑾故居	民国（1907）	越城区	3、6
3	蔡元培故居	近代	越城区	5
4	马寅初故居	清至民国	嵊州市、杭州市下城区	6
5	曹娥庙	1936	上虞区	7
6	大通学堂和徐锡麟故居	清	越城区	6
7	春晖中学旧址	清至民国	上虞区	7

浙东唐诗之路沿线省保清单

一、古遗址（10处）				
序　号	名　　称	时　代	地　址	批　次
1	下汤遗址	新石器时代	仙居县	3
2	马鞍遗址	新石器时代	柯桥区	4
3	西施山遗址	春秋战国	越城区	2
4	纱帽山窑遗址	春秋战国	萧山区	5
5	鞍山龙窑遗址	三国	上虞区	5
6	窑寺前青瓷窑址	五代、宋	上虞区	2
7	越王城遗址	春秋战国	萧山区	3
8	鉴湖遗址、大王庙	东汉至清	越城区、柯桥区	6
9	东湖石宕遗址	汉至民国	越城区	6
10	通明堰遗址群	明、清	上虞区	6
二、古墓葬（7处）				
序　号	名　　称	时　代	地　址	批　次
1	胜利山石室土墩墓群	春秋战国	越城区	5
2	马臻墓	东汉	越城区	2
3	卜家岙李氏家族墓	明	仙居县	6
4	陈洪绶墓	明末清初	越城区	2
5	葛云飞墓（含葛云飞故居）	清	萧山区	1、5
6	王羲之墓	清	嵊州市	4
7	岩石殿石棚墓	商至春秋	仙居县	7
三、古建筑（50处）				
序　号	名　　称	时　代	地　址	批　次
1	新昌城墙	明	新昌县	6
2	嵊县古城墙	明、清	嵊州市	5

续表

3	许家南大房	明、清	萧山区	5
4	张文郁旧居	明、清	天台县	5
5	长乐钱氏大新屋	清	嵊州市	6
6	太平邢氏宗祠	明、清	嵊州市	6
7	妙山陈氏宗祠	清	天台县	6
8	水南许氏宗祠群	清、民国	天台县	6
9	张思村乡土建筑	明至民国	天台县	6
10	沃洲山真君殿大殿、配殿	清	新昌县	6
11	嵊县城隍庙及溪山第一楼	清	嵊州市	3
12	沈园	宋	越城区	2
13	鹿门书院	清	嵊州市	6
14	鼓山书院	清	新昌县	6
15	尚德当铺	清	越城区	5
16	布业会馆	清	越城区	6
17	秋官里进士牌坊	明	越城区	6
18	安洲山塔	明	仙居县	3
19	大善寺塔	明	越城区	4
20	九狮桥	元	上虞区	4
21	西跨湖桥	清	柯桥区	6
22	迎仙桥	清	新昌县	4
23	玉成桥	清	嵊州市	5
24	九遮山徯桥群	清、民国	天台县	6
25	三江闸	明	越城区	2
26	萧绍海塘（绍兴段）	明、清	越城区、上虞区	3、7
27	石灯柱	明	仙居县	4
28	清水闸及管理设施	清、中华人民共和国	上虞区	6

29	萧绍海塘（杭州段）	明、清	滨江区、萧山区	7
30	二桥书屋	清	萧山区	7
31	务本堂	清、民国	萧山区	7
32	绍兴钱业会馆	清	越城区	7
33	虹明桥	清	柯桥区	7
34	百沥海塘	明、清	上虞区	7
35	丰惠钱氏大宅院	清	上虞区	7
36	艇湖塔	明	嵊州市	7
37	灵鹅王氏纯节坊	清	嵊州市	7
38	回山建筑群	明至民国	新昌县	7
39	三坑真君殿	清	新昌县	7
40	西坑古建筑群	清	新昌县	7
41	大房文昌阁	清	天台县	7
42	街头曹氏民居	清	天台县	7
43	妙山花楼民居群	清	天台县	7
44	玉湖七里庙	清	天台县	7
45	攀龙附凤牌坊	明	仙居县	7
46	下各东桥	明	仙居县	7
47	上江垟古建筑群	清	仙居县	7
48	羊棚头王氏宗祠	清	仙居县	7
49	黄梁陈武庙及陈氏宗祠	清	仙居县	7
50	羊棚头成氏宗祠	清	仙居县	7
四、石窟寺及石刻（10处）				
序　号	名　　称	时　代	地　址	批　次
1	建初买地摩崖题刻	东汉	越城区	2
2	贺知章《龙瑞宫记》摩崖刻石	唐	越城区	2

续表

3	刘光求雨摩崖题记	北宋	仙居县	6
4	石梁摩崖题记	宋至清	天台县	5
5	董村水晶矿摩崖题记	元	新昌县	3
6	吴芾"赐谥敕牒"碑	南宋	仙居县	6
7	东湖谭纶画像及戚继光表功碑	明	临海市	2
8	石屋禅院造像	明	越城区	7
9	羊山造像及摩崖石刻（含石佛寺）	唐至民国	柯桥区	7
10	桐柏山摩崖题记	唐至民国	天台县	7
五、近现代重要史迹及代表性建筑物（20处）				
序号	名称	时代	地址	批次
1	衙前农协旧址（包括李成虎墓）	现代	萧山区	3
2	陈建功旧居	清、民国	越城区	6
3	陶成章故居	清、民国	越城区	6
4	竺可桢故居	清、民国	上虞区	6
5	胡愈之故居	清、民国	上虞区	6
6	周恩来祖居	现代	越城区	4
7	鲍氏旧宅建筑群	民国	越城区	5
8	马寅初墓	现代	嵊州市	4
9	古越藏书楼	近代	越城区	3
10	热诚学堂旧址	清、民国	越城区	6
11	善庆学校旧址	民国	柯桥区	6
12	越剧诞生地旧址	清、民国	嵊州市	6
13	红旗渡槽	中华人民共和国	天台县	6
14	欢潭老洋房	民国	萧山区	7
15	浙东新四军北撤会议旧址	1945	上虞区	7
16	瞻山庙	民国	嵊州市	7

续表

17	恩泽医局	清	临海市	7
18	马氏庄园	民国	临海市	7
19	王文庆故居	民国	临海市	7
20	周至柔故居	民国	临海市	7
六、其他（4处）				
序　号	名　　称	时　代	地　　址	批　次
1	会稽山古香榧种植园		柯桥区、诸暨市、嵊州市	1、3
2	天姥古道	明至民国	新昌县	7
3	东湖	宋至清	临海市	7
4	苍岭古道	明、清	仙居县、缙云县	7

后　记

　　唐诗之路的工作于2017年启动，由浙江省文物考古研究所孟诚磊组织编写一份唐诗之路申遗的可行性报告。由此，研究浙江诗路文化的一扇大门向我们徐徐打开。

　　唐诗之路的研究方向主要有两条：一条是从浙江现有的文物古迹中寻找唐代诗人的线索；另一条是从全唐诗和唐代诗人的研究成果中寻找浙江的历史遗存。目前缺少具有针对性的研究成果，要从浩瀚的文物资料中寻找唐诗的踪迹非常困难，即便有，也往往随着岁月的变迁变得模糊残缺。从唐诗和诗人行迹中检索到的历史遗存，往往我们赶到现场踏勘时，早已被荒草埋没，不复昔日盛景。

　　但幸好我们早有准备。尽管浙江的文物资源在国内不算最好的，但是文物工作的细致程度在国内可以名列前茅。"三普数据"如实地反映出谢灵运、李白、孟浩然和"睦州诗派"的信息，最令人感动的是，在前辈们亲笔书写、纸质的"一普、二普"资料中，我们发现了20世纪60年代仍尚存的一些相关文物。虽然在后来的岁月中它们不幸消亡了，但是这些珍贵的资料明确地指出了它们曾经存在的地理位置和大致情况，为当前的研究乃至以后有依据地复原保留了可能性。

本书筹备工作历时超过两年，考察涉及的区县覆盖了大半个浙江省，查阅的资料超过了五十万字。在考察的行程中我们经历过暴雨和酷暑，曾在湿滑的古道上打滑跌倒，也曾在酷热的山顶中暑昏厥，但我们也借此欣赏到了唐代诗人笔下的美景，亲身感受到了诗路的独特魅力。

本文的撰写工作是在浙江省文化和旅游厅、浙江省文物局的指导下完成的，得到了诗路沿线各地方文物和旅游部门的全力支持。感谢浙江省发展改革委员会、浙江省财政厅和浙江省委宣传部相关同志对诗路调查工作的支持和关心。浙江省文物局的许常丰和赵勇同志指导了诗路调查报告的写作思路，时任省考古所副所长的黄斌同志多次指导诗路课题的研究及调查具体工作的开展方向，副所长郑嘉利同志对诗路课题也非常关心，省考古所文保室张书恒同志和陈云根同志慷慨地提出了自己的意见和建议，特此感谢。

相关调研工作得到了章珠裕、陈淑珍、胡孟波、尧志刚、应露芳、施凤伟、王文、赵世飞、马峰燕、姚剑敏、张慧、陈小力、王坚梁、张恒、张小英、汪沈伟、马彭峰、叶桦、俞国璋、丁红霞、周则贵、陈蔼、邱祎祎、陈达、许冬、黄寅、彭连生、郎爱萍、任记国、张青、盛杰辉、张谦、陈子凤、莫璟辉、陆斌、应征、周凤平、周建初、费胜成、章财富、王晓、吴志标、周深坷、孔中华等省内各地同志的帮助，陈骏同志为每次考察的交通安全提供了保障，浙江大学文物与博物馆学系的同学们为资料检索和整理工作提供了帮助，在此表示真挚的感谢。

本文由孟诚磊主编，金华博物馆王晨辰、衢州博物馆蒋建坤、清华大学赵波共同撰写而成。此外参与编写工作的还有西安建筑科技大学的赵峰和香港大学的邹璐鲡。撰写团队的每一位成员都是第一次正式写书，大家热情高涨，但碍于经验的不足和认识的局限，工作中仍有许多没有覆盖到的地方，书中难免存在不少谬误和缺陷，还请各位师友指正。书中照片均为孟诚磊拍摄。

唐诗之路作为古代文化路线成为我们的研究对象，也许能够为现在的文化旅游工作提供一些参考和帮助，这是一件非常有趣也有意义的工作。我们会在本书的基础上，继续深入研究，为浙江的文化旅游工作贡献一些微薄的力量。

图书在版编目（CIP）数据

诗路遗珍：浙江诗路沿线文物资源调研报告 / 浙江
省文物考古研究所编；孟诚磊主编. — 杭州 ：浙江大
学出版社，2021.10
　　ISBN 978-7-308-21781-1

　　Ⅰ．①诗… Ⅱ．①浙… ②孟… Ⅲ．①文物－资源－
调查报告－浙江 Ⅳ．①K872.55

中国版本图书馆CIP数据核字(2021)第190457号

诗路遗珍——浙江诗路沿线文物资源调研报告

浙江省文物考古研究所　编

孟诚磊　主编

责任编辑	吴　超	
责任校对	吴　庆	
封面设计	周　灵	
出版发行	浙江大学出版社	
	（杭州市天目山路148号　　邮政编码　310007）	
	（网址：http://www.zjupress.com）	
排　　版	杭州林智广告有限公司	
印　　刷	杭州佳园彩色印刷有限公司	
开　　本	710mm×1000mm　1/16	
印　　张	23	
插　　页	8	
字　　数	308千	
版 印 次	2021年10月第1版　2021年10月第1次印刷	
书　　号	ISBN 978-7-308-21781-1	
定　　价	118.00元	